ESTHÉTIQUE

COMITÉ ÉDITORIAL

TEXTES CLÉS

ESTHÉTIQUE

Connaissance, art, expérience

Textes réunis et présentés par
Danièle COHN et Giuseppe DI LIBERTI

PARIS
LIBRAIRIE PHILOSOPHIQUE J. VRIN
6, place de la Sorbonne, V^e
2012

© *Librairie Philosophique J. VRIN,* 2012
Imprimé en France
ISSN 1639-4216
ISBN 978-2-7116-2433-1
www.vrin.fr

POSITIONS DE L'ESTHÉTIQUE

Ce volume prend position sur l'esthétique, sa définition et son histoire. De manière délibérée, le parti pris est de déconcerter, pour faire bouger les lignes. Étude des formes sensibles et de la manière dont elles nous affectent, l'esthétique est connaissance sensible autant que connaissance du sensible. Elle n'est donc réductible ni à une philosophie de l'art ni à une théorie de l'art. Partie prenante de la définition de l'esthétique, le choix des textes est programmatique d'une réécriture en cours de l'histoire de l'esthétique. Il prend en compte le fait que, aux côtés de ceux que l'histoire de la philosophie a instaurés comme constituant à la fois le canon d'une discipline et la part dévolue à cette discipline dans les grands systèmes, d'autres écrits relèvent de plein droit de l'esthétique : on n'y trouvera par exemple, pour citer les plus attendus et les plus classiques, ni des extraits de la *Critique de la Faculté de Juger* de Kant, ni des passages des *Cours d'esthétique* de Hegel. L'esthétique n'est en effet pas circonscrite au rôle et au statut que certains systèmes philosophiques lui réservent, portion parfois congrue et moins noble, au regard de l'écrasante présence de la logique, de la métaphysique et de l'éthique. Que ferait-on alors d'un côté de textes qui relèveraient aussi bien d'une théorie de la connaissance, de la philosophie morale ou d'une anthropologie philosophique et de l'autre de ce que Schlosser a appelé la « littérature artistique »[1] ? Les préceptes artistiques développés dans les traités, les écrits d'artistes, la critique d'art, les doctrines du beau, les différentes histoires des arts ou « les vies des artistes les plus illustres »[2] ne peuvent être considérés par principe comme hors champ, pas plus d'ailleurs que certains textes philosophiques qui ne portent pas encore le nom d'esthétique.

L'ensemble des textes est articulé autour des trois axes que mettent en place, à la fois, les commencements de l'esthétique à l'époque des Lumières, et le temps de sa refondation par la *Kunstwissenschaft* à la fin du XIXe siècle et dans les trois premières décennies du XXe siècle. Ces deux moments sont particulièrement féconds car ils privilégient l'efficacité cognitive et l'expérience humaine dans sa triple dimension anthropologique, psychologique et morale pour asseoir les fondements de l'articulation esthétique-artistique. La déclinaison adoptée, connaissance, arts, expérience, fait de ces trois registres des positions de l'esthétique. La thèse ainsi soutenue par les textes de cet ouvrage est celle-ci : loin qu'il faille substituer à une esthétique réduite à la seule affaire de la réception, du plaisir et du bon goût une philosophie de l'art, pour mettre fin à un malaise de l'esthétique, il s'agit d'assurer à toute philosophie de l'art possible des fondements esthétiques. L'esthétique peut et doit assumer la fonction que lui attribuent

---

1. *Cf.* J. von Schlosser, *La littérature artistique : manuel des sources de l'histoire de l'art moderne*, trad. de l'allemand par J. Chavy, trad. de l'italien par M. Le Cannu *et al.*, préf. A. Chastel, Paris, Flammarion, 1984.

2. *Cf.* G. Vasari, *Les Vies des meilleurs peintres, sculpteurs et architectes* (1550-1568), trad. fr. et éd. commentée A. Chastel (dir.), Paris, Berger-Levrault, 12 volumes, 1981-1989.

Dilthey[1] et à sa suite les principaux tenants de la science de l'art germanique et française : la compréhension d'œuvres singulières prises dans un régime d'historicité. Ceci implique de concevoir l'esthétique comme une poétique à part entière, ouverte à l'histoire des arts et à la critique d'art. Certes, l'esthétique relèverait en ce cas d'un « transcendantal impur », pour aller dans le sens de Cassirer[2] : mais cette « bâtardise » peut s'avérer sa force. Le socle et le champ de l'esthétique sont ceux de l'expérience humaine sous tous ses aspects, – c'est pourquoi le volume s'ouvre avec l'*Anthropologie* de Kant et se clôt avec l'expérience esthétique qu'est la *Cinquième Rêverie* de Jean-Jacques Rousseau. La connaissance de l'activité artistique – qui est à la fois une *poièsis*, une pratique et une technique – que l'esthétique peut et doit produire n'est ni une histoire philosophique de l'histoire de l'art, ni une philosophie de l'histoire de l'histoire de l'art.

Les dernières décennies du siècle écoulé n'ont eu de cesse de décrire un « malaise » dans l'esthétique, de formuler des adieux, de chroniquer une mort annoncée. La conjonction de la dénonciation d'un *Assujettissement philosophique de l'art*[3] par le biais de l'esthétique, thèse développée avec un grand brio sophistique par Arthur Danto, qui a renforcé le courant de

---

1. *Cf.* W. Dilthey, « Les trois époques de l'esthétique moderne et sa tâche actuelle », dans *Écrits d'Esthétique*, trad. par D. Cohn et E. Lafon, présenté par D. Cohn, Paris, Cerf, 1995, p. 182-222.

2. *Cf.* E. Cassirer, *Nachgelassene Manuskripte und Texte*, Band 1 : *Zur Metaphysik der symbolischen Formen*, hrsg. J. M. Krois, Hamburg, Felix Meiner Verlag. 1995 ; *cf.* aussi Th. W. Adorno, *Théorie esthétique, Paralipomena, Théories sur l'origine de l'art, Introduction première*, trad. de l'allemand par M. Jimenez et É. Kaufholz, Paris, Klincksieck, 1989.

3. A. Danto, *L'assujettissement philosophique de l'art*, trad. fr. de Cl. Hary-Schaeffer, Paris, Seuil, 1993.

l'esthétique dite analytique, et d'un courant post-heideggerien vivifié par les théories de l'art sémiotico-structuralistes dans les quatre dernières décennies du XXe siècle a installé l'idée d'un échec avéré de l'esthétique, au nom de l'Art ou des arts.

Les critiques sont de deux ordres. Soit, on dénonce une incapacité à comprendre et faire comprendre les arts. L'artistique échapperait à l'esthétique de manière constitutive; et l'on pointe les lacunes de la *Critique de la faculté de juger*, l'absence de culture artistique de Kant, son désintérêt des œuvres. La question se pose et demeure ouverte de savoir si l'esthétique a jamais revendiqué l'artistique comme son seul domaine mais il est certain qu'affirmer que l'artistique n'est pas de son registre cantonne l'esthétique au plaisir, au jugement, à la beauté. À elle, la part du sujet donc, sa jouissance, ses émotions, ses affects et ses critères d'évaluation, ses normes, et rien d'autre. La tâche de l'esthétique serait de les soumettre à un examen rigoureux qui permettrait en retour une évaluation historique des catégories qu'elle a déployées, le beau en particulier. En admettant que l'esthétique parvienne à éviter d'être absorbée dans une sociologie du goût, en même temps qu'à se libérer d'un canon du beau donc d'une normativité hétéronome, son sort serait, au mieux, d'être assimilée à une psychologie ou une anthropologie de la perception. Ne devra-t-elle pas alors se résorber au profit des sciences cognitives et de la neurobiologie, dès que ces dernières fourniront à la *neuroaesthetics* suffisamment d'ancrage dans la cartographie du cerveau? Que son histoire complexe puisse éventuellement soulever un intérêt archéologique et philologique, ne lui offre ni grande actualité ni perspective d'avenir autre qu'un programme de naturalisation.

Soit, on cherche, malgré tout, à sauver un lien de l'esthétique aux arts, en contournant le verdict kantien de l'impossibilité d'un jugement déterminant en esthétique, donc de l'impuissance constitutive de l'esthétique à formuler un jugement artistique. La condition de la survie serait sa transformation en théorie des arts, mais le risque d'un statut de parasite n'est pas mince. Les théories de l'art des années soixante et leurs épigones font de la thèse hégélienne que l'art serait devenu réflexif leur point de départ. Elles s'appliquent à gloser les gestes artistiques des avant-gardes, quitte à émousser, par la répétition la force inventive de la performance initiale. Excluant le sujet – artiste ou récepteur, – et ses sentiments, son expérience, tout comme l'idée d'œuvre, elles recourent à une textualité omnipotente – poétique, musicale, ou iconique – prenant pour modèle les sciences du langage. Elles poursuivent en réalité au nom de l'artistique une liquidation d'une esthétique philosophique, qui, selon les mots de Fiedler à la fin du XIXe siècle, « a substitué à l'art comme fin et destination l'entretien de ce qu'on appelle beauté »[1], une beauté qui ne saurait être la visée du besoin d'art[2]. Nous voici au rouet. Il nous faut revenir sur l'histoire de l'esthétique pour saisir les raisons de telles critiques.

Il n'est que de lire, ou relire, quelques pages de la *Théorie esthétique* d'Adorno, un ouvrage paru dans les années soixante du siècle dernier, qui, pour sa part, relève malgré tout le gant, comme le font Croce, Pareyson ou Beardsley car on écrit encore au XXe siècle des « théories esthétiques », pour prendre la mesure du caractère apparemment fatal du diagnostic. « L'esthétique philosophique se vit placée devant l'alternative fatale entre une universalité bornée et triviale, et des jugements arbitraires le plus souvent déduits de représentations conven-

---

1. K. Fiedler, *Aphorismes*, édition établie par D. Cohn, Paris, Images Modernes, 2004, Aph. 181, p. 90.
2. Cf. *Ibid.*, Aph. 2, p. 32, et *infra*, p. 217.

tionnelles. (…) Par sa forme propre, l'esthétique semble tenue à une universalité qui aboutit à l'inadéquation aux œuvres d'art et, complémentairement, à d'éphémères valeurs d'éternité. La méfiance académique envers l'esthétique repose sur l'académisme qui lui est immanent » [1]. Prétentions universalistes, tonalité conventionnelle et conformisme, le sort d'une esthétique, si ce n'est de l'esthétique, car Adorno parle de l'esthétique philosophique, paraît ici scellé toujours au même motif : l'esthétique philosophique ne produit aucune intellection de l'artistique. Rien de nouveau donc sous le soleil dans le dernier quart du XXe siècle, les dernières publications en date ne sont que des variations sur un thème connu. Quand et comment surgit ce thème ? La chronique d'une mort annoncée date-t-elle du XXe siècle ? Ne s'agit-il pas là des suites de la mise en impasse telle que Hegel la réalise en fermant les chemins divergents ouverts par Baumgarten et Kant ?

On pourrait aller en effet jusqu'à soutenir que le verdict sur la fin de l'esthétique est quasi contemporain de ses commencements. L'habitude a été prise de fixer la période de la naissance de l'esthétique au XVIIIe siècle, plus exactement à la date de parution du premier volume de l'*Aesthetica* de Baumgarten et d'ancrer ainsi la généalogie de l'esthétique au cœur des Lumières. Loin s'en faut cependant que la précision historique règle la question de la définition de l'esthétique et d'un accord sur la légitimité de ses visées donc de son domaine. S'il est couramment admis, du point de vue de l'histoire de la philosophie, que Baumgarten détient la paternité du terme, on doit noter que l'apparition du mot esthétique chez Baumgarten date

---

1. Th. W. Adorno, *Théorie esthétique, Paralipomena, Théories sur l'origine de l'art, Introduction première, op. cit.*, p. 462.

de1735, dans les *Méditations*, et que la *Critique de la faculté de juger* publiée en 1790, passe pour le point de départ véritable de la pensée esthétique. Une naissance au long cours donc, temps pendant lequel une définition se forme, se modifie, et peine à s'imposer, tout comme le nom d'ailleurs puisque il n'apparaît dans *l'Encyclopédie* de Diderot et d'Alembert que dans le *Supplément* et que le *Dictionnaire de l'Académie française* ne l'accepte qu'en 1835. Baumgarten la définit ainsi : « L'esthétique (ou théorie des arts libéraux, gnoséologie inférieure, art de la beauté du penser, art de l'analogon de la raison) est la science de la connaissance sensible »[1]. Définition révolutionnaire, fruit de réélaborations successives entre les *Méditations* et l'*Aesthetica*, qui transforme radicalement la carte des savoirs, telle que la philosophie de Wolff l'avait déployée, et détache l'esthétique des poétiques constituées. Les arts et l'esthétique ont ici d'emblée partie liée. Le projet initial de construire une logique des facultés inférieures se lie à une conception des arts comme l'objet exemplaire de la perfection de la connaissance sensible. Le soupçon surgit que la voie kantienne ne ramasse pas la mise de Baumgarten mais invente une autre solution. Dans la *Critique de la faculté de juger*, en effet il s'agit du jugement esthétique et non d'une science, de l'art ou du beau, baptisée esthétique et ce jugement n'apporte aucune connaissance, il est réfléchissant et non déterminant, pour adopter le lexique kantien. De l'*Esthétique transcendantale* qui ouvre la *Critique de la raison pure*[4] aux premières pages de la troisième *Critique*, de 1781 à 1790, Kant remplit

---

1. A. G. Baumgarten, *Esthétique, précédée des Méditations philosophiques sur quelques sujets se rapportant à l'essence du poème et de la Métaphysique*, trad., présentation et notes par J.-Y. Pranchère, Paris, l'Herne, 1988, § 1, p. 121 ; *infra*, p. 51.

le programme qu'il s'était fixé. Il prend acte de l'espoir de Baumgarten, montre que les impasses sont inévitables et renvoie à ses limbes les prémisses d'une esthétique, en renonçant explicitement à écrire une Critique du goût au profit de l'élaboration d'une théorie de la réflexion. «Les Allemands sont les seuls à se servir du mot *esthétique* pour désigner ce que d'autres appellent la critique du goût. Cette dénomination se fonde sur une espérance déçue, que conçut l'excellent analyste Baumgarten, celle de soumettre le jugement critique du beau à des principes rationnels, et d'en élever les règles à la hauteur d'une science. Mais cet effort est vain. En effet, ces règles ou critères sont purement empiriques en leurs principales sources, et par conséquent ne sauraient jamais servir de lois *a priori* déterminées propres à diriger le goût dans ses jugements ; c'est plutôt le goût qui constitue la véritable pierre de touche de l'exactitude des règles. Aussi est-il judicieux ou bien d'abandonner à son tour cette dénomination et de la réserver pour cette doctrine qui serait une vraie science (par où on se rapprocherait du langage et de la pensée des anciens chez lesquels la division de la connaissance en *aisthèta* et *noèta* fut très célèbre) ou bien de la partager avec la philosophie spéculative et de prendre l'esthétique partie dans un sens transcendantal, partie dans une signification psychologique »[1].

Les *Cours d'esthétique* de Hegel récusent, à leur tour, dès leur ouverture, la justesse de la dénomination "esthétique" : « ces cours sont consacrés à l'*esthétique* ; leur objet est le vaste *royaume du beau*, et ils ont plus précisément l'*art*, et même

---

1. E. Kant, «Critique de la raison pure », dans *Œuvres philosophiques*, éd. F. Alquié (dir.), t. I, Paris, Gallimard, 1980, p. 783.

le *bel art* pour domaine »[1]. Esthétique est devenu le terme courant, pour désigner ce qu'il eût mieux valu appeler la callistique, car il n'en va pas dans « la philosophie du bel art », que Hegel développe en virtuose dans ses *Cours*, de « la science du sentir et du sens » prônée par Baumgarten et les autres tenants de l'école de Wolff.

Baumgarten, Kant, Hegel ; trois étapes dans la constitution de l'esthétique philosophique, soit des tentatives divergentes, qui retouchent successivement le projet d'une esthétique à part entière, jusqu'à son annulation par Hegel : en procédant à un retour en gloire de la philosophie de l'art, associée à l'instauration d'un genre nouveau, la philosophie de l'histoire de l'art ou plus exactement une histoire philosophique de l'art, Hegel ruine à la fois l'espérance de Baumgarten et l'échappée kantienne. L'instauration de l'esthétique intronisait une pensée sensible, plus encore qu'une pensée du sensible, elle ouvrait à la réflexion rationnelle le royaume de la subjectivité individuelle dans sa dimension de liberté et d'imagination créatrice. Elle entreprenait une réflexion sur la passivité de la réceptivité, fil rouge de l'histoire de l'esthétique – et de la philosophie – jusqu'à la phénoménologie de Merleau-Ponty. Hegel récuse le lien de l'esthétique avec la critique et une théorie du goût et du

---

1. G. W. F. Hegel, *Cours d'esthétique*, trad. fr. J.-P. Lefevre et V. von Schenck, Paris, Aubier, 1995, p. 5-6. Et Hegel continue : « Considérant l'impropriété, ou pour mieux dire le caractère superficiel de ce nom, on n'a d'ailleurs pas manqué de vouloir en forger de nouveaux, ainsi celui de "callistique". Mais même celui-ci s'avère insatisfaisant, car la science que l'on a en vue n'examine pas le beau en général, mais uniquement le beau *artistique*. Si nous préférons quant à nous en rester au nom d'"esthétique" c'est parce que, comme simple nom, il est pour nous indifférent [...]. Cependant, la formule qui, en toute rigueur, convient à notre science, est *"philosophie de l'art"*, et plus exactement *"philosophie du bel art"* ».

jugement, et ne prend pas en considération l'idée d'une sensibilité active. Il réduit l'expérience esthétique au plaisir que nous pouvons trouver au beau artistique et détermine l'essence de l'art par la considération du « grand art », celui qui forme le bon goût.

> Sous tous ces rapports, l'art est et reste pour nous, quant à sa destination la plus haute, quelque chose de révolu. Il a de ce fait perdu aussi pour nous sa vérité et sa vie authentiques, et il est davantage relégué dans notre *représentation* qu'il n'affirme dans l'effectivité son ancienne nécessité et n'y occupe sa place éminente. Ce que les œuvres d'art suscitent à présent en nous, outre le plaisir immédiat, est l'exercice de notre jugement : nous soumettons à l'examen de notre pensée le contenu de l'œuvre d'art et ses moyens d'exposition, en évaluant leur mutuelle adéquation ou inadéquation. C'est pourquoi la *science* de l'art est bien plus encore un besoin à notre époque qu'elle ne l'était aux temps où l'art pour lui-même procurait déjà en tant que tel une pleine satisfaction. L'art nous invite à présent à l'examiner par la pensée, et ce non pas pour susciter un renouveau artistique, mais pour reconnaître scientifiquement ce qu'est l'art[1].

La force d'évidence de ces lignes tient autant de leur tonalité nostalgique – l'époque de la splendeur de l'art est révolue – que de la vision de la modernité qu'elles supposent – les modernes n'ont d'autre choix que l'autoréflexion, leur position est hors de l'art. De quel art s'agit-il, pourquoi la définition de la modernité est-elle concernée ? Hegel ne parle d'art qu'au singulier, nous laissant le loisir d'imaginer la majuscule qui le sanctifie. La détermination de l'essence de l'art a partie liée avec la considération du « grand » art qui

---

1. G. W. F. Hegel, *Cours d'esthétique*, *op. cit.*, p. 18-19.

forme le goût, le bon goût, par ostension du beau, l'art grec. Grandeur grecque, grandeur d'un classicisme auquel le temple et la statuaire helléniques donnent sa référence artistique autant que sa valeur culturelle, ce qui « demeure pour nous une chose du passé » est en fait, dans la conception de Hegel, cette osmose d'une société et de son art dans un âge d'or imaginé sous les traits du discobole. Hegel est là très proche des élaborations de Goethe et de Schiller sur l'allégorie et le symbole, le naïf, le sentimental et le significatif, et de l'invention allemande d'une beauté grecque dans la *Klassik*. Cette « Grèce » appartient à une géographie de l'esprit, et non à une localisation sur la mappemonde, ni à une chronologie historique précise, qui diviserait l'unité mentale constituée par l'antiquité grecque, romaine et la renaissance italienne. Cette géographie vaut encore pour Nietzsche, qui déploiera avec la vigueur que l'on sait l'idée que tous les Grecs n'ont pas su créer de la « beauté grecque », désignant Euripide et Socrate comme ceux qui mettent fin à la « vraie » grécité [1]. Loin du modèle français de la Querelle des Anciens et des Modernes [2] donc, Hegel prête aux Anciens, le bonheur d'une immédiateté qui n'est pas une position naturelle du registre de l'archaïque ou de l'originaire, mais un équilibre heureux entre le sensible et l'idée. Aux Modernes revient le dur labeur de la réflexion, lié à l'excès de l'idée sur le sensible et cette « tournure logique que l'esprit est contraint de prendre lorsqu'il réfléchit abstraitement, qui n'est guère compatible avec l'activité esthétique seule créatrice de

1. *Cf.* F. Nietzsche, *La Naissance de la tragédie*, trad. fr. M. Haar, Ph. Lacoue-Labarthe, J.-L. Nancy, Paris, Gallimard, 1977.
2. A.-M. Lecoq (dir.), *La Querelle des Anciens et des Modernes. XVIIᵉ-XVIIIᵉ siècles*, Paris, Gallimard, 2001.

formes »[1]. Car comment « devenir grec », pour reprendre à
Schiller cette expression et la description qui l'accompagne,
comment « se créer de toutes pièces une Grèce par un acte de la
raison, et l'enfanter en quelque sorte du dedans au dehors » ?[2]
« L'opération délicate c'est d'amener les formes données par
l'expérience au niveau esthétique et, dans cette opération, ce
qui risque ordinairement de manquer, c'est soit le corps soit
l'esprit, en d'autres termes soit la vérité soit la liberté. (…).
Désespérant de parvenir à donner à la nature empirique qui
l'environne une forme esthétique, l'artiste moderne, s'aban-
donnant à l'élan de sa fantaisie et de sa pensée, préfère rompre
tout contact avec elle »[3]. Voilà pourquoi l'art ayant accompli la
révolution de ses trois formes – symbolique, classique, roman-
tique – qui couvrent le système des beaux-Arts (architecture,
sculpture, peinture, musique et poésie) révèle sa nature
philosophique, et cède donc la place à une science de l'art, qui
n'est pas la *Kunstwissenschaft* telle qu'elle sera fondée un
demi-siècle plus tard. Puisque, pour Hegel, la beauté est
« grecque » et que l'esthétique est affaire de beauté, le corollaire radical est que l'esthétique n'a plus lieu d'être puisque la
beauté n'est pas moderne. La satisfaction que l'art nous donne
se résume à la connaissance qu'il a de lui et de ses limites, à la
conscience d'avoir servi un temps le développement de
l'Esprit. L'esthétique s'efface devant la philosophie de l'art.

On ne saurait cependant oublier à quel point l'idée d'une
fin du règne du grand art a sonné l'heure d'une délivrance :

---

1. J. W. von Goethe, F. Schiller, *Schiller à Goethe, 23 août 1794*, dans
Correspondance 1794-1805, trad. fr. L. Herr, Paris, Gallimard, 1994, t. 1,
p. 44-45.
2. *Ibid.*
3. *Schiller à Goethe 14 septembre 1797, op. cit.*, p. 452-453.

désormais toutes sortes de productions peuvent prétendre à être de l'art, tout homme est en droit d'être artiste. La position hégélienne va au devant des révoltes des artistes, ceux que l'on nomme romantiques comme ceux qui sont baptisés réalistes et de la critique d'un certain nombre de théoriciens qui, à l'instar de Fiedler, dès la moitié du XIXᵉ siècle, refusent la confusion de l'art et du beau, la réduction de la sphère artistique à un plaisir esthétique adhérent au goût bourgeois. Le laid, le dégoûtant, la perversion et la maladie, les arts dits mineurs – le low art -, puis les arts non-occidentaux, dits primitifs, la photographie et le cinéma, le design et la production industrielle entrent en force dans la sphère de l'art, modifiant radicalement sa définition. Le retentissement de la thèse de la fin de l'art a beaucoup à voir avec cette libération, ce sentiment d'une liberté enfin acquise. L'édification hégélienne d'une histoire philosophique de l'art se poursuit et une longue durée vient au jour, qui, du romantisme via les avant-gardes, conduit aussi bien au minimalisme qu'à l'expressionnisme abstrait et au Pop Art. Warhol et Beuys scandent ainsi vers les années soixante du XXᵉ siècle le résultat de l'histoire du motif de la fin de l'art. La réflexivité énoncée par Hegel comme la voie de l'art à l'époque de sa modernité semble devenue, à suivre Danto, qui se définit lui-même avec humour comme un « born again hegelian », réalité. *L'Assujettissement philosophique de l'art* nous dépeint un art post-historique qui n'est plus qu'ornement et divertissement et joue indéfiniment avec son propre concept : l'art contemporain. En libérant les arts de l'oppression d'un idéal de beauté, ou de celle qu'imposent des fonctions politiques, sociales ou religieuses, la philosophie de l'art hégélienne aurait réussi sa critique de l'esthétique. Le motif de la fin de l'art est devenu – pour un temps – la voie royale de l'autonomie de l'Art, et a eu raison d'un besoin d'esthétique très, trop, lié à l'idée des fins de l'art.

Qu'en est-il de l'idée que l'Art doit être autonome et des positions de l'esthétique par rapport à l'idée d'autonomie? Que vaut cette articulation art-beau-esthétique qui autorise de liquider l'esthétique au nom d'un Art délivré de ce mal que serait le beau?

Par delà l'écart entre Baumgarten et sa science du sensible et Kant et sa critique du jugement, l'esthétique, telle que ses commencements la racontent, mettant en « figure », pour emprunter à Cassirer cette articulation de l'idée et de la figure, l'idée même d'esthétique a un tout autre projet que celui de la préservation d'un beau normatif. Les Lumières rendent possible l'unification d'une région autonome, esthétique en son sens étymologique puisqu'elle est sensible, qui est celle de l'expérience humaine du monde dans sa globalité. Elles prêtent à cette région une intelligibilité jusque-là réservée aux mathématiques et à la physique. Que cela puisse être fait implique que l'on entre dans une nouvelle formation discursive, pour reprendre la formule de Michel Foucault [1]. Il est frappant de constater comment la philosophie entre pour partie dans ce changement et comment ses constructions entrent en résonance avec une constellation extra-philosophique. On assiste en effet, entre 1755 et 1766, à l'émergence d'une conjonction très forte, une sorte de triple constellation. Trois discours indépendants prennent leur envol, et rompent pour partie avec la rhétorique et les poétiques du passé : celui de la critique d'art – par exemple les *Salons* de Diderot, *La Dramaturgie de Hambourg* de Lessing – celui de l'histoire de l'art – *l'Histoire de l'art de l'antiquité* de Winckelmann – et celui de la théorie –

---

1. *Cf.* M. Foucault, *L'archéologie du savoir*, Paris, Gallimard, 1969, chap. II.

le *Laocoon* de Lessing ou celui de Goethe. Ces trois discours élaborent, chacun à leur manière, une analyse de la construction des formes sensibles dans des langages de l'art, ils ancrent cette étude dans une proximité avec des œuvres singulières, les auteurs sont souvent eux-mêmes des artistes. La beauté à laquelle ils se réfèrent est moins la qualité inhérente de l'objet que l'équilibre heureux entre une part de l'objet et une part du sujet, une sorte d'accord du sentiment et de l'œuvre, une relation dont l'évidence a pour source un socle affinitaire archaïque. La formulation kantienne du paragraphe 9 de la *Critique de la faculté de juger* sonne comme une « résolution » des débats artistiques, historiques et théoriques d'un demi-siècle et mérite d'être lue dans son *Zeitgeist* : « comme si lorsque nous disons qu'une chose est belle, il s'agissait d'une propriété de l'objet déterminée en lui par des concepts ; alors que cependant, sans relation au sentiment du sujet, la beauté n'est rien en soi »[1]. L'essentiel est le sentiment, sa justesse, sa particularité universalisable, donc les conditions de possibilité de son partage dans une expérience commune.

Ce sont Fiedler, Dilthey, et Cassirer qui saisissent, avec d'autres, l'ampleur de la révolution copernicienne qui a lieu à l'Aufklärung et en tirent nombre de conséquences, en particulier celle-ci : l'esthétique puise dans le rapport à l'historicité, à la fois celle de notre expérience et celle des arts, sa force et non les raisons de son malaise. À partir d'un horizon à la fois néo-kantien et néo-hégélien, car il est impossible, et inutile, de démêler les deux filiations ils s'emparent de l'idée que le sensible n'est pas de part en part empirique et en font la

---

1. Voir E. Kant, *Critique de la faculté de juger*, trad. fr. A. Philonenko, Paris, Vrin, 1974, § 9, p. 82.

« force formatrice » d'une esthétique dont la visée devient – ou redevient – soit une théorie de la connaissance soit une anthropologie générale. Perception, mouvement expressif et visibilité chez Fiedler, expérience vécue et imagination poétique chez Dilthey, formes symboliques chez Cassirer, quel que soit le lexique employé, l'expérience sensible se conjugue avec l'activité, la production, et l'expression (anti-expressive) devient la catégorie décisive qui permet d'analyser les formes dans leur historicité même. Ainsi l'un des atouts majeurs de la pensée de Dilthey consiste à réinscrire la dimension historique et l'historicisme dans un horizon kantien, donc transcendantaliste. La possibilité de catégories esthétiques trouve là une légitimité tandis que le social est considéré dans tout le poids culturel qu'il exerce sur les individus, qu'il en aille de leurs élaborations conceptuelles ou artistiques. Dilthey propose une philosophie critique de l'histoire et des productions de l'esprit, comme Kant avait proposé une philosophie critique de la physique. Assouplissant le cadre apriorique du kantisme, il réussit à faire passer les concepts de la spéculation philosophique à une épistémologie de l'histoire. Dans la mesure où le but des sciences de l'esprit est, à ses yeux, que « la compréhension du singulier puisse être élevée à l'universel » et où « l'art représente dans l'univers des hommes l'individuation », la connaissance scientifique des individus, et à travers eux des grandes formes de l'existence humaine, a tout intérêt à revenir sur le terrain de son invention, le poétique. L'attention au poétique permet en effet d'aborder l'idée d'individu là où l'individualité est la plus mystérieuse synthèse d'une singularité à l'originalité quasiment excessive et d'une universalité qui, même si elle est indémontrable, se fait reconnaître dans l'éclat de l'œuvre d'art. L'artiste apparaît lui aussi comme une présentation individuée de l'universel, résolument prise dans l'histoire où elle se déploie et accède à un type. Outre ses développements strictement herméneutiques, la pensée de Dilthey indique quelques pistes pour résoudre la double impasse où peut s'enfermer une esthétique, d'une théorie matérialiste, physiologique, de la genèse des formes, et d'une psychologie de l'imagination créatrice dont le développement serait comme par miracle autonome par rapport aux différentes époques historiques. Au delà d'une refondation de la critique littéraire autour d'une expérience vécue – l'*Erlebnis* – qui pointe la construction du vécu, du biographique, par l'expérience, comme un revécu qui est toujours déjà mise en forme, Dilthey justifie la nécessité de tenir ensemble l'étude des formes et celle de leurs évolutions. C'est en ce sens qu'il faut comprendre sa tentative d'établir que la psychologie est un moyen de penser l'histoire : elle répond à la difficulté de connecter les mouvements et l'instabilité de la vie individuelle aux structures historiques [1]. L'influence que Dilthey exerça sur l'histoire et la philosophie de l'art réunies sous la bannière commune de la « science de l'art » – dont on peut prendre la mesure dans les *Principes fondamentaux de l'histoire de l'art* de Wölfflin [2] ou dans l'*Hercule à la croisée des chemins* de Panofsky [3] – tient à l'importance qu'eut cette articulation, aussi bien dans les recherches de Riegl et des autres tenants de l'école de Vienne que dans l'ensemble des analyses de Wölfflin ou les enquêtes iconologiques du groupe réuni à Hambourg autour d'Aby Warburg, c'est-à-dire pour tous les travaux qui relèvent de la dénomination *Kunstwissenschaft*.

1. *Cf.* W. Dilthey, *Ecrits d'Esthétique*.

2. H. Wölfflin, *Principes fondamentaux de l'histoire de l'art*, trad. fr. Cl.et M. Raymond, Saint-Pierre de Salerne, Gérard Monfort, 1992.

3. E. Panofsky, *Hercule à la croisée des chemins*, trad. de l'allemand par D. Cohn, Paris, Flammarion, 1999.

On ne saurait dans cette perspective s'étonner que Cassirer ait été le philosophe du groupe de Hambourg. Ce que Cassirer appellera plus tardivement dans son œuvre les « formes symboliques » implique également la reconnaissance d'un régime de l'ordre de ce que l'on devrait appeler un transcendantal impur, tant il installe l'idée d'un transcendantal du sensible qui devrait s'avérer le fondement d'une esthétique qui a déjà une histoire et a un bel avenir devant elle. Dans les sciences de l'esprit, l'impureté permet de connecter. Ce terme de connexion, *Verknüpfung*, que Dilthey emploie lui aussi comme l'outil qui règle la vitalité de l'ensemble, *Zusammenhang*, a une origine goethéenne, et Goethe est une des filiations communes à Fiedler, Dilthey, Cassirer et la Kunstwissenschaft. *Liberté et forme* tout comme *Idée et figure* peuvent donc connecter à travers des motifs fondamentaux – le motif est là aussi un mode de composition goethéen –, des champs qui relèvent aussi bien de l'histoire des religions que de l'histoire de la philosophie que de l'histoire littéraire ou d'une pensée de l'État. Une philosophie de la culture se meut dans un régime de la pensée où les catégories s'appliquent à une expérience historique telle que leur apriorité doit s'accommoder de l'historicité de leur déploiement et suivre les étapes de ce développement de sorte qu'elles s'éprouvent comme autre chose que de simples schèmes. L'idée de forme symbolique est dans ces deux livres en gestation, comme une force formatrice qui nourrit la réflexion même si elle n'a pas encore trouvé sa formulation la plus stricte. L'Avant-propos d'*Idee und Gestalt* définit le programme : « dans ces études il s'agit de faire ressortir les connexions et les médiations qui font le passage du monde des idées philosophiques au monde de la mise en forme poétique. Dans de telles médiations et passages les idées révèlent leur pleine teneur : il s'avère que les pensées philosophiques véritablement créatrices, à côté de leur contenu purement abstrait, saisissable conceptuellement, contiennent une vie spirituelle concrète qui leur est propre, une force formative et une puissance de donner forme ». Entre l'idée et la figure agit un rapport entre-expressif – qui doit beaucoup aux lectures leibniziennes de Cassirer, comme à son affinité avec la morphologie goethéenne. Ce rapport est pour lui en homologie avec celui que philosophie et arts entretiennent. « La pensée langagière discursive et l'activité intuitive de la vision et de la mise en forme artistique tissent ensemble l'habit de la réalité ». D'où la place accordée à Fiedler dans l'histoire de l'esthétique, dans le quatrième tome de la *Philosophie des formes symboliques* qu'il souhaitait consacrer à l'art et qui ne fut jamais publié de son vivant[1]. À ses yeux, la démarche de Fiedler et en particulier son essai majeur *Sur l'origine de l'activité artistique* est celle « qui a saisi le plus clairement la nécessité de bâtir le système de l'esthétique sur un fondement plus sûr en termes de théorie de la connaissance ». Fiedler est effectivement un penseur qui a su donner une consistance cognitive au voir. L'emploi du verbe substantivé accentuant l'idée d'activité attribuée à notre appareil sensoriel. Ce « voir », *das Sehen*, qui connaîtra une vraie fortune critique dans la *Kunstwissenschaft*, et au delà jusqu'à Wittgenstein, produit des formes visibles comme le langage produit des articulations conceptuelles. La visibilité, le commentaire de Cassirer est percutant, « n'est ni un prédicat qui s'appose aux choses comme telles, en tant qu'absolues, ni une possession passive de données sensorielles déterminées, de sensations ou de perceptions optiques déterminées »[2]. Voir est une tâche : « Croire qu'il suffit d'ouvrir les

---

1. *Cf.* E. Cassirer, *Zur Metaphysik der symbolischen Formen*, *op. cit.*, Konvolut 184b–1928.

2. *Ibid.*, p. 78-83.

yeux pour posséder le monde comme représentation est une erreur. C'est le présupposé général selon lequel il suffit d'ouvrir les portes de nos sens pour posséder le monde de manière sensible et que l'activité intellectuelle commence seulement lorsqu'il s'agit de parvenir à une activité conceptuelle »[1]. En affirmant qu'on ne saurait admettre sans discussion que la réception est passive, et que notre relation au monde est de pur accueil, Fiedler – critique impitoyable d'une esthétique du plaisir et d'un art asservi par une valeur d'usage décorative – désigne la place possible pour une articulation esthétique/ artistique fondée sur une théorie de la connaissance et une pensée de l'expérience.

Telle est la voie qui reconduit l'esthétique à elle-même. Pour conclure, il est besoin de faire un dernier retour sur l'idée d'une autonomie de l'art. Paradoxalement, l'autonomie de l'art est un produit de l'esthétique. Paradoxalement car c'est au nom de cette autonomie, qu'a été déniée, pour un temps, à l'esthétique son intérêt et sa fonction. À la fin du XVIIIe siècle, au point exact de l'articulation du crépuscule des Lumières et de l'émergence des théories romantiques, l'esthétique contribue à l'avènement d'un concept de génie qui défait les liens de l'artiste et de son œuvre à ce que l'on appelait les fins de l'art. L'invention de la liberté qui caractérise cette époque retentit sur l'idée de la liberté créatrice. l'idée des fins de l'art et l'articulation platonicienne du bon, du vrai et du beau apparaissent comme des servitudes. La voie est ouverte aux conditions d'énonciation de la thèse d'une fin de l'art et de la substitution nécessaire de la philosophie de l'art à une esthétique réduite au simple plaisir. La reconnaissance légitime d'une autonomie

---

1. K. Fiedler, *Aphorismes, op. cit.*, Aph. 124, p. 73.

de l'œuvre s'élargit à celle fort peu claire d'une autonomie des arts. Qu'une œuvre soit autonome, comme œuvre singulière, qu'elle soit sa propre règle et contienne dans la dynamique de sa structure ses raisons et ses motifs, donc son sens au delà de la diversité de ses significations ne saurait impliquer que les arts soient autonomes, au sens où ils n'auraient aucun souci de leur justesse, donc de leur rapport au vrai et au bien. D'un côté, une confusion s'instaure entre servitude sociale et finalité, au point que l'idée des fins de l'art puisse être suspectée de sottise finaliste, d'aliénation religieuse ou politique. De l'autre, l'autonomisation du sensible, comme sphère cognitive, conduit à une confusion entre le sentir et la sensibilité, pour reprendre les termes de Diderot dans le *Paradoxe sur le comédien*. Dès les Lumières, l'essai de Diderot comme le roman de Goethe, *Les souffrances du jeune Werther*, et tant d'autres textes de l'époque en témoignent, le danger d'une subjectivisation, d'une sentimentalité stérile, est mis en avant, d'une perte de rapport aux objets, donc aux formes. Cette subjectivisation met en cause la possibilité pour l'expérience de constituer l'espace et le temps de l'humanisation de l'homme. Depuis Platon et Aristote, le lien de l'art avec la vérité a été affirmé par les philosophes et pratiqué par les artistes. Et ce jusqu'aux Lumières inclues. En ce siècle d'invention de la liberté, les arts importent au titre d'une instance efficace à l'égal du droit ou des sciences, parce qu'ils assument leur part de l'éducation de l'humanité. Leur magistère passe par la formation du goût, régime exemplaire de l'intersubjectivité et opérateur de la construction d'un espace public dans lequel se développe et s'affine le jugement. C'est parce qu'ils sont sensibles et parlent au cœur, parce qu'ils sont nés de l'imagination et l'éveillent, qu'ils ont la capacité d'accélérer le processus de civilisation et de faire avancer la raison par des voies qui ne relèvent pas de la gnoséologie supérieure. Le sentir est le régime affirmé de la perception comme activité. L'insistance sur la création en est le corollaire, qui voit dans la production de forme la pierre de touche du caractère non passif de la sensibilité. Mais ce sentir n'est pas pur sentir. L'esthétique est philosophie « appliquée ». C'est pourquoi elle endosse le projet de « l'éducation esthétique », que Schiller expose dans ses *Lettres sur l'éducation esthétique*; elle est une philosophie morale en action, au sens où Diderot disait des romans qu'ils étaient des traités de morale en action.

De Dewey – et de son livre *L'art comme expérience*[1] – à une philosophie morale très contemporaine qui accorde aux œuvres d'art, littérature, cinéma, séries télévisuelles, un rôle décisif dans notre formation morale (Stanley Cavell, Cora Diamond, Martha Nussbaum, Sandra Laugier)[2], le courant pragmatiste comme la philosophie de Wittgenstein tels que leurs commentateurs actuels les développent, revivifient l'esthétique. L'intérêt pour les sentiments moraux – attention, dignité, respect, sollicitude, – renforce l'idée que les arts sont des mises en forme sensibles de l'expérience humaine qui

---

1. J. Dewey, *L'art comme expérience*, trad. fr. J.-P. Cometti, Ch. Domino, F. Gaspari, Paris, Gallimard, 2010.

2. *Cf.* S. Cavell, *Dire et vouloir dire*, trad. fr. S. Laugier, Chr. Fournier, Paris, Cerf, 2009; *Les voix de la raison – Wittgenstein, le scepticisme, la moralité et la tragédie*, trad. fr. S. Laugier, N. Balso, Paris, Seuil, 1996; *À la recherche du bonheur – Hollywood et la comédie du remariage*, trad. fr. S. Laugier, Chr. Fournier, Paris, Les Cahiers du cinéma, 1993; C. Diamond, *L'esprit réaliste. Wittgenstein, la philosophie et l'esprit*, trad. fr. E. Halais et J-Y. Mondon, Paris, P.U.F., 2004; M. Craven Nussbaum, *La Connaissance de l'amour*, trad. fr. S. Chavel, Paris, Cerf, 2010; S. Laugier, *Wittgenstein. Les sens de l'usage*, Paris, Vrin, 2009; *Wittgenstein. Le mythe de l'inexpressivité*, Paris, Vrin, 2010.

travaillent nos expériences personnelles et contribuent à notre accès, individuel et collectif, à l'humanité qui est en nous. Les positions de l'esthétique que nous avons esquissées ici ont à la fois une longue histoire et une actualité philosophique. Leur histoire qui reste pour partie à réécrire se poursuit aujourd'hui.

Danièle Cohn

PREMIÈRE PARTIE

CONNAISSANCE

CONNAISSANCE

Rabattre l'esthétique sur la philosophie de l'art[1] pose d'emblée un problème méthodologique : pouvons-nous définir une discipline par son seul objet ? Reste à déterminer si l'esthétique est une discipline à part entière. Les cinq textes choisis montrent ceci : nous *faisons* de l'esthétique, nous sommes dans un questionnement esthétique, lorsque nous étudions certaines formes ou certains aspects de la connaissance humaine dans le cadre d'une théorie plus générale de l'expérience. Bien qu'une grande partie de notre connaissance du monde soit déterminée par les sens, la perception et l'intuition, la méfiance a été longtemps de mise sur ces sources de connaissance. Dans le *Discours sur la méthode*, Descartes recommandait de « n'accepter rien de plus en ses jugements que ce qui se présenterait si clairement et si distinctement à son esprit qu'il n'eût aucune occasion de la mettre en doute »[2]. C'est l'*Esthétique* de Baumgarten qui inclut pour la première fois les connaissances obscures et confuses – la connaissance sensible – dans la

1. Voir M. Dessoir, *Ästhetik und allgemeine Kunstwissenschaft*, Stuttgart, F. Enke, 1906 et 1923.
2. R. Descartes, *Discours de la méthode*, éd., introd., notes par Ét. Gilson, Paris, Vrin, 2005, p. 35.

gnoséologie réservée jusqu'alors aux connaissances claires et distinctes – celles de la raison et de la logique. Ce point de vue nouveau sur la sensibilité produit des effets qui vont bien au-delà de la question strictement gnoséologique. Il change le point de vue sur l'individu considéré dans sa relation au monde. En faisant de la sensibilité le socle sur lequel bâtir une conception de l'homme et de son humanité, les Lumières renversent ainsi une tradition solidement établie en philosophie depuis Platon. L'esthétique se voit du même coup placée au cœur de cette révolution qui établit :

1) la relation sujet/monde comme une relation construite sensiblement. L'acte de connaître, de saisir le monde, implique une relation entre le sujet et l'objet. Il ne s'agit pas seulement de recevoir – recueillir, mettre en ordre et interpréter – des *informations* qui proviennent du monde, mais d'édifier une relation où tant le sujet que l'objet sont mis en jeu. Dans l'acte de connaître, nous connaissons (et très souvent nous ne connaissons que très partiellement) l'objet, et nous explorons nos facultés, nos moyens, nos possibilités de connaître et leurs limites. Ceci implique que l'identité du sujet ne soit plus édifiée seulement sur le *cogito*, sur une nature rationnelle et universelle, mais sur un *sentio* dont la nature est irrationnelle et subjective. L'idée que la logique comme représentation objective du monde pourrait donner une image complète de la relation complexe entre sujet et objet devient de ce fait caduque.

2) La fonction de l'analogie. La « non-raison » – dans le sens de ce qui échappe au domaine strict de la raison – *est pensée* à travers une analogie avec la raison, à travers une simulation (un *als ob*, un *comme si*) qui est, d'une certaine manière, le geste fondateur de l'esthétique. La connaissance sensible, gnoséologie inférieure, *fonctionne* en analogie à la

raison : telle est l'hypothèse fondamentale de Baumgarten, hypothèse qui donne la possibilité d'étudier la sensibilité en soi, d'avoir une science de la connaissance sensible. Cette proposition méthodologique est d'une grande force. Établir l'analogie ne signifie pas que les lois du domaine sensibles sont les mêmes que celles de la raison mais que la sensibilité a elle aussi des lois. Ces lois sont-elles exclusivement empiriques ou peuvent-elles être constituées a priori ? Et jusqu'à quel point la connaissance que nous pouvons avoir d'un objet peut-elle être indépendante des conditions de possibilité qu'règlent les facultés du sujet ? L'esthétique travaille précisément ce terrain *entre* psychologie, ontologie et gnoséologie, car elle travaille l'expérience qu'un sujet fait du monde.

3) le jugement de goût comme laboratoire du jugement de l'entendement. Pratiquer le terrain de l'esthétique signifie être dans le régime de l'essai, de la compréhension de la relation entre sujet et objet dans sa singularité, en faisant confiance à notre jugement pour saisir ce qui nous arrive de nouveau. Si le jugement, pour suivre Kant, ne produit pas *de* connaissances universelles, ce sont le jugement – et l'intuition – qui nous permettent d'explorer l'inconnu, de jeter les fondements d'une recherche. Nous voici derechef devant une forme de la pensée analogique. Que faisons-nous devant un objet que nous ne connaissons pas ? Nous *essayons* de comprendre l'inconnu à partir du connu, en établissant des analogies, en mobilisant notre savoir pour agir face à une expérience inédite. Pouvons-nous faire confiance au jugement alors qu'il est impuissant à nous fournir des connaissances démontrées ? Le jugement de goût est le lieu théorique où le problème de la validité d'un fondement du jugement en général se manifeste de la manière la plus claire. Si le jugement de goût est par nature subjectif (voir esthétique), comment le partager avec les autres ?

Comment déterminer des règles pour le goût? Il s'agit d'une des questions majeures du XVIIIᵉ siècle dont nous héritons et dont l'actualité n'est pas démentie aujourd'hui. Sans présumer d'une réponse définitive, voici comment émergent, des débats aux Lumières, les *conditions* de validité qui suivent: en premier lieu, la relation nécessaire entre entendement et sensibilité, qui nous fait sortir d'un plaisir sensoriel qui ne saurait être disputé. Le fait d'être disputable, donc partageable, constitue une caractéristique essentielle du jugement de goût. Le jugement de goût reste certes subjectif, mais il est *intersubjectif*, communicable, car tous les hommes sont doués des mêmes outils – des mêmes structures – de perception, d'appréhension et de compréhension du monde. Encore une fois un *als ob*: le jugement n'est pas objectif, mais il peut fonctionner *comme si* il l'était, car il peut être partagé par une communauté de sujets libres; il peut se fonder sur un sentir commun à tous les hommes.

Il n'est jusqu'à Hume, qui a démontré la nature strictement subjective du beau, pour admettre que les objets possèdent certaines qualités capables de susciter le sentiment du beau[1]. Hume ne spécifie pas ces propriétés, car il ne s'agit plus de déterminer la beauté comme une propriété objective, qu'on l'appelle canon, symétrie, eurythmie, ou proportion. La question du beau n'en est pas marginalisée pour autant. Au contraire, le beau devient une catégorie centrale pour comprendre l'expérience du monde: c'est dans l'expérience, dans la relation entre sujet et objet, dans la communauté

---

1. D. Hume, *De la norme du goût*, dans *Essais esthétiques*, présentation, trad. et notes par R. Bouveresse, Paris, Flammarion, 2000, p. 123-149, p. 132; *Essais sur l'art et le goût*, éd. bilingue, trad. par M. Malherbe, Paris, Vrin, 2010.

d'individus, que le beau assume sa portée *critique*. « Le problème de la critique esthétique est l'archétype du problème critique en général. [...] La science par purs concepts est remplacée par une science du rapport des concepts à l'expérience » [1], écrit Alfred Baeumler dans un essai sur la naissance de l'esthétique. On pourrait aller jusqu'à soutenir que la naissance de l'esthétique se comprend seulement à condition de considérer à partir des Lumières et avec les Lumières, la relation homme – monde comme une relation *critique*, une relation renouvelée par les expériences singulières dans laquelle tant l'objet que le sujet sont perpétuellement mis en jeu. L'analyse conduite par Cassirer dans sa *Philosophie des Lumières* déploie une fresque des changements culturels de l'époque et situe dans ce contexte la place et la fonction de l'esthétique : « Il y a tout l'effort du XVIIIᵉ siècle dans le sens d'une vue claire et assurée de l'individuel, de l'unification formelle et de la stricte cohérence rationnelle. Tous les fils différents qu'ont tissés au cours des siècles la critique littéraire et la réflexion esthétique doivent être rassemblés en un seul tissu [...]. Mais ce besoin de clarté et de maîtrise rationnelle ne constitue que le point de départ de l'entreprise. Partant de cette problématique purement rationnelle, l'idée fait son chemin jusqu'à mettre en question le contenu même de la pensée. Entre le contenu de l'art et celui de la philosophie, on cherche maintenant une correspondance, on affirme une parenté qui semble d'abord être sentie trop obscurément pour être exprimée dans des concepts précis. Mais il apparaît alors que la tâche véritable et essentielle de la

1. A. Baeumler, *Le problème de l'irrationalité dans l'esthétique et la logique du XVIIIᵉ siècle*, Strasbourg, Presses Universitaires de Strasbourg, 1999, p. 29.

critique est précisément de franchir cette limite, de pénétrer de ses rayons le *clair-obscur* de la "sensation" et du "goût" qu'elle doit, sans atteinte à leur nature, porter à la lumière de la connaissance. Car le XVIIIᵉ siècle, même quand il avoue que la pensée se heurte à une limite, quand il admet l'existence d'un "irrationnel", exige une connaissance claire et assurée de cette même limite »[1]. Tel est le point de départ de toute recherche esthétique : comprendre et éclaircir le sensible comme le domaine où se manifestent la singularité et la complexité de l'individu et une partie du sens de son expérience directe du monde. En résumé, le but de l'esthétique est la connaissance du sensible, son domaine est celui de l'expérience. Ses objets sont tous les objets qui s'offrent à nos sens, avec un privilège accordé aux objets artistiques, car ils sont des expériences de sens, nous offrent la possibilité de comprendre des manières de construire du sens, d'explorer le monde par le jeu des relations entre entendement, sensibilité et imagination.

Le premier texte se devait d'appartenir à l'*Aesthetica* de 1750 de Baumgarten, un ouvrage qui est l'« acte de baptême » de l'esthétique. L'importance et la valeur de ce livre vont bien au-delà de son caractère inaugural : Baumgarten trace un véritable programme de recherche pour l'esthétique à venir. Ce programme peut se formuler en six points décisifs qui font aujourd'hui encore office de repères pour la réflexion esthétique. 1) Les sensations sont dignes d'étude philosophique car « le philosophe est homme parmi les hommes »[2] et elles sont une partie constitutive de la connaissance humaine. 2) La

1. E. Cassirer, *La Philosophie des Lumières*, Paris, Fayard, 1966, p. 275-276.
2. A. G. Baumgarten, *Esthétique*, *op. cit.*, § 6, *infra*, p. 53.

confusion et l'obscurité – qui caractérisent la connaissance sensible et la perception directe du monde en opposition à la distinction et à la clarté de la logique – sont une condition de la connaissance et non un obstacle, et la nature se présente à nos yeux de manière confuse. 3) La connaissance logique et la connaissance sensible – les facultés supérieures et inférieures – ne s'excluent pas mutuellement. La connaissance distincte offre le « modèle » pour l'étude de la connaissance sensible et la compréhension des règles de la connaissance sensible conduit également à un perfectionnement de la connaissance distincte. L'esthétique est la logique des facultés inférieures[1]. La science de la connaissance doit comprendre tant les représentations sensibles confuses que les représentations intellectuelles distinctes. 4) Le sensible possède donc des structures logiques qui lui sont propres et qui peuvent être saisies par *analogie* à la raison. Cet *analogon rationis* permet à Baumgarten d'établir la relation entre vérité métaphysique (universelle et objective) et perception sensible et de légitimer l'esthétique comme science : la connaissance sensible, à l'instar de la logique, est perfectible. 5) « La fin de l'esthétique est la perfection de la connaissance sensible comme telle, c'est-à-dire la beauté »[2]. C'est, avec le premier paragraphe de l'*Esthétique*, la définition la plus célèbre de Baumgarten. D'ailleurs, le premier paragraphe indiquait déjà cette voie : l'esthétique est (aussi) *ars pulcre cogitandi*, art de penser de belle manière. Si la vérité est la fin de la logique, la beauté est la

---

1. Voir A. G. Baumgarten, *Metaphysica*, (1739), Halle 1779, § 533 : « Scientia sensitive cognoscendi et proponendi est AESTHETICA (logica facultatis cognoscitivae inferioris, philosophia gratiarum et musarum, gnoseologia inferior, ars pulcre cogitandi, ars analogi rationis) ».

2. A. G. Baumgarten, *Esthétique, op. cit.*, § 14, *infra*, p. 56.

fin de l'esthétique. La beauté est le principe du sensible.
Baumgarten précise qu'il s'agit de la beauté de la connaissance, donc de la beauté qui réside dans les relations entre nos
représentations sensibles, qui ne sont pas distinctes. La beauté
n'est pas dans l'objet matériel, mais dans notre manière de
penser – sensiblement – les choses. 6) La beauté de la connaissance sensible consiste dans l'accord entre trois opérations que
Baumgarten reprend à la rhétorique classique et qu'il applique
à la beauté *observée* dans le phénomène. L'*inventio*, « l'accord
des pensées entre elles »[1], la beauté des choses pensées de
manière belle et saisie dans le phénomène ou, en d'autres
termes, dans l'unité de la perception. La *dispositio*, « l'accord
de l'ordre (lui-même destiné à permettre l'examen réfléchi de
ce que l'on a pensé de belle façon) et avec lui-même et avec les
choses »[2], c'est-à-dire l'organisation de notre pensée en accord
avec les choses pensées. L'*elocutio*, « l'accord des signes entre
eux »[3], l'organisation interne du discours en accord avec les
choses et l'ordre de la pensée. Baumgarten ajoute, au § 22, des
critères de la connaissance sensible et de sa perfection, critères
sont valides lorsqu'ils « s'accordent en une seule perception ».
Plus avant, Baumgarten – et on trouve là un des points les plus
originaux de sa réflexion – définit cette perception, unitaire
et unifiante, comme un *argument* (§ 26) : perception en tant
que raison (« perceptio, quatenus est ratio, est argumentum »).
La tension vers cette beauté rationnelle où connaissance et
perception sont étroitement liées et la perfectibilité de la
connaissance sensible, nous montrent toute la force de

---

1. *Ibid.*, § 18, *infra*, p. 57.
2. *Ibid.*, § 19, *infra*, p. 57.
3. *Ibid.*, § 20, *infra*, p. 57.

l'esthétique de Baumgarten : penser le sensible dans son autonomie, comme porteur d'un sens proprement humain du monde des phénomènes.

Les textes qui suivent s'inscrivent dans cette perspective. Leurs auteurs ne sont pas des spécialistes, ni « esthéticiens » ni « esthétologues ». La question du sensible, de sa place dans la théorie de la connaissance, est souvent traitée ailleurs. Voici donc un texte qui ressortit de l'anthropologie philosophique, un autre qui provient d'un traité de physiologie, ensuite un qui est un essai souvent classé comme relevant de la philosophie de la nature et une leçon de phénoménologie de la perception. Le fil rouge qui les relie est net : étudier la sensibilité comme fonction décisive de l'expérience humaine du monde, de la construction de l'homme et du monde à la fois.

L'*Anthropologie du point de vue pragmatique* est une œuvre tardive de Kant – la dernière parue de son vivant. Elle constitue de ce fait une grande synthèse du Kant dit « critique ».

Les premières lignes de la préface indiquent clairement le but de la recherche philosophique selon Kant : « L'objet le plus important en ce monde [...] est *l'homme* : parce qu'il est à lui-même sa fin dernière. Le connaître, conformément à son espèce, comme être terrestre doué de raison, mérite particulièrement le nom de *connaissance du monde*, bien que l'homme ne représente qu'une partie des créatures terrestres »[1]. Que signifie que l'homme possède en lui-même sa fin ? Kant répond à cette question dans le premier paragraphe : l'homme est le seul être vivant capable d'avoir une représentation du Je.

---

1. E. Kant, *Anthropologie du point de vue pragmatique*, trad. fr. M. Foucault, Paris, Vrin, 2002, p. 15.

Remonte ainsi la question de l'individu, unité consciente qui se réalise à travers le penser et le sentir. Le parallélisme entre homme et monde mis en place par Kant signifie que toute recherche, toute exploration du monde, a pour point de départ la compréhension de notre manière d'appréhender le monde. Il s'agit du fondement du transcendantalisme, bien que Kant, dans ce texte de 1798, soit assez peu préoccupé de souligner cet aspect. La connaissance des objets des sens est l'expérience, dit Kant, mais l'étude de l'homme – monde consiste dans l'étude de cette expérience, dans la conscience des moyens grâce auxquels cette expérience est possible. Or dans l'expérience, les représentations ne sont pas toujours claires et distinctes, au contraire, «le champ des représentations *obscures* est, en l'homme, le plus étendu»[1]. Les représentations obscures sont celles qui viennent directement des sensations et qui donc, ajoute Kant, obligent à considérer l'homme dans sa seule «partie passive». Au paragraphe 7, après avoir éclairci la notion de représentation distincte, Kant opère une importante révision de la tradition de Leibniz et Wolff, qui voyait la sensibilité limitée à une *gnoseologia inferior* source des représentations indistinctes. Pour Kant, la faculté de connaître est unité de sensibilité et entendement, passivité et activité, conscience psychologique et conscience logique : «Je suis, à titre d'être pensant, un sujet confondu avec moi, à titre d'être sensible». toute connaissance – toute expérience, y comprise l'expérience interne qui conduit à la connaissance du moi – est connaissance des objets «tels qu'ils nous apparaissent et non tels qu'ils *sont*»[2]. «Que puis-je savoir?» (et comment) est la

---

1. E. Kant, *Anthropologie du point de vue pragmatique*, *op. cit.*, *infra*, p. 64.
2. *Ibid.*, *infra*, p. 71.

question propre à la philosophie transcendantale : « J'appelle transcendantale – écrit Kant dans la *Critique de la raison pure* – toute connaissance qui s'occupe en général non pas tant d'objets que de notre mode de connaissance des objets en tant qu'il est possible en général. Un système de tels concepts s'appellerait *philosophie transcendantale* » [1]. Il ne s'agit pas pour Kant de nier la nature ontologique du monde, mais de poser, dans la relation entre sujet et objet, les limites de notre connaissance, une connaissance qui est toujours expérience, qui est action de la pensée, formation continue de la relation sujet – monde, de l'homme qui est à la fois objet et sujet. C'est ainsi que l'imagination révèle toute sa centralité gnoséologique. l'*Anthropologie* reprend une question présente dans sa réflexion dès la première édition de 1781 de la *Critique de la raison pure* : « Il y a trois sources subjectives de connaissances, sur lesquelles repose la possibilité d'une expérience en général et de la connaissance de ses objets : les *sens*, l'*imagination* et l'*aperception* » [2]. Si l'aperception donne une unité synthétique

1. E. Kant, « Critique de la raison pure », dans *Œuvres philosophiques*, édition F. Alquié (dir.), t. I, Paris, Gallimard, 1980, p. 777.

2. *Ibid.*, p. 1417. Et dans la deuxième édition, Kant écrira : « L'*imagination* est la faculté de se représenter dans l'intuition un objet même *sans sa présence*. Or, comme toute notre intuition est sensible, l'imagination, à cause de la condition subjective, sous laquelle seulement elle peut donner aux concepts de l'entendement une intuition correspondante, appartient à la *sensibilité*; mais en tant que sa synthèse est un exercice de la spontanéité, qui est déterminante et pas simplement, comme le sens, déterminable, et qu'elle peut par suite déterminer *a priori* le sens selon sa forme, conformément à l'unité de l'aperception, l'imagination est à ce titre une faculté de déterminer la sensibilité *a priori*, et sa synthèse des intuitions, *conformément aux catégories*, doit être la synthèse transcendantale de l'*imagination*, ce qui est un effet de l'entendement sur la sensibilité et la première application de l'entendement (principe en même temps

– une forme – à la multiplicité des donnés sensibles, en se fondant sur la correspondance entre objet et sujet, l'imagination constitue le pont entre sensation et entendement[1].

La préface à l'*Anthropologie* formule une importante distinction méthodologique : « Une doctrine de la connaissance de l'homme, systématiquement traitée (anthropologie), peut l'être dans une perspective soit *physiologique*, soit *pragmatique*. La connaissance physiologique de l'homme vise à explorer ce que la *nature* fait de l'homme, la connaissance pragmatique ce que l'homme, être libre de ses actes fait ou peut et doit faire de lui-même »[2]. Bien que antérieurs à la réflexion kantienne, les *Éléments de physiologie* de Denis Diderot semblent concilier ces deux directions. Diderot nous livre une réflexion dont la visée n'est pas uniquement la détermination de la nature physiologique de l'homme, mais avant tout les *rapports* entre ses facultés, les *fonctions* du corporel dans l'organisation de la pensée. « Les sens agissent sur le cerveau […]. De là naît la pensée, le jugement »[3]. Explorer une base physiologique de l'humain *est nécessaire pour comprendre* le fonctionnement de ses facultés supérieures, de ses actions, de ses relations. L'entendement consiste, selon Diderot, en trois opérations : « Le jugement distingue les idées, le génie les

---

de toutes les autres) à des objets de l'intuition possible pour nous » (*Ibid.*, p. 867).

1. Pour ce qui concerne le statut de l'anthropologie au XVIIIᵉ siècle, voir M. Duchet, *Anthropologie et histoire au siècle des Lumières*, Paris, Albin Michel, 1995.

2. E. Kant, *Anthropologie du point de vue pragmatique, op. cit.*, p. 15.

3. D. Diderot, « Éléments de physiologie », dans *Œuvres de Diderot*, éd. L. Versini, t. I, Paris, Robert Laffont, 1994-1997, p. 1255-1317, *infra*, p. 81.

rapproche, le raisonnement les lie »[1]. L'entendement retravaille donc des rapports qui sont à la fois les rapports dans la nature et dans nos sensations. Et c'est dans la correspondance entre ces deux genres de rapports que l'idée du beau, pour Diderot, trouve son fondement[2]. Le bon fonctionnement de l'entendement dépend de la mémoire et de l'imagination : la mémoire, en permettant la continuité et le succession qui sont à la base des identifications des objets du monde ; l'imagination, en produisant des représentations des objets absents, en construisant des analogies et des comparaisons, en instaurant les relations entre concepts abstraits et objets concrets. Les pages de Diderot nous invitent à revenir à un des thèmes centraux des Lumières : l'homme en tant qu'être biologique dont l'organisation ne se comprend que dans l'interaction directe avec le monde.

L'essai de Goethe *La médiation du sujet et de l'objet dans la démarche expérimentale* relève de cette thèse que nous considérons comme caractéristique des Lumières : « Dès que l'homme prend conscience des objets qui l'entourent, il les considère en fonction de lui »[3]. À travers l'expérience sensible et directe du monde, dans le rapport entre sujet et objet, nous *saisissons* avant tout notre manière d'observer *et l'enjeu épistémologique n'est pas mince* : l'homme n'est plus spectateur du monde, il est dans le réseau des relations qui constituent la nature organique : « Dans la nature vivante, il ne se passe rien qui ne soit en liaison avec le tout, et si les expériences ne nous

1. *Ibid.*, *infra*, p. 81.
2. Voir D. Diderot, « Traité du beau », dans *Œuvres de Diderot*, éd. L. Versini, Paris, Robert Laffont, 1994-1997, t. IV, p. 77-112.
3. J. W. von Goethe, *La médiation de l'objet et du sujet dans la démarche expérimentale*, trad. fr. D. Cohn, *infra*, p. 101.

apparaissent qu'isolément, si nous avons à considérer les expérimentations qu'au titre de facta isolés, cela ne signifie pas qu'ils le soient; la seule question est: comment trouver la liaison de ces phénomènes, de cet état de choses?»[1]. La position de Goethe est que la multitude des phénomènes singuliers et de leurs relations doit être reconduite à une série de phénomènes originaires en constante métamorphose. Et cette dynamique de la nature, à la fois de formation et transformation, «éternelle action et contre-action», qui constitue toute entité singulière, alimente aussi la relation entre sujet et objet, entre homme et monde. Au cœur de la pensée de Goethe, nous trouvons cette unité organique, une tension générale à la forme, qui nous montre comment l'homme est incorporé dans la nature comme forme vivante, et système de relations dynamiques. Quand alors, incité par son ami Schiller, Goethe s'approche à la pensée kantienne, il voit jusqu'à quel point le jugement esthétique et le jugement téléologique fonctionnent pareillement.

Chez Goethe, inventeur de la morphologie conçue comme théorie générale des formes les trois termes qui sont selon nous constitutifs d'une approche esthétique[2] – connaissance, art et expérience – sont intimement liés dans un programme unique de recherche et une compréhension de la dimension dynamique des formes. Les attendus de ce programme sont: penser

1. J. W. von Goethe, *La médiation de l'objet et du sujet dans la démarche expérimentale*, *op. cit.*, *infra*, p. 109.

2. J. W. von Goethe, *La métamorphose des plantes et autres écrits botaniques*, introd. et notes de R. Steiner, textes choisis par P.-H. Bideau, Paris, Éditions Triades, 2003. Voir aussi D. Cohn, *La lyre d'Orphée. Goethe et l'Esthétique*, Paris, Flammarion, 1999; J. Lacoste, *Goethe, science et philosophie*, Paris, P.U.F., 1997.

notre rapport sensible au monde au titre d'une sorte de degré zéro de la connaissance; annuler la hiérarchie entre monde et sujet; observer, dans l'expérience sensible, nos modalités d'observation; conserver parce qu'elle est nécessaire au *sens* de la connaissance l'unité du vivant dans lequel l'homme est complètement intégré.

Les premières pages de *Chose et espace* de Husserl s'inscrivent dans une continuité et une résonance avec l'essai de Goethe. « Dans l'attitude d'esprit naturelle, un monde existant se tient devant nos yeux, un monde qui s'étend sans fin dans l'espace, est à présent, a été auparavant, et sera à l'avenir; il se compose d'une inépuisable profusion de choses, qui tantôt durent et tantôt changent, se rattachent les unes aux autres et se séparent à nouveau, produisent des effets les unes sur les autres, et en subissent les unes de la part des autres. C'est dans ce monde que nous nous inscrivons nous-mêmes, de la même façon que nous le rencontrons nous nous rencontrons nous-mêmes, et nous rencontrons au milieu de ce monde. Une position toute particulière nous est propre dans ce monde : nous nous rencontrons comme centre de relation pour le reste du monde en tant que notre environnement » [1].

De quel monde est-il ici question? Avant tout d'un monde préscientifique qui s'offre à notre perception, vue comme expérience originaire de sens. C'est à cette expérience de la perception, à cette appréhension directe et naturelle du monde, que toute recherche scientifique doit conserver le lien pour garantir sa légitimité. La perception nous met en relation avec les choses mêmes, c'est-à-dire avec leur apparition immédiate

---

1. E. Husserl, *Chose et espace. Leçons de 1907*, trad. fr. J.-Fr. Lavigne, Paris, P.U.F., 1989, *infra*, p. 117.

à notre conscience. En ce sens la perception est déjà *conscience*, conscience, écrit Husserl, « de la présence en chair et en os de l'objet »[1]. Dans l'acte de perception, avec la chose objective, la chose qui est face à moi, je perçois aussi mon « Je percevant », j'ai conscience de mon vécu, qui doit être à fois conservé et réduit à son essence, à la manifestation pure du phénomène. La perception construit alors un monde empirique qui est aussi un monde objectif, un monde bâti par les relations immédiates entre les objets dans leur présence, dans leur corps et mon corps, un monde réduit à son essence perceptive. La réduction eidétique – la réduction d'un phénomène à son essence – constitue, avec l'epoché – la mise entre parenthèse, la suspension des jugements, des opinions, des théories – la méthode propre à la phénoménologie pour permettre à la conscience intentionnelle de parvenir à la pure immanence, au phénomène en soi, dépourvu de toute contingence. L'essence du phénomène n'est pas donc au-delà de l'expérience et de l'objet : elle est au contraire le caractère le plus propre à l'objet qui se donne à notre expérience intuitive directe. La connaissance se fonde donc pour Husserl sur un acte : l'acte du pur regard qui peut ainsi saisir (*begreifen*) intuitivement l'objet dans son *évidence*. L'évidence intuitive de la chose en soi – la possibilité même d'une essence de la chose en soi – mène Husserl à une critique profonde de la distinction kantienne entre phénomène et noumène : sensation et entendement – dimension esthétique et dimension analytique – ne peuvent pas être séparés. C'est seulement dans le plan esthétique que nous faisons expérience *de* quelque chose, que nous pouvons donner un sens concret à une loi formelle.

---

1. E. Husserl, *Chose et espace. Leçons de 1907*, *op. cit.*, *infra*, p. 131.

La phénoménologie husserlienne nous permet de conclure la première étape de notre parcours : loin d'être une *gnoséologie inférieure*, la connaissance sensible peut être vue comme une *gnoséologie première*, dimension essentielle de notre rapport au monde, incorporée dans un corps propre et singulier, qui, comme toute forme de connaissance, cherche, dans les structures de l'expérience, son caractère objectif.

Danièle Cohn et Giuseppe Di Liberti

ALEXANDER GOTTLIEB BAUMGARTEN

ESTHÉTIQUE *

PROLÉGOMÈNES

§ 1 : L'esthétique (ou théorie des arts libéraux, gnoséologie inférieure, art de la beauté du penser, art de l'analogon de la raison) est la science de la connaissance sensible.

§ 2 : Le degré de perfection qu'apporte aux facultés de connaissance inférieures, prises à l'état de nature, leur seule utilisation, sans culture théorique, peut être nommé esthétique naturelle. Celle-ci se divise, de même qu'à l'ordinaire la logique naturelle, en esthétique innée, qui relève de l'innéité du bel esprit, et en esthétique acquise. Cette dernière se divise derechef en doctrine esthétique et en esthétique appliquée.

§ 3 : L'esthétique artificielle qui complète l'esthétique naturelle aura notamment pour utilité : 1) d'apprêter un maté-

*A. G. Baumgarten, *Esthétique précédée des Méditations philosophiques sur quelques sujets se rapportant l'essence du poème et de la Métaphysique*, trad. par J.-Y. Pranchère, Paris, L'Herne, 1988, § 1-27, p. 121-131.

riau adéquat à destination des sciences dont le mode de connaissance est principalement intellectuel; 2) de mettre les connaissances scientifiques à la portée de tout un chacun; 3) d'étendre le progrès de la connaissance, y compris au-delà des limites de ce que nous pouvons connaître distinctement; 4) de fournir des principes conséquents à l'ensemble des études contemplatives ainsi qu'aux ans libéraux; 5) d'assurer, dans les activités de la vie quotidienne, une supériorité sur l'ensemble des individus.

§ 4 : Elle se spécifiera donc dans les utilisations suivantes : 1) philologique; 2) herméneutique; 3) exégétique; 4) rhétorique; 5) homilétique [1]; 6) poétique; 7) musicale, etc.

§ 5 : On pourrait élever contre notre science les objections suivantes : 1) elle couvre un domaine trop vaste pour qu'un seul traité ou un seul exposé puisse en donner une présentation exhaustive – je réponds que je suis d'accord, mais que quelque chose vaut mieux que rien – 2) elle ne fait qu'un avec la rhétorique et la poétique – je réponds : a) son domaine est plus vaste; b) elle comprend des objets que ces deux sciences ont en commun aussi bien avec d'autres arts libéraux qu'entre elles, et que notre traité soumettra une fois pour toutes, en la place qui leur convient, à un examen attentif qui permettra à tout art, quel qu'il soit, de cultiver son terrain propre avec plus de profit et sans tautologies superflues. 3) Elle ne fait qu'un avec la critique – je réponds : a) il y a aussi une critique logique; b) une certaine espèce de critique constitue une part de l'esthétique; c) cette dernière requiert, de façon presque inévitable, une sorte d'idée préalable (*praenotio*) de l'autre partie de l'esthé-

1. Homilétique : art de converser.

tique, si l'on ne veut pas, lorsqu'il s'agit de juger de la beauté des pensées, des paroles et des écrits, disputer des goûts seuls.

§ 6 : D'autres objections sont encore possibles. À l'objection : 4) les sensations, les représentations imaginaires, les fables et les troubles passionnels ne sont pas dignes de philosophes, et se situent en deçà de leur horizon – je réponds : a) le philosophe est homme parmi les hommes, et il n'est pas bon qu'il considère une partie si importante de la connaissance humaine comme lui étant étrangère ; b) l'objection confond théorie générale de la beauté des pensées et pratique, application singulière.

§ 7 : À l'objection : 5) la confusion est mère de l'erreur – je réponds : a) mais elle est la condition *sine qua non* de la découverte de la vérité, là où la nature ne fait pas le saut de l'obscurité à la clarté distincte. Pour aller de la nuit au midi il faut passer par l'aurore ; b) si la confusion doit être objet de préoccupation, c'est afin d'éviter les erreurs, qui sont si grandes et si nombreuses chez ceux qui n'en ont cure ; c) on ne préconise pas la confusion, mais on corrige la connaissance dans la mesure où quelque confusion lui est nécessairement mêlée.

§ 8 : À l'objection : 6) c'est la connaissance distincte qui a la préséance – je réponds : a) dans le cas d'un esprit fini, cette préséance ne vaut que pour les objets d'une importance supérieure ; b) connaissance distincte et connaissance confuse ne s'excluent pas ; c) c'est pour cette raison que, conformément aux règles dont nous avons une connaissance distincte, nous commencerons par soumettre la beauté de la connaissance à des règles ; la connaissance distincte en ressurgira d'autant plus parfaite par la suite.

§ 9 : À l'objection : 7) il est à craindre que le domaine de la raison et de la rigueur logique ne subisse quelque dommage de ce que l'on cultive l'analogon de la raison – je réponds : a) cet argument est au nombre de ceux qui parlent plutôt en notre faveur, puisque c'est précisément ce même danger qui, chaque fois que nous recherchons la perfection d'une composition, nous incite à la circonspection sans aucunement nous conseiller de négliger la vraie perfection ; b) il n'est pas moins néfaste à la raison et à sa stricte rigueur logique de ne pas cultiver l'analogon de la raison, ou pire de le laisser corrompre.

§ 10 : À l'objection : 8) l'esthétique est un art, non une science – je réponds : a) ces deux aptitudes ne sont pas opposées. Combien d'arts, qui autrefois étaient arts et rien d'autre, sont désormais également des sciences ? b) que notre art puisse faire l'objet d'une mise en forme démonstrative, l'expérience le prouvera ; c'est toujours évident *a priori*, puisque la psychologie et les autres sciences qui s'y rattachent disposent d'une abondance de principes certains ; et qu'il mérite d'être élevé au rang d'une science, les utilisations qu'il permet, et que nous avons mentionnées aux § 3 et 4, le montrent.

§ 11 : À l'objection : 9) on naît esthéticien, de même qu'on naît poète, on ne le devient pas – je réponds : voyez Horace (*Art poétique*, 408), Cicéron (*De Oratore*, 2, 60), Bilfinger (*Dilucidationes philosophicae*, § 268) et Breitinger (*Von den Gleichnissen*[1] p. 6) ; une théorie plus complète, qui se recommandera davantage de l'autorité de la raison, qui sera plus exacte et moins confuse, plus avérée et moins précaire, ne pourra qu'être utile à l'esthéticien né.

1. Des paraboles (ou des métaphores) (N.d. T.).

§ 12 : À l'objection : 10) les facultés inférieures – la chair – doivent être combattues, plutôt que stimulées et aguerries – je réponds : a) ce qui est requis est la soumission des facultés inférieures à une autorité, non à une tyrannie ; b) l'esthétique, nous prenant pour ainsi dire par la main, nous conduira à ce résultat, pour autant qu'il puisse être obtenu par des voies naturelles ; c) les esthéticiens n'ont ni à stimuler ni à aguerrir les facultés inférieures dans la mesure où elles sont corrompues, mais doivent les diriger afin d'éviter que leur corruption ne soit aggravée par des exercices déplacés, ou, à l'inverse, que sous l'oiseux prétexte d'éviter les abus l'on ne réduise à néant toute utilisation d'un talent accordé par Dieu.

§ 13 : De même que sa sœur aînée la logique, notre esthétique se divise en : 1) théorique, doctrinale, générale (première partie) ; ses préceptes portent sur 1) les choses et les pensées : chapitre 1er, « Heuristique » ; 2) l'ordre clair : chapitre 2, « Méthodologie » ; 3) les signes dans lesquels s'exprime la beauté des pensées et de leur agencement : chapitre 3 « Sémiotique » ; II) pratique, appliquée, spéciale (deuxième partie). Qu'il s'agisse de l'une ou de l'autre,

Celui qui concentrera ses forces sur la chose

Ni l'éloquence ni l'ordre clair ne lui feront défaut[1].

Tes soins iront à la *chose* d'abord ; à l'*ordre clair* ensuite, aux *signes* en dernier lieu.

---

1. Horace, *Ep.*, 2, 3.

PREMIÈRE PARTIE

Esthétique théorique

CHAPITRE PREMIER

Heuristique

Section 1 : la beauté de la connaissance

§ 14 : La fin de l'esthétique est la perfection de la connaissance sensible comme telle, c'est-à-dire la beauté. Elle doit éviter l'imperfection de la connaissance sensible comme telle, c'est-à-dire la laideur.

§ 15 : L'esthéticien, comme tel, ne s'occupe pas des perfections de la connaissance sensible qui sont si profondément cachées qu'ou bien elles restent pour nous totalement obscures, ou bien n'acceptent de notre part d'autre regard que celui de l'entendement.

§ 16 : L'esthéticien, comme tel, ne s'occupe pas des imperfections de la connaissance sensible qui sont si profondément cachées qu'ou bien elles restent pour nous totalement obscures, ou bien ne peuvent être décelées autrement que par le jugement de l'entendement.

§ 17 : La connaissance sensible est, comme l'indique la dénomination qu'il est préférable de retenir, l'ensemble des représentations qui se situent en deçà de toute distinction substantielle. Si en même temps nous voulions désormais la prendre, telle qu'elle existe, pour objet d'un regard d'ensemble, et appliquer notre entendement à la façon donc procède quelquefois l'amateur au goût averti, soit à la beauté et à l'éloquence seules, soit à la seule laideur, alors la distinction nécessaire à la science succomberait sous la masse des charmes ou des difformités à prendre en compte ; beauté et laideur, réparties en différences classes, disposent en effet d'un nombre imposant de genres, d'espèces et d'individus. C'est pourquoi nous considérerons en premier lieu la beauté en tant qu'elle est commune à presque toutes les connaissances sensibles, en tant que beauté universelle ; et en même temps qu'elle nous aurons à étudier son contraire.

§ 18 : La beauté universelle de la connaissance sensible consistera 1) dans l'accord des pensées entre elles, abstraction faite de leur ordre et des signes qui les expriment ; leur unité en tant que phénomène, est la beauté des choses et des pensées. On doit la distinguer de la beauté de la connaissance, dont elle est la première et principale partie, et de la beauté des objets et de la matière, avec laquelle elle est souvent à tort confondue, bien que la signification du mot « chose » soit généralement reçue. Des objets laids peuvent, en tant que tels, être pensés de belle façon, et inversement des objets qui sont beaux peuvent être pensés d'une manière laide.

§ 19 : La beauté universelle de la connaissance sensible consistera, attendu qu'il n'y a pas de perfection sans ordre, 2) dans l'accord de l'ordre (lui-même destiné à permettre l'examen réfléchi de ce que l'on a pensé de belle façon) et avec lui-même, et avec les choses. Cet accord, en tant que phénomène est la beauté de l'ordre et de l'agencement.

§ 20 : La beauté universelle de la connaissance sensible consistera, attendu que nous ne percevons pas les choses désignées sans leurs signes, 3) dans l'accord des signes entre eux, avec l'ordre et avec les choses. Cet accord, en tant que phénomène, est la beauté de l'expression par signes (*significatio*), comme par exemple celle du style (*dictio*) et de la faconde (*elocutio*), lorsque le type de signe utilisé est le genre du discours ou de l'entretien, et encore celle de la diction et des gestes, lorsque l'entretien se fait de vive voix. Nous avons là les « trois Grâces », les trois beautés universelles de la connaissance.

§ 21 : Il y a un nombre correspondant de laideurs, de défauts et de souillures de la connaissance sensible qui sont possibles, et que l'on s'efforcera d'éviter, tant à l'égard des pensées et des choses qu'à l'egard de la liaison d'une pluralité de pensées, et qu'à l'egard de l'expression par signes (pour reprendre l'ordre suivi par notre énumération au § 13).

§ 22 : Toute connaissance atteint la perfection grâce à l'abondance, la grandeur, la vérité, la clarté, la certitude et la vitalité de la connaissance, pour autant que celles-ci s'accordent en une seule perception et entre elles – par exemple l'abondance et la grandeur avec la clarté, la vérité et la clarté avec la certitude et tout le reste avec la vitalité –, et pour autant que les autres variétés de la connaissance s'accordent avec elles, ces qualités, en tant que phénomènes, ont pour effet la beauté universelle de la connaissance sensible, avant tout celle des choses et des pensées, en lesquelles nous réjouissent la profusion, la noblesse, la sûre lumière du Vrai en mouvement.

§ 23 : La mesquinerie, la vulgarité, la fausseté, l'obscurité impénétrable, le flottement de l'indécision et l'inertie sont les imperfections qui menacent toute connaissance ; en tant que phénomènes, elles ont généralement pour effet d'enlaidir la connaissance sensible, principalement lorsque ces défauts affectent les choses et les pensées.

§ 24 : La beauté de la connaissance sensible et l'élégance même des choses sont des perfections qui résultent d'une composition, bien qu'elles soient universelles ; ce qui est d'ailleurs évident du fait qu'aucune perfection simple ne s'offre à nous en tant que phénomène. L'on admet par suite un grand nombre d'exceptions, que l'on ne doit pas tenir pour des défauts, même si elles sont phénoménalement présentes, pourvu qu'elles n'empêchent pas que l'accord des phénomènes soit le plus complet possible, autrement dit pourvu qu'elles soient les plus rares et les plus petites possibles.

§ 25 : Ces conditions réunies nous donnent la beauté ; si nous la nommons élégance, alors que les exceptions que nous avons décrites au § 24 – et qui se produisent lorsque par exemple une règle de beauté plus faible cède devant une règle plus forte, une règle moins productive devant une règle plus productive, une règle utile à plus court terme devant une règle utile à plus long terme, et à laquelle elle est subordonnée – seront dites non inélégantes. C'est en conséquence à bon droit qu'en établissant, par la connaissance, les règles de la beauté, on prendra en même temps en compte leur importance.

§ 26 : Une perception, en tant qu'elle est présentation d'une raison, est un argument. Il y a donc des arguments qui enrichissent, qui rehaussent, qui démontrent, qui illustrent, qui persuadent ; et d'autres enfin qui donnent vie et mouvement ; l'esthétique exige d'eux qu'ils aient non seulement de la force et de l'efficacité, mais encore de l'élégance. La partie de la connaissance en laquelle un cas unique d'élégance est mis au jour est la figure (le schéma). Il y a donc des figures : 1) des choses et des pensées, à savoir les sentences, 2) de l'ordre, de l'expression par signes, dont relèvent les figures de style. Il y a

autant de types de figures – plus précisément de sentences –
que de genres d'arguments.

§ 27 : Puisque la beauté de la connaissance n'est ni plus
grande ni plus noble que les forces vives de celui qui, pensant
avec beauté, la produit, nous aurons avant tout à esquisser en
quelque manière la genèse et l'Idée de celui dont la pensée doit
avoir de la beauté ; notre projet est la caractéristique de l'esthéticien heureux, qui consiste dans l'énumération des éléments
qui par nature constituent dans une âme les causes prochaines
de la belle connaissance. Nous nous contenterons donc, pour
les raisons invoquées au § 17, de la caractéristique générale et
universelle [*catholica*] que requiert, quel que soit son genre, la
beauté des pensées, sans aller jusqu'à établir une caractéristique particulière, qui est un complément de l'universelle,
et est destinée à la mise en œuvre concrète d'une espèce
déterminée de belle connaissance.

EMMANUEL KANT

ANTHROPOLOGIE
DU POINT DE VUE PRAGMATIQUE*
DE LA FACULTÉ DE CONNAÎTRE

DE LA CONNAISSANCE DE SOI

§ 1. Posséder le Je dans sa représentation : ce pouvoir élève l'homme infiniment au-dessus de tous les autres êtres vivants sur la terre. Par là, il est une personne ; et grâce à l'unité de la conscience dans tous les changements qui peuvent lui survenir, il est une seule et même personne, c'est-à-dire un être entièrement différent, par le rang et la dignité, de *choses* comme le sont les animaux sans raison, dont on peut disposer à sa guise ; et ceci, même lorsqu'il ne peut pas dire Je, car il l'a dans sa pensée ; ainsi toutes les langues, lorsqu'elles parlent à la première personne, doivent penser ce Je, même si elles ne l'expriment pas par un mot particulier. Car cette faculté (de penser) est l'entendement.

---

* E. Kant, *Anthropologie du point de vue pragmatique*, trad. et préfacé par M. Foucault, Paris, Vrin, (1964) 2002, § 1, 5, 6, 7, 28, 31.

Il faut remarquer que l'enfant, qui sait déjà parler assez correctement ne commence qu'assez tard (peut-être un an après) à dire *Je* ; avant, il parle de soi à la troisième personne (Charles veut manger, marcher, etc.) ; et il semble que pour lui une lumière vienne de se lever quand il commence à dire *Je* ; à partir de ce jour, il ne revient jamais à l'autre manière de parler. Auparavant il ne faisait que se *sentir* ; maintenant il se *pense*. – L'explication de ce phénomène serait assez difficile pour l'anthropologue. Remarquons qu'un enfant, dans les trois premiers mois de sa vie, n'extériorise ni pleurs ni rires ; ce qui paraît dépendre aussi du développement de certaines représentations d'offense et d'injustice [a] qui se réfèrent à la raison. – Il se met, dans cette période, à suivre des yeux les objets brillants qui lui sont présentés ; c'est là le fruste commencement du progrès des perceptions (appréhension de la représentation sensible) ; elles se développeront jusqu'à une reconnaissance des objets des sens, c'est-à-dire jusqu'à l'expérience.

Lorsque, cherchant à parler, il écorche les mots, il attendrit sa mère et sa nourrice : elles le cajolent, l'embrassent sans cesse, le gâtent en exécutant ses moindres volontés, jusqu'à en faire un petit tyran ; cette amabilité de l'être humain pendant le temps où il se développe et devient homme doit être mise au compte de son innocence et de la franchise de toutes ses expressions encore fautives où il n'y a ni secret ni méchanceté ; il faut aussi rappeler le penchant des nourrices à choyer une créature qui dans la câlinerie s'abandonne entièrement à la volonté d'autrui ; on lui fait alors la faveur d'un moment de jeu, moment heureux entre tous où l'éducateur se délecte de tant de charme, en se faisant lui-même, pour ainsi dire, enfant.

Cependant le *souvenir* des années d'enfance ne remonte pas jusqu'à ce moment-là : ce n'était point le temps des expériences, mais celui des perceptions dispersées, non encore réunies sous le concept de l'objet.

DES REPRÉSENTATIONS QUE NOUS AVONS
SANS EN ÊTRE CONSCIENTS

§ 5. Avoir des représentations, et pourtant n'en être pas conscient, constitue, semble-t-il, une contradiction. Comment en effet pourrions-nous savoir que nous les avons si nous n'en sommes pas conscients ? Cette objection, Locke la faisait déjà, qui refusait l'existence même d'une pareille forme de représentation. Cependant nous pouvons être médiatement conscients d'avoir une représentation quand bien même nous n'en sommes pas immédiatement conscients. – De pareilles représentations sont dites *obscures*, les autres sont *claires*; et si cette clarté s'étend en elles jusqu'aux représentations partielles d'un tout et à leur liaison, ce sont des *représentations* distinctes, – qu'elles appartiennent à la pensée ou à l'intuition.

Si je suis conscient de voir au loin un homme dans une prairie, sans être conscient de voir ses yeux, son nez, sa bouche, etc., je ne fais à dire vrai que tirer une conclusion : cette chose est un homme; si, parce que je ne suis pas conscient de percevoir telle partie de sa figure (non plus que les autres détails de son physique), je voulais affirmer que je n'ai absolument pas, dans mon intuition, la représentation de cet homme, alors je ne pourrais même pas dire que je vois un homme : car c'est à partir de ces représentations partielles que l'on compose le tout (de la tête ou de l'homme).

Le champ des intuitions sensibles et des sensations dont nous ne sommes pas conscients tout en pouvant conclure que nous les avons, c'est-à-dire le champ des représentations obscures, est immense chez l'homme (et aussi chez les animaux); les représentations claires au contraire ne constituent que des points infiniment peu nombreux ouverts à la conscience ; il n'y a, pour ainsi dire, sur la carte immense de notre esprit, que quelques régions *illuminées* : voilà bien qui peut nous émerveiller sur notre nature ; une plus haute puissance n'aurait qu'à dire : que la lumière soit ! alors, sans que nous intervenions (prenons, par exemple, un lettré avec tout ce qu'il a dans la mémoire), c'est pour ainsi dire une moitié du monde qui s'offre à nos yeux. Tout ce que découvre un œil au télescope (dans la lune) ou au microscope (pour les infusoires) est vu par nos simples yeux ; car ces moyens optiques ne multiplient pas les rayons lumineux ni les images qu'ils constituent en les amenant jusqu'à l'œil, par rapport à ceux qui se seraient peints sur la rétine sans ces instruments artificiels ; ils ne font que les diffuser pour que nous en devenions conscients. – Ceci vaut aussi pour les sensations auditives ; quand le musicien, avec ses dix doigts et ses deux pieds joue une fantaisie sur l'orgue et bavarde en outre avec un voisin, quantité de représentations sont éveillées dans son âme en très peu de temps ; pour faire le choix, il serait besoin d'un jugement particulier sur la convenance de chacune puisqu'un seul mouvement du doigt non ajusté à l'harmonie serait perdu comme une dissonance ; pourtant l'ensemble prend si bien tournure que le musicien développant librement sa fantaisie aimerait noter dans une transcription bien des morceaux heureusement improvisés et peut-être n'a-t-il pas l'espoir d'arriver à un aussi bon résultat, même en y mettant toute son application.

Ainsi, en l'homme, le champ des représentations *obscures* est le plus étendu. Mais puisque ce champ ne permet de percevoir l'homme que dans sa partie passive, en tant qu'il est le jouet des sensations, la théorie de ce champ n'appartient qu'à l'Anthropologie physiologique, non à l'Anthropologie pragmatique dont il est question ici.

Nous jouons souvent avec les représentations obscures et nous avons intérêt à effacer de notre imagination des objets que nous aimons ou que nous n'aimons pas ; mais plus souvent encore, nous sommes le jouet de représentations obscures, et notre entendement ne parvient pas à se protéger des absurdités dans lesquelles leur influence le fait tomber, quand bien même il les reconnaît comme illusions.

Il en est ainsi de l'amour sexuel dans la mesure où il ne se propose pas d'assurer le bien de son objet, mais plutôt d'en tirer une délectation. Combien d'esprit n'a-t-on pas dépensé pour jeter un voile léger sur ce qui, pour être bien aimé, n'en laisse pas moins voir entre l'homme et l'espèce animale, comme une parenté assez proche pour exiger la pudeur ? Dans la bonne société, ce qu'on en exprime n'est pas dit sans quelque déguisement, même si c'est assez transparent pour porter à sourire. Ici, l'imagination aime à marcher dans l'obscurité, et ce n'est point d'un art commun, si, pour éviter le *cynisme*, on veut éviter le péril de tomber dans un *purisme* ridicule.

D'un autre côté, nous sommes souvent le jouet de représentations obscures qui ne consentent pas à disparaître, même si *l'entendement* les éclaire. Aménager sa tombe dans un jardin ou à l'ombre d'un arbre, au milieu des champs ou dans un terrain sec, c'est souvent pour un mourant une affaire d'importance et pourtant, dans le premier cas il n'a pas de raison d'espérer une belle vue ; et dans l'autre, il n'a pas de raison de se soucier d'une humidité qui lui ferait prendre froid.

Le vêtement fait l'homme : même les bons esprits l'admettent dans une certaine mesure. Le proverbe russe a beau dire : « on reçoit son hôte d'après son costume ; on le reconduit selon son esprit » ; l'entendement ne peut pas empêcher qu'une personne bien habillée n'imprime des représentations d'un certain poids ; il ne peut se donner pour but que de corriger par la suite le jugement provisoire qu'on en tire.

De même, on réussit souvent, par une obscurité étudiée, à donner l'illusion de la profondeur et du fondamental : un peu comme les objets vus dans le crépuscule ou à travers un nuage paraissent toujours plus grands qu'ils ne sont[1]. Les ténèbres (rends-toi obscur) forment le mot d'ordre de tous les mystiques, pour séduire par une obscurité concertée ceux qui sont en quête du trésor de la sagesse. Mais en général le lecteur d'un texte ne trouve pas mal venu un certain degré d'ésotérisme, qui lui rend sensible sa propre ingéniosité à résoudre l'obscur en concepts clairs.

DE LA DISTINCTION ET DE L'INDISTINCTION
DANS LA CONSCIENCE QU'ON A DE SES REPRÉSENTATIONS

§ 6. La conscience des représentations qui suffit pour *différencier* un objet d'un autre, c'est la *clarté*. Mais celle qui rend claire la *composition* des représentations, c'est la *distinction*. C'est elle seulement qui fait d'une somme de représentations une *connaissance* ; comme toute composition accompagnée de conscience présuppose l'unité de celle-ci et

---

1. Au contraire, à la lumière du jour, ce qui est plus clair que les objets environnants semble également plus grand ; les bas blancs, par exemple, font paraître le mollet plus plein que les noirs. Un feu, la nuit, sur une montagne élevée paraît plus grand que ses dimensions réelles. – Peut-être de cette manière est-il possible d'expliquer que les dimensions de la lune, et la distance respective des étoiles soient apparemment plus grandes quand elles sont près de l'horizon. Car dans les deux cas nous apparaissent des objets brillants, qui, près de l'horizon, sont vus à travers une couche d'air bien plus assombrissante que s'ils sont haut dans le ciel ; et ce qui est obscur paraît aussi plus petit à cause de la lumière environnante. Au tir, un disque blanc au milieu d'une cible noire est plus facile à atteindre que la configuration inverse.

par conséquent une règle pour cette composition, un ordre se trouve pensé dans cette multiplicité. À la perception distincte, on ne peut pas opposer la perception *confuse* (*perceptio confusa*) mais seulement la perception *indistincte* (*perceptio clara*). Ce qui est confus doit être composé; car dans le simple, il n'y a ni ordre ni *confusion*; cette dernière est donc la cause de l'indistinction, mais n'en est pas la *définition*. Dans chaque représentation complexe (*perceptio complexa*), comme l'est toute connaissance (puisqu'intuition et concept s'y trouvent toujours requis), la distinction repose sur l'ordre selon lequel sont composées les représentations partielles; celles-ci autorisent un partage formel en représentations supérieures et subordonnées (*perceptio primaria et secundaria*), ou bien un partage réel en représentations principales et connexes (*perceptio principalis et adhaerens*); c'est cet ordre qui rend la connaissance distincte. On voit bien que si la faculté de connaître doit être appelée par excellence *entendement* (au sens le plus général du mot), celui-ci doit contenir la *faculté de saisir* (*attentio*) les représentations données pour reproduire *l'intuition* de l'objet, la *faculté d'isoler* (*abstractio*) ce qui est commun à plusieurs représentations pour produire le concept de cet objet, et la *faculté de réfléchir* (*reflexio*) pour en produire *la connaissance*.

De celui qui possède ces facultés à un degré supérieur, on dit que c'est une *tête*; de celui à qui elles ont été mesurées, on dit que c'est un *âne* (parce qu'il faut quelqu'un pour le conduire); mais si l'usage qu'on en fait est marqué d'originalité (ce qui permet de tirer de soi-même ce qu'autrement il faut apprendre sous la férule des autres), on est un *génie*.

N'avoir rien appris de ce qui requiert instruction, c'est être *ignorant*, si du moins il s'agit de jouer à l'homme cultivé; sans cette prétention on peut être un grand génie. D'un homme qui peut apprendre beaucoup, mais sans *penser lui-même*, on dit que c'est un *esprit limité* (borné). On peut être un homme d'une *vaste* érudition (machine à donner l'enseignement tel qu'on l'a reçu soi-même), et pourtant être très *borné* dans l'utilisation raisonnée de son savoir historique. Si, en publiant ce qu'on a appris, on trahit la contrainte de l'école (donc le manque de liberté dans la pensée autonome), on est un *pédant*, qu'on soit du reste savant, soldat ou courtisan. C'est encore le pédant érudit qui est le plus supportable, car il peut enseigner quelque chose; chez les autres la méticulosité purement formelle (pédanterie) n'est pas simplement inutile; l'orgueil inévitable chez le pédant lui donne un tour ridicule, puisque c'est un orgueil d'*ignorant*.

Cependant l'art ou plutôt l'adresse à parler sur un ton mondain et, en général, à suivre la mode, – ce qu'on a tort, surtout pour la science, d'appeler *popularité*, alors qu'il s'agit d'une coquetterie futile –, manifeste la grande indigence d'une tête bornée. Seuls les enfants s'y laissent prendre : « ton tambour » dit le Quaker d'Addisson à l'officier qui bavarde à côté de lui dans la voiture, « est le symbole de ce que tu es : il sonne, parce qu'il est vide ».

Quand on veut juger les hommes selon leur faculté de connaître (l'entendement en général), on distingue ceux à qui on doit reconnaître le *sens commun* (*sensus communis*), qui à vrai dire n'est pas *commun* (*sensus vulgaris*), et les gens de *science*. Les premiers sont habiles quand il s'agit d'appliquer les règles (*in concreto*); les autres le sont, pour eux-mêmes et avant toute application des règles (*in abstracto*). L'entendement qui relève de la faculté de connaître dans son premier type est appelé entendement *sain* (bon sens*); celui qui relève du second, *esprit lucide* (*ingenium perspicax*). À noter cette première forme d'entendement, considérée d'ordinaire au seul titre de faculté de connaissance pratique, on ne se la représente pas seulement comme susceptible de se passer de culture, mais telle aussi que la culture lui est néfaste, si elle n'est pas poussée assez loin; on la chante jusqu'à l'exaltation; on la représente comme une mine de trésors cachés dans la profondeur de l'âme; parfois même, on attribue à ses sentences une valeur d'oracle (le génie de Socrate), plus digne de confiance que tout ce que peut avancer une science approfondie. – Une chose au moins est certaine : si la solution d'une question repose sur les règles générales et innées de l'entendement (dont la possession s'appelle le bon sens populaire), recourir aux principes étudiés et concertés (esprit de l'écolier) et en tirer conclusion présente moins de sécurité que de s'en remettre pour la décision aux principes de détermination du jugement, qui se cachent dans l'obscurité de l'esprit; c'est ce qu'on pourrait appeler le *tact* logique : la réflexion se représente l'objet de divers côtés et parvient à un résultat exact, sans avoir conscience des actes qui se produisent alors à l'intérieur de l'esprit.

L'entendement sain ne peut montrer sa supériorité que par rapport à un objet de l'expérience; supériorité non seulement à accroître sa connaissance par l'expérience, mais encore à élargir celle-ci d'un point de vue non spéculatif, mais empirique et pratique. Car le point de vue spéculatif requiert des principes scientifiques *a priori*; pour l'autre, des expériences, c'est-à-dire des jugements, peuvent être continuellement confirmés par l'essai et le succès.

---

* En français dans le texte.

DE LA SENSIBILITÉ PAR OPPOSITION À L'ENTENDEMENT

§ 7. Par rapport à l'état de ses représentations, mon esprit est *actif* et manifeste une *faculté* (*facultas*) ; ou bien il est *passif* et consiste en une *réceptivité* (*receptivitas*). Une connaissance comporte leur association ; et sa possibilité doit son nom de faculté de connaître à son élément le plus éminent : l'activité de l'esprit liant les représentations et les séparant les unes des autres.

Les représentations à l'égard desquelles l'esprit se comporte passivement et par lesquelles le sujet est donc *affecté* (celui-ci peut s'affecter lui-même ou être affecté par un objet) appartiennent à la faculté *sensible* de connaître ; celles qui comportent une pure action (la pensée) appartiennent à la faculté *intellectuelle* de connaître. La première est également appelée faculté *inférieure* de connaître ; l'autre faculté *supérieure*[1]. La première a le caractère de passivité du sens interne des sensations ; le second la spontanéité de l'aperception,

---

1. Placer la *sensibilité* dans la pure indistinction des représentations, *l'intellectualité* au contraire dans leur distinction et établir par là une différence de conscience purement formelle (logique), au lieu de la différence réelle (psychologique) qui ne concerne pas simplement la forme mais le contenu de la pensée, c'était là une grave faute de l'école de Leibniz et de Wolff. C'était placer la sensibilité dans un pur *manque* (manque de clarté des représentations partielles) par conséquent dans l'indistinction, et placer le caractère propre de la représentation de l'entendement dans la distinction ; alors que la sensibilité est quelque chose de très positif et une addition nécessaire à la représentation de l'entendement pour produire une connaissance. Mais c'est *Leibniz* à vrai dire qui en est responsable. Se rattachant à l'école platonicienne, il admit de pures intuitions innées de l'entendement appelées idées ; on les trouverait dans l'âme humaine, pour le moment assombries seulement ; leur analyse et leur mise en lumière par l'attention nous permettraient la connaissance des objets tels qu'ils sont en soi.

c'est-à-dire de la pure conscience de l'action qui constitue la pensée, et relève de la *logique* (un système des règles de l'entendement), tout comme le premier relève de la *psychologie* (le concept qui enveloppe toutes les perceptions internes sous les lois de la nature) et fonde l'expérience interne.

Remarque[(a)]. L'objet de la représentation qui ne comporte que la manière dont je suis affecté par lui ne peut être connu de moi que comme il m'apparaît, et toute expérience (connaissance empirique) – l'expérience interne non moins que l'externe – n'est que la connaissance des objets tels qu'ils nous apparaissent et non pas tels qu'ils *sont* (considérés seulement pour eux-mêmes). Car ce n'est pas seulement le caractère propre de l'objet de la représentation, mais aussi le caractère propre du sujet et de la réceptivité qui détermine de quel mode sera l'intuition sensible à laquelle fait suite la pensée de cet objet (le concept de l'objet). Le caractère formel de cette réceptivité ne peut pas être emprunté à son tour aux sens, mais doit être donné *a priori* (comme intuition); c'est-à-dire qu'il doit y avoir une intuition sensible qui demeure quand bien même tout ce qui est empirique (comportant *l'impression sensible*) a disparu, et cet élément formel de l'intuition, c'est, dans l'expérience interne, le temps.

L'expérience est une connaissance empirique, mais la connaissance (puisqu'elle repose sur des jugements) requiert la réflexion (*reflexio*), par conséquent la conscience de l'activité qui compose la multiplicité de la représentation selon la règle de son unité, c'est-à-dire le concept et la pensée en général (différente de l'intuition): dans ces conditions, la conscience sera divisée en conscience *discursive* (qui doit précéder à titre de conscience logique, puisqu'elle donne la règle) et en conscience *intuitive*: la première (la pure aperception de l'activité de l'esprit) est simple. Le Je de la réflexion ne comporte aucune multiplicité ; et dans tous les jugements, il est toujours un seul et le même, car il ne comporte que cet élément formel de la conscience, alors que l'*expérience interne* contient l'élément matériel de cette même conscience et le multiple de l'intuition empirique interne, le Je de l'*appréhension* (par suite une aperception empirique).

Je suis, en tant qu'être pensant, un seul sujet, et le même que moi en tant qu'être sensible ; mais en tant qu'objet de l'intuition empirique interne, c'est-à-dire dans la mesure où je suis affecté intérieurement par des sensations dans le temps, qu'elles soient simultanées ou successives, je me connais seulement comme je m'apparais à moi-même, non pas comme chose en soi. La raison en est dans cette condition du temps qui n'est pas un concept de l'entendement (par conséquent n'est pas une simple spontanéité), donc dans une condition à l'égard de laquelle mon pouvoir de repré-sentation est passif (et appartient à la réceptivité). Partant, je ne me connais jamais par l'expérience interne que comme je m'*apparais* à moi-même ; souvent on détourne cette proposition par malveillance pour lui faire dire : il me *semble* seulement (*mihi videri*) que j'ai certaines représentations, et d'une façon générale, que j'existe. L'apparence fonde un jugement erroné sur des motifs subjectifs, pris à tort pour objectifs ; le phénomène n'est pas un jugement, mais une intuition simplement empirique qui, par la réflexion, et le concept de l'entendement qui en est issu, devient expérience interne et par là vérité.

Les mots du *sens interne* et d'*aperception* sont tenus par les investigateurs de l'âme pour synonymes, sans égard au fait que le premier doit désigner une conscience psychologique (appliquée) mais le second seulement une conscience logique (pure) : telle est la cause de ces erreurs. Si par le sens interne, nous ne pouvons nous connaître que tels que nous

nous *apparaissons à nous-mêmes*, c'est que la saisie (*apprehensio*) des impressions du sens interne présuppose une condition formelle de l'intuition interne du sujet, le temps; ce n'est pas un concept de l'entendement et il vaut par conséquent comme pure condition subjective de la manière dont les intuitions internes nous sont données, selon le caractère propre de l'âme humaine; l'appréhension, par conséquent, ne nous donne pas à connaître ce qu'est l'objet en soi.

Cette remarque ne relève pas exactement de l'Anthropologie. Dans celle-ci, les phénomènes unifiés selon les lois de l'entendement sont des expériences et on ne met pas en question, d'après la forme de représentation des choses, ce qu'elles sont si on ne prend pas en considération le rapport aux sens, partant ce qu'elles sont en soi; car cette recherche est du domaine de la métaphysique, qui a affaire à la possibilité de la connaissance *a priori*. Il était nécessaire cependant de remonter aussi loin en arrière pour écarter sur cette question les méprises des esprits spéculatifs. Au demeurant, la connaissance de l'homme par l'expérience interne, puisque c'est par là, en grande partie, qu'on juge les autres, est d'une grande importance, mais en même temps, sans doute, d'une plus grande difficulté que l'appréciation exacte des autres; car, dans l'investigation du monde intérieur, au lieu d'observer simplement, on introduit bien des choses dans la conscience; il est donc opportun, et même nécessaire de commencer en soi-même par les *phénomènes* observés, et de progresser jusqu'à l'affirmation de certaines propositions sur la nature humaine, c'est-à-dire jusquà l'*expérience interne*.

DE L'IMAGINATION

§ 28. L'imagination (*facultas imaginandi*), comme faculté des intuitions hors de la présence de l'objet, est ou bien *productive*, c'est-à-dire faculté de présentation originaire de l'objet (*exhibitio originaria*) qui précède par conséquent l'expérience; ou bien *reproductive*, c'est-à-dire faculté de présentation dérivée (*exhibitio derivativa*) qui ramène dans l'esprit une intuition empirique qu'on a eue auparavant. – Les intuitions pures de l'espace et du temps appartiennent à la première forme de présentation; toutes les autres présupposent l'intuition empirique qui s'appelle *expérience* si elle est liée au *concept* de l'objet, et si, par conséquent, elle est connaissance empirique. L'imagination, dans la mesure où elle produit aussi des images involontaires, est dite *fantasmagorie*. Celui qui prend cette forme d'imagination pour des expériences (internes ou externes) est un homme à fantasmes. Dans le *sommeil* (quand on est en bonne santé), être le jouet involontaire de ses images, c'est *rêver*.

L'imagination est, en d'autres termes, ou bien d'*invention* (productrice) ou bien de *rappel* (reproductrice). L'imagination productrice n'est pas cependant *créatrice*, c'est-à-dire qu'elle n'a pas la faculté de produire une représentation sensible qui n'a jamais été donnée auparavant à la faculté de sentir : on peut toujours retrouver ce qui lui sert de matière. À qui n'aurait jamais vu le rouge parmi les sept couleurs, on ne peut jamais rendre saisissable cette impression; l'aveugle de naissance n'en peut saisir absolument aucune; de même pour les couleurs mixtes produites par le mélange des deux autres, comme le vert; le jaune et le bleu mélangés donnent le vert; mais l'imagination ne peut pas produire la plus petite représentation de cette couleur, sans les avoir vues mélangées.

Il en est de même pour chacun des cinq sens; les impressions qu'ils procurent ne peuvent être composées par l'imagination; elles doivent être tirées originairement de la faculté de sentir. On a vu des gens dont la faculté visuelle pour la représentation de la lumière n'était équipée que de blanc et de noir, et quoiqu'ils aient une bonne vue, le monde leur apparaissait comme une gravure. De même, plus de gens qu'on ne croit ont l'oreille excellente, et même extrêmement fine, mais n'ont absolument pas l'oreille musicale ; leur sens n'est aucunement réceptif aux notes, non seulement quand il s'agit de les imiter (chanter), mais même de les distinguer d'un simple bruit. – De même pour les représentations du goût et de l'odorat, il arrive que le sens fasse défaut pour beaucoup d'impressions spécifiques qui provoquent le plaisir ; et on croit se comprendre, alors que les impressions des uns et des autres peuvent être entièrement différentes non seulement par l'intensité, mais par leur nature même. – Il y a des gens à qui le sens de l'odorat fait entièrement défaut, et qui tiennent pour odeur la sensation de l'air qui entre dans les narines ; aucune description ne peut les informer de cette forme d'impression ; là où manque l'odorat, il y a aussi un grave défaut dans le goût ; quand il n'existe pas, on s'efforcerait en vain de vouloir l'enseigner et l'inculquer. Mais la faim et son assouvissement (la satiété) sont tout autre chose que le goût.

Pour grande artiste et magicienne que soit l'imagination, elle n'est pas créatrice ; elle doit tirer des sens la *matière* de ses images. Celles-ci ne sont pas aussi universellement communicables d'après les souvenirs qu'on s'en forme que les concepts de l'entendement. La réceptivité pour les représentations de l'imagination qui sont transmises, est appelée parfois sens (encore que d'une manière impropre) ; on dit : cet homme n'a pas de *sens* pour cela ; c'est une incapacité, non du sens, mais en partie de l'entendement, à saisir les représentations communiquées et à les unifier dans la pensée. Dans ce qu'il dit, il n'y pas la moindre pensée, et personne ne le comprend ; ce qu'il dit est insensé (non sense), et non pas *dépourvu de sens* :

dans ce cas les pensées s'enchaînent sans que l'autre puisse savoir qu'en conclure. – Le mot sens (mais au singulier seulement), si couramment utilisé pour dire « pensée », doit désigner un niveau plus élevé que celui de la pensée elle-même ; on dit d'une expression : elle a un sens riche et profond (d'où le mot sentence) ; on appelle l'entendement d'un homme sain sens commun ; on le place au sommet, alors que cette expression ne caractérise à vrai dire que le niveau le plus bas de la faculté de connaître ; tout cela se fonde sur le fait que l'imagination, qui soumet une matière à l'entendement pour procurer à ses concepts un contenu (pour en faire des connaissances), paraît, par l'analogie entre ces intuitions (inventées) et les perceptions réelles, procurer aux premières une réalité.

Des diverses formes de la faculté de l'invention sensible

§ 31. La faculté de l'invention sensible a trois formes différentes. Ce sont celle qui *figure* l'intuition dans l'espace (*imaginatio plastica*), celle qui l'*associe* dans le temps (*imaginatio associans*) et celle qui *apparente* les représentations les unes aux autres à partir de leur origine commune (*affinitas*).

A. *De la faculté sensible d'inventer des formes*

Avant que l'artiste puisse présenter une forme physique (en quelque sorte tangible), il doit l'avoir fabriquée dans l'imagination, et cette forme est alors une invention qui, si elle est involontaire, comme dans le rêve, s'appelle *fantasme* et n'appartient pas à l'artiste ; si elle est régie par la libre volonté, on l'appelle *composition*, *invention*.

Si l'artiste travaille d'après des images qui ont ressemblance aux œuvres de la nature, on dit que ses productions sont *naturelles*. Mais s'il fabrique des formes d'après des images qui ne peuvent pas se rencontrer dans l'expérience (comme le prince Palagonia en Sicile*), on dit que ce sont des figures extravagantes, hors nature, grotesques ; de telles lubies sont en général comme des images de rêve chez un homme éveillé (*velut ægri somnia vanæ finguntur species*). – Nous jouons souvent et volontiers avec l'imagination ; mais l'imagination (en tant que fantasmagorie) joue souvent avec nous et parfois bien à contretemps.

Le jeu que la fantasmagorie impose à l'homme pendant le sommeil est le rêve, et il se produit même quand on est en bonne santé ; mais pendant la veille il trahit un état pathologique. – Le sommeil, comme détente de toute faculté des perceptions externes et surtout des mouvements volontaires, apparaît nécessaire à tous les animaux et même aux plantes (selon l'analogie de celles-ci aux premiers), pour la recollection des forces dépensées pendant la veille ; or voici ce qui se passe dans les rêves : si pendant le sommeil la force vitale n'était pas toujours maintenue en état d'excitation par les rêves, elle s'éteindrait et l'extrême profondeur du sommeil amènerait aussitôt la mort. – Quand on dit avoir dormi d'un sommeil lourd et sans rêves, c'est tout simplement qu'on ne s'en souvient pas au réveil ; c'est ce qui peut se produire également pendant la veille, quand les images changent rapidement ; la distraction est si grande qu'interrogé sur ce qu'il pense, celui qui pendant un bon moment n'a pas quitté des yeux un même point, répond : je ne pense à rien. Si au réveil, il n'y avait pas beaucoup de lacunes (on oublie, par inattention, les représentations d'enchaînement), si nous recommencions la nuit suivante notre rêve là où nous l'avons laissé la veille, je ne sais

---

* *Cf.* Goethe, *Voyage en Italie*, 9 avril 1787.

pas si nous n'aurions pas l'illusion de vivre dans deux mondes différents. – La nature a eu la sagesse de disposer le rêve pour animer la force vitale par des émotions qui portent sur des données involontairement inventées ; demeurent suspendus pendant ce temps les mouvements qui reposent sur la libre volonté, c'est- à-dire ceux des muscles. – Mais seulement on ne doit pas accepter les aventures oniriques comme des révélations d'un monde invisible.

B. *Du pouvoir sensible d'inventer des associations*

La loi de l'*association* est celle-ci : des représentations empiriques qui se sont souvent succédées produisent dans l'esprit l'habitude de faire surgir la seconde quand la première est suscitée. En fournir une explication physiologique est vain ; on peut se servir d'une hypothèse (qui sera elle-même une invention comme celles de Descartes à propos de ce qu'on apelle les idées matérielles du cerveau). Ce n'est pas du tout une explication *pragmatique*, c'est-à-dire qu'on ne peut pas s'en servir pour exercer à son gré sa mémoire puisque nous n'avons aucune connaissance du cerveau ni, en lui, des points où les traces des impressions laissées par les représentations peuvent sympathiquement entrer en résonance les uns avec les autres, puisqu'ils sont en quelque sorte contigus (au moins médiatement).

Le voisinage s'étend souvent très loin, et l'imagination saute fréquemment du coq à l'âne, si vite qu'on a, semble-t-il, enjambé certains termes intermédiaires dans la chaîne des représentations, alors que tout simplement on n'en a pas eu conscience ; on en vient souvent à se demander : où en étais-je ?

D'où étais-je parti dans mon discours, et comment en suis-je arrivé finalement à ce point [1] ?

C. *Du pouvoir sensible d'inventer des affinités*

J'entends par *affinité* l'unification du multiple par un principe à partir de sa racine originaire. – Dans un groupe, si on fait surgir au milieu d'une conversation un autre thème, très différent, auquel, pour des raisons purement subjectives, on a été conduit par l'association empirique des représentations (c'est-à-dire que chez l'un les représentations ne sont pas associées comme chez l'autre) on commet une sorte d'absurdité pour la forme de l'entretien : on l'interrompt et le désorganise. – C'est seulement le sujet une fois épuisé et à l'occasion d'une courte pause qu'on peut mettre un nouveau thème sur le tapis, pourvu qu'il soit intéressant. L'imagination qui bat la campagne trouble l'esprit par le changement des représentations qui ne sont pas liées à rien d'objectif, si bien qu'en quittant une réunion de ce genre on a l'impression qu'on vient de rêver. – Qu'on pense silencieusement ou qu'on échange des pensées, il faut toujours avoir un thème auquel s'ordonne le multiple, ce qui exige l'activité de l'entendement, cependant le jeu de l'imagination suit les lois de la sensibilité qui fournit la matière ; l'association s'effectue sans conscience de la règle,

---

1. C'est pourquoi, dans un entretien, on doit commencer par ce qui est proche et actuel, et aller progressivement à ce qui est plus éloigné, dans la mesure où cela peut avoir un intérêt. On vient de la rue et on fait son entrée au milieu de gens réunis pour converser : parler du mauvais temps est alors un bon expédient, et coutumier. Donner dès le début, quand on entre dans une pièce, les nouvelles de Turquie qu'on lit dans les journaux, c'est faire violence à l'imagination des autres, qui ne voient pas comment on y est venu. L'esprit exige dans l'échange un certain ordre : aussi bien dans les conversations que dans les prêches, les représentations préparatoires et l'exorde sont d'une grande importance.

mais en conformité cependant avec elle, et par conséquent avec l'entendement (pourtant elle n'est pas dérivée de lui).

Le mot affinité (*affinitas*) rappelle ici une notion empruntée à la chimie et analogue à cette liaison de l'entendement : c'est l'action réciproque de deux substances physiques d'espèces différentes, agissant intérieurement l'une sur l'autre et tendant à l'unité ; l'unification détermine alors un troisième élément qui a des propriétés qui ne peuvent être engendrées que par l'unification de deux substances hétérogènes. L'entendement et la sensibilité dans leur dissemblance, se lient fraternellement d'eux-mêmes pour constituer notre connaissance, comme s'ils avaient leur origine l'un dans l'autre, ou comme s'ils la tenaient tous les deux d'une racine commune ; ce qui ne peut pas être, ou du moins est inconcevable pour nous, qui ne pouvons comprendre que le dissemblable puisse être issu d'une seule et même racine [1].

---

1. Les deux premiers modes de composition des représentations, on pourrait les appeler *mathématiques* (d'accroissement), le troisième *dynamique* (de production) : il produit une chose entièrement nouvelle (comme un sel neutre en chimie). Le jeu des forces dans la nature organique comme dans la nature vivante, dans celle de l'âme comme dans celle du corps, repose sur les analyses et les unifications du dissemblable. Nous parvenons à vrai dire à la connaissance de cette nature par l'expérience de ses actions ; mais la cause supérieure et les composants simples en lesquels cette substance peut être résolue sont pour nous inaccessibles. Quelle peut être la cause du fait que les êtres organiques connus de nous ne perpétuent leur espèce que par l'union des deux sexes (désignés comme masculin et féminin) ? On ne peut pas admettre que le créateur par une pure bizarrerie et à seule fin d'établir sur notre globe une disposition qui lui plaise n'ait pratiqué qu'une sorte de jeu ; mais il semble qu'il doive être impossible de faire naître par reproduction des créatures organiques à partir de la matière de notre globe terrestre sans l'institution des deux sexes. Dans quelle obscurité se perd la raison humaine si elle veut entreprendre de scruter jusqu'au fond ou même simplement de deviner ce qui a été la source originaire ?

Denis Diderot

ÉLÉMENTS DE PHYSIOLOGIE[*]

Troisième partie

phénomènes du cerveau

Chapitre II

Entendement

Les objets agissent sur les sens ; la sensation dans l'organe a de la durée ; les sens agissent sur le cerveau, cette action a de la durée : aucune sensation n'est simple ni momentanée, car s'il m'est permis de m'exprimer ainsi, c'est un faisceau. De là naît la pensée, le jugement.

Le jugement distingue les idées, le génie les rapproche, le raisonnement les lie. Jugement, raisonnement, formation des langues. Tâchons d'expliquer ces opérations de l'entendement.

---

[*] D. Diderot, *Éléments de physiologie*, troisième partie *Phénomènes du cerveau* (*Entendement, Mémoire, Imagination*). Voir l'édition Robert Laffont, 1994, p. 1284-1295.

On juge : voilà le fait. Comment le jugement se fait-il ?
Voilà le phénomène à expliquer. Peut-être ce phénomène au
premier coup d'œil paraît-il aux ignorants beaucoup plus facile,
aux hommes instruits beaucoup plus difficile qu'il ne l'est.

Par la raison seule que toute sensation est composée,
elle suppose jugement ou affirmation de plusieurs qualités
éprouvées à la fois.

Par la raison qu'elles sont durables, il y a coexistence de
sensations. L'animal sent cette coexistence. Or sentir deux
êtres coexistants, c'est juger. Voilà le jugement formé ; la voix
l'articule. L'homme dit mur blanc, et voilà le jugement
prononcé.

La chose devient encore plus aisée à concevoir, si j'ai la
présence des objets. Voilà un mur, et je dis mur, et tandis que je
prononce ce mot je le vois blanc, et je dis blanc[1]. Or ce qui se
fait dans la présence des objets, s'exécute de la même manière
dans leur absence, lorsque l'imagination les supplée.

On éprouve une sensation ; on a une idée on produit un
son représentatif de cette sensation, ou commémoratif de
cette idée. Si la sensation ou l'idée se représente, la mémoire
rappelle, et l'organe rend le même son. Avec l'expérience les
sensations, les idées se multiplient ; mais comment la liaison
s'introduit-elle entre les sensations, les idées, et les sons de
manière non pas à former un chaos de sensations, d'idées et de
sons isolés et disparates, mais une série que nous appelons
raisonnable, sensée, ou suivie ? Le voici.

---

1. Exemple favori de Diderot : voir *Lettre sur les sourds et muets*,
éd. L. Versini, Paris, Robert Laffont, 1996, vol. IV *Esthétique – Théâtre*,
p. 5-75 ; *Observations sur Hemsterhuis*, commentaire de la page 214 du livre du
Hollandais, éd. L. Versini, Paris, Robert Laffont, 1994, vol. I *Philosophie*,
p. 763.

Il y a dans la nature des liaisons entre les objets et entre les parties d'un objet. Cette liaison est nécessaire. Elle entraîne une liaison ou une succession nécessaire de sons correspondants à la succession nécessaire des choses aperçues, senties, vues, flairées, ou touchées. Par exemple, on voit un arbre, et le mot *arbre* est inventé. On ne voit point un arbre sans voir immédiatement et très constamment ensemble des branches, des feuilles, des fleurs, une écorce, des nœuds, un tronc, des racines, et voilà qu'aussitôt que le mot arbre est inventé, d'autres signes s'inventent, s'enchaînent et s'ordonnent. De là une suite de sensations, d'idées, et de mots liés et suivis. On regarde, et l'on flaire un œillet, et l'on en reçoit une odeur forte ou faible, agréable ou déplaisante, et voilà une autre série de sensations, d'idées et de mots. De là naît la faculté de juger, de raisonner, de parler, quoiqu'on ne puisse pas s'occuper de deux choses à la fois[1].

Le type de nos raisonnements les plus étendus, leur liaison, leur conséquence est nécessaire dans notre entendement, comme l'enchaînement, la liaison des effets, des causes, des objets, des qualités des objets l'est dans la nature.

On ne sépare pas sans conséquence pour le jugement, les objets dont l'enchaînement existe en nature. On ne les conjoint pas sans bizarrerie. Si faute d'expérience les phénomènes ne s'enchaînent pas, si faute de mémoire ils ne peuvent s'enchaîner, si par la perte de la mémoire ils se décousent, l'homme parait fou. Il en est de même si la passion fixe sur un seul phénomène, si la passion les disjoint, ou si elle les conjoint.

---

1. *Cf.* D. Diderot, *Observations sur Hemsterhuis*, p. 17-18 du livre d'Hemsterhuis, *op. cit.*, p. 698-699.

L'enfant paraît fou faute d'expérience, le vieillard paraît stupide faute de mémoire, le vieillard violent paraît fou.

Bon jugement, bon raisonnement suppose l'état de santé, ou la privation du malaise et de douleur, d'intérêt et de passion.

L'expérience journalière des phénomènes forme la suite des idées, des sensations, des raisonnements, des sons. Il s'y mêle une opération propre à la faculté d'imaginer. Vous imaginez un arbre. L'image en est une dans votre entendement ; si votre attention se porte sur toute l'image, votre perception est louche, troublée, vague, mais suffit à votre raisonnement bon ou mauvais sur l'arbre entier.

Les erreurs sur les objets sont faciles. Il n'y a qu'un moyen de connaître la vérité, c'est de ne procéder que par partie, et de ne conclure qu'après une énumération exacte et entière, et encore ce moyen n'est-il pas infaillible ; la vérité peut tenir tellement à l'image totale, qu'on ne puisse ni affirmer ni nier d'après le détail le plus rigoureux des parties.

Un effet produit en nature ou en nous involontairement, ramène une longue suite d'idées. La raison a cela de commun avec la folie, c'est que ses phénomènes ont lieu dans l'un et l'autre état, avec cette différence que l'homme de sens ne prend pas ce qui se passe dans sa tête pour la scène du monde, et que le fou s'y trompe. Il croit que ce qui lui paraît, que ce qu'il désire, est, existe réellement. La marche de l'esprit n'est donc qu'une série d'expériences.

Suspendre son jugement, qu'est-ce ? Attendre l'expérience.

Le raisonnement se fait par des identités successives : *Discursus series identificationum*[1].

---

1. La formule est déjà dans les *Observations sur Hemsterhuis* (commentaire de la page 20 de son ouvrage), *op. cit.*, p. 700.

L'organisation, la mémoire, l'imagination sont les moyens d'instituer la série des identifications la plus sûre et la plus étendue. Le temps et l'opiniâtreté suppléent à la promptitude.

La promptitude est la caractéristique du génie. Tel homme est inepte en tel état, et excelle en tel autre.

Si l'on voit la chose comme elle est en nature, on est philosophe.

Si l'on forme l'objet d'un choix de parties éparses, qui en rende la sensation plus forte dans l'imitation qu'elle ne l'eût été dans la nature, on est poète [1].

La logique, la rhétorique, la poésie sont aussi vieilles que l'homme. L'analogie est la comparaison des choses qui ont été ou sont pour en conclure celles qui seront.

Pourquoi la continuité de la sensation ne soutient-elle pas la continuité du jugement, comme dans l'œil l'objet est toujours renversé ? Par la même cause que si l'on touche une boule avec deux doigts croisés, on en sent deux, et qu'en continuant l'expérience bientôt on n'en sent plus qu'une.

Actions intellectuelles interrompues et reprises après un long intervalle ; phénomène à expliquer. Je ne sais si j'ai fait mention de cet homme, qui reçoit dans la tempe le coup du bras du levier d'un pressoir ; il reste six semaines sans connaissance, au bout de ce temps, il revient de son état comme du sommeil ; il se retrouve au moment de l'accident, et continue à donner des ordres pour son vin. On sait l'histoire de cette femme qui continue son discours interrompu par une attaque de catalepsie. Comment nos spiritualistes expliquent-ils ces faits ?

Si quelque partie considérable du cerveau est pressée par du sang, de l'eau, un squirre, un os, ou quelque autre cause

1. Voir *Ibid.*, commentaire de la page 24, *op. cit.*, p. 702.

mécanique, les opérations du cerveau sont viciées : il y a délire, manie, stupidité ; ôtez la compression, et le mal cesse.

On se trouble par le tournoiement, par l'éblouissement, par le spectacle des grandes profondeurs ou hauteurs. Alors tout le système est affecté en même temps par une cause commune, ou par la violence d'une cause particulière (*sensorium commune*).

Lorsque nous avons les yeux ouverts et l'esprit distrait, nos sens n'en sont pas moins frappés par les objets ainsi qu'à l'ordinaire, mais l'âme occupée, disent quelques métaphysiciens, n'en reçoit pas moins l'image, et ne s'en souvient jamais. C'est pour elle, ajoutent-ils, comme si rien n'avait frappé la vue. Je ne crois pas cela.

Chaque sens ou organe a son nerf ou sa fonction. Quelle que soit la fonction de l'organe ou du principe, ou de l'origine de tous les nerfs réunis, en quelque lieu qu'on le place, il a certainement sa fonction particulière ; quelle est-elle ?

Le cerveau ne pense non plus de lui-même, que les yeux ne voient, et que les autres sens n'agissent d'eux-mêmes. Il faut au cerveau pour penser des objets, comme il en faut à l'œil pour voir. Cet organe aidé de la mémoire a beau voir, confondre, combiner, créer des êtres fantastiques, ces êtres existent épars[1].

Le cerveau n'est qu'un organe comme un autre. Ce n'est même qu'un organe secondaire qui n'entrerait jamais en fonction sans l'entremise des autres organes. Il est vif ou obtus

---

1. *Cf.* D. Diderot, *Traité sur le beau*, éd. L. Versini, Paris, Robert Laffont, 1996, vol. IV *Esthétique – Théâtre*, p. 77-112.

comme eux. Il est paralysé dans les imbéciles, les témoins sont sains, le juge est nul [1].

On ne pense pas toujours. On ne pense point dans le sommeil profond. On ne pense point quand on est vivement affecté. Toutes les fois que la sensation est violente, ou que l'impression d'un objet est extrême, et que nous sommes à cet objet, nous sentons, nous ne pensons point, nous ne pouvons raisonner; notre entendement n'est plus qu'un organe comme un autre, et non pas tel organe. Il est sensible, mais non pensant. C'est ainsi que nous sommes dans l'admiration, dans la tendresse, dans la colère, dans l'effroi, dans la douleur, dans le plaisir.

Ni jugement, ni raisonnement quand la sensation est unique. Les animaux dans lesquels un sens prédomine, sentent fortement, raisonnent peu. Les grandes passions sont muettes; elles ne trouvent pas même d'expression pour se rendre.

Toutes sortes d'impressions se font, mais nous ne sommes jamais qu'à une. L'âme est au milieu de ses sensations comme un convive à une table tumultueuse qui cause avec son voisin : il n'entend pas les autres.

Nous ne pouvons penser, voir, entendre, goûter, flairer, être au toucher en même temps. Nous ne pouvons être qu'à une seule chose à la fois. On ne voit nettement qu'un objet à la fois. Le passage est infiniment rapide; nous n'y faisons pas attention; mais nous cessons de voir quand nous écoutons, d'écouter quand nous touchons, et ainsi des autres sensations. Nous croyons le contraire, mais l'expérience nous désabuse bientôt.

---

1. *Cf.* D. Diderot, *Réfutation d'Helvétius*, commentaire de la page 134 du livre d'Helvétius, éd. L. Versini, Paris, Robert Laffont, 1994, vol. I, *Philosophie*, p. 810.

Ce que nous connaissons le moins ce sont les sens intimes, c'est nous, l'objet, l'impression, la représentation, l'attention.

La volonté, la liberté, la douleur qui garde l'homme ; le plaisir qui le perd, le désir qui le tourmente, l'aversion, la crainte, la cruauté, la terreur, le courage, l'ennui, que sont toutes ces choses ?

Quelle idée l'homme tranquille a-t-il de la colère, le vieillard de l'amour ? Quelle idée peut-on avoir d'une douleur qu'on n'a point éprouvée ? Quelle idée reste-t-il d'une douleur quand elle est passée ?

Qu'est-ce que la mémoire ? Qu'est-ce que l'imagination, le sommeil, le rêve ?

CHAPITRE III

Mémoire

Je suis porté à croire que tout ce que nous avons vu, connu, entendu, aperçu, jusqu'aux arbres d'une longue forêt, que dis-je, jusqu'à la disposition des branches, à la forme des feuilles, et à la variété des couleurs, des verts et des lumières ; jusqu'à l'aspect des grains de sable du rivage de la mer, aux inégalités de la surface des flots soit agités par un souffle léger, soit écumeux et soulevés par les vents de la tempête, jusqu'à la multitude des voix humaines, des cris des animaux et des bruits physiques, à la mélodie et à l'harmonie de tous les airs, de toutes les pièces de musique, de tous les concerts, que nous avons entendus, tout cela existe en nous à notre insu.

Je revois actuellement éveillé, les forêts de Westphalie, de la Prusse, de la Saxe, et de la Pologne que j'ai traversées. Je les revois en rêve aussi fortement coloriées qu'elles le seraient dans un tableau de Vernet. Le sommeil m'a remis dans des concerts, qui se sont exécutés derechef, comme lorsque j'y étais. Il me revient après trente ans des représentations de pièces comiques, et tragiques ; ce sont les mêmes acteurs, c'est le même parterre, ce sont aux loges les mêmes hommes, les mêmes femmes, les mêmes ajustements, les mêmes bruits de huées ou d'applaudissements. Un tableau de Vandermeulen ne m'aurait pas remontré une revue à la plaine des Sablons un beau jour d'été avec la multitude des incidents dans une aussi grande foule de peuple rassemblé, que le rêve me l'a retracé après un très grand nombre d'années. Tous les tableaux d'un salon ouvert il y a vingt ans[1], je les ai revus tels précisément que je les voyais en me promenant dans la galerie. Mais ajoutons un fait public à mon expérience, qui pourrait être contestée.

Un ouvrier, dont le spectacle faisait tout l'amusement de ses jours de repos, est attaqué d'une fièvre chaude occasionnée par le suc d'une plante venimeuse qu'on lui avait imprudemment administré. Alors cet homme se met à réciter des scènes entières de pièces, dont il n'avait pas le moindre souvenir dans l'état de santé. Il y a plus. C'est qu'il lui est resté une malheureuse disposition à versifier. Il ne sait pas le premier des vers qu'il débitait dans sa fièvre, mais il a la rage d'en faire.

Autre fait public. Un enfant élevé jusqu'à l'âge de cinq ans et demi en Russie, oublie la langue russe, la parle dans le délire, mais d'un ton d'enfant, et guéri il oublie le russe.

Pour expliquer le mécanisme de la mémoire, il faut regarder la substance molle du cerveau comme une masse d'une cire sensible et vivante, mais susceptible de toutes sortes de formes, n'en perdant aucune de celles qu'elle a reçues, et en

---

1. Celui de 1759 ou plus vraisemblablement celui de 1761 (voir vol. *Esthétique – Théâtre, op. cit.*).

recevant sans cesse de nouvelles qu'elle garde. Voilà le livre. Mais où est le lecteur? Le lecteur c'est le livre même. Car ce livre est sentant, vivant, parlant ou communiquant par des sons, par des traits l'ordre de ses sensations, et comment se lit-il lui-même? en sentant ce qu'il est, et en le manifestant par des sons.

Ou la chose se trouve écrite, ou elle ne se trouve pas écrite. Si elle ne se trouve point écrite, on l'ignore. Au moment où elle s'écrit, on l'apprend.

Selon la manière dont elle était écrite on la savait nouvellement, ou depuis longtemps.

Si l'écriture s'affaiblit, on l'oublie, si l'écriture s'efface, elle est oubliée, si l'écriture se revivifie, on se la rappelle.

Pour expliquer l'oubli, voyons ce qui se passe en nous; nous faisons efforts pour nous rappeler les syllabes du son, si c'est un mot; le caractère de la chose, si l'objet est physique; la physionomie, les fonctions si c'est une personne.

Les signes servent beaucoup à la mémoire. Un enfant de dix ans élevé parmi les ours, resta sans mémoire [1].

Chaque sens a son caractère et son burin. La mémoire constitue le soi. La conscience du soi et la conscience de son existence sont différentes. Des sensations continues sans mémoire donneraient la conscience interrompue de son existence: elles ne produiraient nulle conscience de soi.

Sans la mémoire à chaque sensation l'être sensible passerait du sommeil au réveil, et du réveil au sommeil. A peine aurait-il le temps de s'avouer qu'il existe. Il n'éprouve-

---

1. Il s'agit de l'enfant-ours trouvé en 1694 dans les forêts de Lituanie, qui retint l'attention de La Mettrie (*Histoire naturelle de l'âme*, 1745, p. 198-199), et de Buffon (*Histoire naturelle*, 1749-1789, t. II, p. 201).

rait qu'une surprise momentanée, à chaque sensation il sortirait du néant, et il y retomberait. Mais il y a des habitudes, des mouvements qui s'enchaînent par des actes réitérés, ou des sensations réitérées dans les organes sensibles et vivants. Tel mouvement produit dans un organe, il s'ensuit telle sensation, et telle série. D'autres mouvements dans cet organe, ou dans d'autres, telles sensations, et telles séries de sensations. L'habitude lie même les sensations des autres organes. Ainsi la mémoire immense, c'est la liaison de tout ce qu'on a été dans un instant, à tout ce qu'on a été dans le moment suivant, états qui liés par l'acte rappelleront à un homme tout ce qu'il a senti pendant sa vie. Je crois que tout homme a cette mémoire. Les conclusions sont faciles à tirer.

Loi de continuité d'états, comme il y a loi de continuité de substance. Loi de continuité d'états propres à l'être sensible, vivant et organisé. Cette loi de continuité d'états se fortifie par l'acte réitéré, s'affaiblit par le défaut d'exercice, ne se rompt jamais dans l'homme sain, elle a seulement des sauts, et ces sauts se lient encore par quelques qualités, par le lieu, l'espace, la durée.

Un phénomène qui reste phénomène, qui indique l'absence des autres. État total qui disparaît, différents états qui se brouillent, etc. (à méditer).

La mémoire immense ou totale est un état d'unité complet. La mémoire partielle, état d'unité incomplet.

Mémoire de la vue, mémoire de l'oreille, mémoire du goût, habitudes qui lient une longue suite de sensations et de mots, et de mouvements successifs et enchaînés d'organes. La preuve c'est que ceux dont les occupations sont interrompues trop fréquemment, et qui passent rapidement d'un objet à un autre, perdent la mémoire.

Impressions qui se font en nous par les yeux sans que nous en ayons connaissance, ensuite réminiscence dans le rêve, ou dans la fièvre.

Les yeux fermés nous réveillent une longue succession de couleurs, les oreilles une longue succession de sons. Ce réveil peut se faire de soi-même par le seul mouvement de l'organe qui se dispose spontanément comme il était affecté par la présence de l'objet.

S'il y a quelque ordre dans ce réveil des sensations, le rêve ressemble à la veille si l'on dort; il y a mémoire fidèle si l'on veille.

Ainsi la mémoire peut donc être regardée comme un enchaînement fidèle de sensations, qui se réveillent successivement comme elles ont été reçues. Propriété de l'organe.

On détruit la mémoire dans ceux qui en ont, en rompant le fil entre les sensations, par des sensations décousues.

L'organe de la mémoire me semble toujours passif; il ne me rappelle rien de lui-même; il faut une cause qui le mette en jeu.

Mémoires promptes, lentes, heureuses ou fidèles, infidèles, avec liaison d'idées, sans liaison d'idées comme sons purs d'une langue inconnue, et sons purs d'une langue connue, ne sont que des suites de mouvements automates.

La représentation d'un paysage qu'on a vu, si l'on y fait bien attention, est un phénomène instantané aussi surprenant que le souvenir successif de mots qui composent un long ouvrage qu'on n'a lu qu'une fois.

On a la mémoire plus durable et plus fidèle des choses qui nous ont affecté plus fortement, que des autres.

La mémoire varie avec l'âge. Le cerveau s'endurcit, et la mémoire s'efface.

Les enfants apprennent vite, et ne retiennent pas : les vieillards se rappellent le passé en oubliant le présent.

Trente-six mille noms répétés par le jeune homme de Corse[1] dans l'ordre qu'il les avait entendus une seule fois. Ce fait expliquerait comment Cardan a pu savoir le grec du soir au matin, et se lever avec cette connaissance.

Pascal n'a rien oublié de ce qu'il avait fait, lu ou pensé depuis l'âge de raison[2]. J'ai entendu dire à plusieurs personnes qu'elles n'avaient jamais rien oublié de ce qu'elles avaient su.

Il y a des phénomènes de mémoire qui ont conduit à la stupidité, à la folie. On rendrait un enfant imbécile en lui montrant perpétuellement des objets nouveaux, il aurait tout vu et rien retenu.

Moyen technique d'ôter la mémoire : lire un dictionnaire, changer souvent d'objet d'attention.

Les microcéphales ont communément peu de mémoire, peu de pénétration, et peu de vivacité ; c'est l'effet de la compression des fibres blanches, principe des nerfs.

Doux au goût, agréable à l'odorat, bon à manger : cela s'enchaîne dans la mémoire.

L'empire de la mémoire sur la raison n'a jamais été assez examiné.

La mémoire est une source de vices et de vertus. Elle est accompagnée de peine et de plaisir. Un son de voix, la présence d'un objet, un certain lieu, et voilà un objet, que dis-je, un long

---

1. Anecdote racontée par Marc-Antoine Muret dans ses *Variarum Lectionum libri XV*, liv. III, chap. 1 (*Œuvres*, 1727-1730, t. III, p. 53-56). Cet étudiant avait seulement répété un grand nombre de mots proposés par Muret, et proposé d'aller jusqu'à 36 000.

2. Exemple rapporté par La Mettrie (*Histoire naturelle de l'âme*, p. 130-131).

intervalle de ma vie rappelé ; me voilà plongé dans le plaisir, le regret, ou l'affliction. Cet empire s'exerce soit dans l'abandon de soi, soit dans le milieu de la distraction.

La mémoire est-elle la source de l'imagination, de la sagacité, de la pénétration, du génie ? La variété de la mémoire fait-elle toute la variété des esprits ? On a beau voir, entendre, goûter, flairer, toucher, si l'on n'a rien retenu, on a reçu en pure perte.

CHAPITRE IV

Imagination

Faculté de se peindre les objets absents, comme s'ils étaient présents, d'emprunter des objets sensibles des images qui servent de comparaison, d'attacher à un mot abstrait un corps, voilà l'idée que j'ai de l'imagination.

La mémoire est des signes, l'imagination des objets. La mémoire n'est que des mots presque sans images : musicien qui reste musicien après la perte de la mémoire des notes.

L'imagination ressuscite dans l'homme les voix, les sons, tous les accidents de la nature, les images qui deviennent autant d'occasions de s'égarer. L'homme à imagination se promène dans sa tête comme un curieux dans un palais, oïl ses pas sont à chaque instant détournés par des objets intéressants. Il va, il revient, il n'en sort pas.

L'imagination est l'image de l'enfance que tout attire sans règle.

Elle est l'œil intérieur, et la mesure des imaginations est relative à la mesure de la vue.

Les aveugles ont de l'imagination, parce que le vice n'est pas dans la rétine.

Il y aurait un moyen technique de mesurer les imaginations par des dessins d'un même objet exécutés par deux dessinateurs différents, mais d'une égale habileté. Chacun d'eux se fera un modèle différent selon son œil intérieur ou son imagination, et son œil extérieur. Les dessins seront entre eux comme les deux organes. Vous savez dessiner, vous avez lu le traité des insectes [1] de Réaumur ; je vais vous lire la description de l'aile du scarabée. Vous connaissez l'animal entier. Je n'exige de vous qu'une chose, c'est que vous me rendiez dans votre dessin, d'une manière visible, distincte et sensible les parties de détail à mesure que je vous les lirai.

Celui qui a les yeux microscopiques, aura aussi l'imagination microscopique. Avec des idées très précises de chaque partie, il pourrait n'en avoir que de très précaires du tout.

De là une différence d'yeux, d'imaginations, et d'esprits séparés par une barrière insurmontable. L'ensemble ne s'éclaircira jamais dans la tête des uns, les autres n'auront que des notions peu sûres de petites parties. Reprenons l'exemple de l'arbre. Au moment où l'on passe de la vue générale du tout au détail des parties, où l'imagination se fixe sur la feuille, on cesse de voir l'arbre, et l'on voit moins nettement la feuille entière que son pédicule, sa dentelure, sa nervure ; plus la partie est petite, jusqu'à une certaine limite, plus la perception est distincte. J'ai dit jusqu'à une certaine limite, parce que si l'attention se fixe sur une partie très petite, l'imagination éprouve la même fatigue que l'œil.

Un mot sur les formes vagues et indécises pour l'œil. Par exemple je ne vois en mer qu'un point nébuleux qui ne me dit

---

1. Plus exactement les *Mémoires pour servir à l'histoire des insectes* (1734-1742).

rien, mais ce point nébuleux est un vaisseau pour celui qui l'a souvent observé, et peut-être un vaisseau très distinct. Comment cela s'est-il fait ? D'abord ce n'était pour le sauvage comme pour moi qu'un point nébuleux. Mais ce point nébuleux à force d'être devenu pour le sauvage le signe caractéristique d'un vaisseau, est réellement devenu un vaisseau, qu'il voit dans son imagination très distinctement[1]. C'est toujours un point nébuleux, mais qui réveille l'image d'un vaisseau. Ce point est comme un mot, le mot arbre, qui n'est qu'un son, mais qui me rappelle un arbre que je vois.

L'imagination dispose des sens, de l'œil en montrant des objets, où ils ne sont pas ; du goût, du toucher, de l'oreille. Si je crois entendre un son, je l'entends, voir un objet, je le vois.

L'œil et l'oreille sont-ils alors affectés comme si je voyais ou si j'entendais ? je le crois. Ou les organes sont-ils en repos, et tout se passe-t-il dans l'entendement ? Cette question me semble difficile à résoudre.

Par l'application un peu forte l'imagination réalise au loin sans rêver. C'est ainsi qu'un enfant fit voir sur un toit un serpent à tout un collège.

En rêve ce sont les sens qui disposent de l'imagination par la sympathie des organes, et par la sympathie des objets.

Si l'on y fait bien attention, on trouvera que ses tableaux nous semblent hors de nous à une distance plus ou moins grande. On trouvera que nous voyons ces tableaux imaginaires, précisément comme nous voyons avec nos yeux les tableaux réels, avec une sensation forte des parties, et une moindre sensation du tout et de l'ensemble.

---

1. Cette allusion à la « finesse prodigieuse de vue » des sauvages vient de Marat, *De l'homme*, *op. cit.*, 1775-1776, t. III, p. 188.

On trouvera encore que les images du rêve sont très souvent plus voisines, et plus fortes que les images réelles.

On trouvera que les images réveillées dans le cerveau par l'agitation des organes sont aussi plus fortes que les images réveillées par l'agitation du cerveau même. Il est plus grand peintre quand il est passif, qu'il ne l'est quand il est actif. On peut suivre mon hypothèse. Le rêve qui monte est plus vif que celui qui descend[1].

Si l'enchaînement des sensations et des mouvements des organes est vif et prompt, l'imagination et la mémoire sont fidèles. Si l'enchaînement se rompt, mémoire et imagination infidèles.

Comme tout est lié dans l'entendement, si les sensations et les mouvements des organes se portent hors de l'objet, confusion de mémoire et d'imagination. Un homme s'arrête en parlant par une sensation et un enchaînement de mouvements organiques de côté, il ne sait plus où il en est, il faut que les auditeurs le lui rappellent[2]. Si cet ordre de sensations et de mouvements organiques se trouble à chaque instant, distraction, premier degré de la folie.

Point d'imagination sans mémoire, mais mémoire sans imagination. Différence de celui qui écrit ou parle ou pense avec imagination, et de celui qui écrit, agit, ou parle de mémoire.

Lorsqu'un homme à mémoire écrit ou parle d'après un homme à imagination, il est bon ou mauvais copiste.

---

1. C'est-à-dire le rêve dont les images, réveillées par le système nerveux périphérique, remontent au cerveau, et l'inverse. *Cf.* D. Diderot, *Le Rêve de d'Alembert*, éd. L. Versini, Paris, Robert Laffont, 1994, vol. I *Philosophie*, p. 662; *ibid.*, p. 1297.

2. Voir *ibid.*, p. 1279, n. 3.

On parle comme on sent.

On dit que l'imagination ment, parce que les gens à imagination sont plus rares que les gens à mémoire : mais rendez les gens à mémoire rares, et les gens à imagination communs, et ce sont les premiers qui mentiront.

Les hommes sans imagination sont durs, ils sont aveugles de l'âme, comme les aveugles le sont du corps [1]

Il est possible que l'imagination nous fasse un bonheur plus grand que la jouissance. Un amant sans imagination désire sa maîtresse, mais il ne la voit pas ; un amant avec imagination la voit, l'entend, lui parle ; elle lui répond et exécute en lui-même toute la scène de voluptés qu'il se promet de sa tendresse et de sa complaisance. L'imagination met dans cette scène tout ce qui peut y être, mais ne s'y trouve que rarement.

L'imagination est la source du bonheur qui n'est pas, et le poison du bonheur qui suit. C'est une faculté qui exagère et qui trompe : raison pour laquelle les plaisirs inattendus piquent plus que les plaisirs préparés. L'imagination n'a pas eu le temps de les gâter par des promesses trompeuses [2].

Un malheureux innocent ou coupable est jeté dans les prisons sur les soupçons d'un crime. On examine son affaire. On inclinait à le renvoyer sur *un plus ample informé*. La justice dans le partage des voix inclinait *in mitiorem partem* [3]. Survient un conseiller à qui on expose l'affaire et qui opine à la torture. Voilà ce malheureux torturé, disloqué, brisé, sans qu'on pût en arracher une plainte, un soupir, un mot. Le bourreau disait aux juges que cet homme était sorcier, il n'était ni plus sorcier, ni

1. Voir la *Lettre sur les aveugles*, dans *Ibid.*, p. 145-146, p. 147-148.

2. Souvenir de Pascal, l'imagination « puissance trompeuse » ? (fragment 41, éd. Le Guern, Paris, Gallimard, 1977).

3. « Vers le parti de la clémence ».

plus insensible qu'un autre. Mais à quoi donc tenait cette constance dans la douleur, dont on ne connaissait pas d'exemples ? Devinez-le, si vous le pouvez. C'était un paysan ; il s'attendait au supplice préliminaire qu'il avait à subir : il avait gravé une potence sur un de ses sabots, et tandis qu'on le torturait, il tenait ses regards attachés sur cette potence. Qu'importe que l'image soit gravée sur le sabot, ou dans la cervelle ? Nous ne savons que par quelques exemples tirés de l'histoire jusqu'où l'on peut enchaîner les hommes par la force des images, des idées, de l'honneur, de la honte, du fanatisme, des préjugés.

Exaltation de l'âme : que ne produit-elle pas ? Un précepteur des pages à la cour d'Osnabrück, pendant de Scévola, mit son bras dans la flamme et pensa le perdre, pour montrer la force de l'âme sur le corps (essai de *Théodicée*[1]). Les Hurons, les Iroquois, les Galibis[2].

Des hommes se sont imaginé qu'ils étaient des animaux, des loups, des serpents[3]. Phénomène difficile à expliquer.

La mémoire émeut moins la volonté que l'imagination. La mémoire est verbeuse, méthodique et monotone. L'imagination aussi abondante, est irrégulière et variée. L'imagination se contient quelquefois, mais elle part brusquement, la mémoire part sur-le-champ, et tranquillement.

L'imagination est un coloriste, la mémoire est un copiste fidèle. L'imagination agite plus et l'orateur et l'auditeur que la mémoire.

Quelquefois la mémoire est singe de l'imagination.

---

1. Leibniz, *Théodicée*, appendice : *Remarques sur le livre de M. King*, § 25.
2. Trois tribus américaines citées par Leibniz (Théodicée, paragr. 256) pour leur courage.
3. Le Camus, *Médecine de l'esprit*, 1753, p. 19.

J͏ohann W͏olfgang von G͏oethe

L'EXPÉRIMENTATION COMME MÉDIATION
ENTRE L'OBJET ET LE SUJET (1792-1823) *

Dès que l'homme prend conscience des objets qui l'entourent, il les considère en fonction de lui, dans leur rapport à lui, et ce à bon droit. Que les objets soient une source de plaisir ou de déplaisir, d'attrait ou de répulsion, qu'ils soient utiles ou nuisibles, joue en effet un rôle déterminant sur son destin propre. Cette manière toute naturelle de considérer et de juger les choses semble aussi aisée qu'indispensable, elle expose cependant l'homme à mille erreurs qui le troublent et ne lui facilitent pas la vie. Ceux qui, animés par la pulsion de la connaissance, entreprennent d'observer les objets en eux-mêmes et dans les rapports quels objets entretiennent entre eux, sont confrontés à une tâche autrement plus lourde. Le critère leur fait défaut, qui leur venait en aide lorsqu'ils considéraient les choses par rapport à eux-mêmes : ce critère du plaisir et du déplaisir, de l'attrait et de la répulsion, de

* J. W. von Goethe, *L'expérimentation comme médiation entre l'objet et le sujet* (1792-1823) [traduction de Danièle Cohn].

l'utilité et de la nocivité ; il leur faut y renoncer entièrement, ils doivent, en êtres indifférents et en quelque sorte divins, chercher et examiner ce qui est, et non pas ce qui plaît. Ainsi, le botaniste ne saurait s'émouvoir ni de la beauté ni de l'utilité des plantes, il lui faut étudier leur formation, leur parenté avec l'ensemble du règne végétal ; et de même que le soleil appelle toutes les plantes à la vie et les éclaire, de même le botaniste doit, d'un regard égal et serein, les considérer toutes, s'en faire une vue d'ensemble, et tirer le critère de sa connaissance et les éléments de son jugement non pas de lui-même, mais du cercle des choses qu'il observe.

L'histoire des sciences nous enseigne combien il est difficile à l'être humain de se dessaisir de lui-même. Nous consacrerons la deuxième partie de ce petit essai aux outils auxquels il recourt et doit recourir, hypothèses, théories, systèmes et autres modes de représentation pour tenter de comprendre l'infini. La première partie est dédiée à saisir comment l'homme procède quand il s'applique à connaître les forces de la nature. L'histoire de la physique que j'ai de bonnes raisons d'étudier de plus près en ce moment, me donne bien des occasions d'y penser et ce petit essai est le fruit des efforts que je fais pour réaliser en quoi des personnes excellentes ont servi et nui à la théorie de la nature.

Il suffit que nous considérions un objet en le rapportant à lui-même et dans ses rapports avec d'autres, sans immédiate-ment ou bien le convoiter, ou bien le détester : l'attention paisible que nous lui portons nous procure bientôt une idée assez nette de lui, de ses parties, de ses proportions. Plus nous poursuivons ces observations, plus nous relions les objets entre eux, et mieux nous exerçons le don d'observation qui est en nous. Si nous savons rapporter à nous ces connaissances dans nos actions, alors nous méritons d'être dits intelligents. Pour tout homme bien conformé qui est mesuré de nature, ou à qui les circonstances imposent la mesure, l'intelligence est à portée de main : car la vie nous indique à chaque pas la voie. Certes, les exigences requises sont rudes, et il y a peu d'espoir qu'elles soient totalement satisfaites, qu'on les impose à d'autres ou à soi-même. L'observateur doit appliquer une faculté de juger pertinente à l'examen de rapports naturels secrets ; dans un monde dans lequel il est en quelque sorte seul, il doit surveiller ses propres faits et gestes, se garder de toute précipitation, n'avoir de cesse de viser son but sans cependant négliger en chemin ce qui est utile ou nocif ; et quand il devient malaisé aux autres d'exercer un contrôle, il lui faut être à lui-même avec la plus grande rigueur son propre observateur, et conserver dans ses efforts les plus zélés une méfiance vigilante vis-à-vis de lui-même. Cependant, ces embûches, si ce n'est cette éventuelle impossibilité, ne doivent en rien nous conduire à renoncer à de faire de notre mieux. Nous avancerons le plus loin possible si nous cherchons à nous représenter les moyens par lesquels des hommes excellents ont su élargir le champ des sciences, si nous déterminons exactement les impasses où ils se sont égarés et où s'engagèrent à leur suite, parfois des siècles durant, des disciples en grand nombre, jusqu'à ce que des expériences ultérieures aient enfin ramené l'observateur sur la bonne voie.

Que l'acquis de l'expérience ait et doive avoir l'influence la plus grande en tout ce que l'homme entreprend, donc aussi dans la théorie de la nature, qui est ici mon propos, personne ne le nie. N'est pas non plus dénié à nos capacités intellectuelles, grâce auxquelles ces expériences sont comprises, rassemblées, ordonnées et élaborées, le caractère élevé et indépendant de leur puissance créatrice. Mais ne sont ni connues ni reconnues la façon dont se font ces expériences, dont on en tire profit, pas plus que la méthode pour employer et développer nos forces intellectuelles.

Aussitôt que des hommes aux sens aiguisés, et si l'on use convenablement de ce terme, il y en a bien plus que ce que l'on croit, sont rendus attentifs à des objets, ils se révèlent aussi enclins qu'habiles à observer. Depuis que je m'occupe intensément de la théorie de la lumière et des couleurs, j'ai eu maintes occasions de le remarquer et, comme à l'accoutumée dans ce genre de situation, nombre de personnes qui étaient assez étrangères à ces sujets m'en entretiennent, puisque j'y suis très intéressé.

Une fois leur attention éveillée, elles repèrent des phénomènes que pour une part je ne connaissais pas, que pour une autre part j'avais négligés, et contribuent à rectifier une idée conçue précipitamment. L'occasion m'est ainsi donnée de marcher d'un pas plus rapide et de me dégager des bornes dans lesquelles une recherche laborieuse nous tient souvent captifs.

Ce qui vaut pour beaucoup d'autres entreprises humaines vaut donc ici aussi : seul l'intérêt porté par *plusieurs* à *un* point est capable de produire quelque chose d'excellent. Il s'avère que l'envie, qui aimerait tant exclure les autres de l'honneur d'une découverte, que le désir immodéré de ne traiter et de n'élaborer une découverte qu'à sa manière, constituent pour le chercheur lui-même des obstacles immenses.

Je me suis trop bien trouvé de la méthode qui consiste à travailler à plusieurs pour ne pas poursuivre. Je sais exactement à qui, sur ma route, je suis redevable de ceci ou de cela, et ce me sera une joie que de le rendre public à l'avenir.

Si des hommes naturellement attentifs sont en état de nous être si utiles, combien plus général doit être le bénéfice lorsque des personnes informées collaborent dans le travail ! Une science est déjà en soi une masse si grande qu'elle porte nombre de gens, bien qu'aucun homme ne puisse la porter. On constate que les connaissances, telles une eau captive mais vivante, s'élèvent peu à peu à un certain niveau, que les plus belles découvertes ont été faites par le temps plutôt que par les hommes, puisque des choses très importantes ont été découvertes au même moment par deux ou même par plusieurs penseurs exercés. Si donc dans le premier cas nous sommes tellement redevables à la société et à nos amis, dans le second nous le serons bien plus encore au monde et au siècle, et dans les deux cas nous ne pourrons jamais suffisamment apprécier combien le partage de l'information, l'assistance mutuelle, la mémoire et le débat sont nécessaires pour nous maintenir sur le droit chemin et nous faire avancer.

On a donc, en matière de science, à faire exactement le contraire de ce que l'on a à faire avec les œuvres d'art. Un artiste fait bien de ne pas laisser voir son œuvre au public avant qu'il ne l'ait achevée ; car qui pourrait aisément le conseiller, ou l'assister ? En revanche, lorsqu'elle est achevée, il a à prendre en compte et à cœur le blâme ou la louange, à les associer à son expérience et à se préparer et se former ainsi en vue d'une œuvre nouvelle. Dans les choses de la science au contraire, il est fort utile de partager chaque expérience isolée, chaque supposition même ; et il est hautement recommandé de ne pas construire un édifice scientifique avant que le plan et les matériaux à y employer ne soient universellement connus, appréciés et choisis.

Je passe maintenant à un point qui mérite la plus grande attention, à savoir à la méthode, qui serait la plus avantageuse et la plus sûre.

Répéter intentionnellement les expériences qui ont été faites avant nous, ou qui sont faites par nous-mêmes, ou encore par d'autres en même temps que nous, reproduire les phénomènes survenus, soit par hasard, soit par artifice, voilà ce que nous appelons une expérimentation.

La valeur d'une expérimentation réside éminemment en ceci que, simple ou complexe, elle peut être reproduite à tout moment sous certaines conditions, avec un appareil connu et l'habileté exigible, aussi souvent que les conditions requises seront réunies. Nous avons de bonnes raisons d'admirer l'entendement humain, même si nous avons une vision superficielle des combinaisons qu'il élabore et des machines inventées et plus, on peut bien le dire, quotidiennement inventées, dans ce but.

Si précieuse que puisse être toute expérimentation considérée isolément, elle ne prend sa valeur que rattachée et reliée à d'autres. Mais précisément, rattacher et relier ensemble deux expérimentations qui ont quelque ressemblance entre elles, implique plus de rigueur et d'attention que ne l'exigent d'eux-mêmes des observateurs rigoureux. Deux phénomènes peuvent être apparentés, sans être aussi proches l'un de l'autre que nous le croyons. Deux expérimentations peuvent sembler résulter l'une de l'autre alors qu'il en faudrait toute une série encore pour que leur lien soit véritablement naturel.

On ne saurait donc pas se garder suffisamment de déduire trop vite, de vouloir prouver d'emblée, ou de confirmer des théories à partir d'expérimentations qui viennent d'être réalisées ; car c'est lors du passage de l'expérience au jugement, de la connaissance à l'application, que, comme au franchissement d'un col, tous ses ennemis intérieurs guettent l'homme : l'imagination, qui l'élève dans les airs alors qu'il croit toucher encore le sol, l'impatience, la précipitation, l'autosatisfaction, la raideur, les pensées toutes formées, l'opinion préconçue, le confort, la légèreté, la versatilité – et la liste peut être plus longue –, tous sont ici à l'affût et terrassent à l'improviste aussi bien l'homme du monde en action que l'observateur silencieux et qui paraît assuré contre toute passion.

Pour nous prémunir de ce danger, qui est plus grand et plus proche qu'on ne pense, je voudrais ici présenter une sorte de paradoxe, en vue d'éveiller une attention plus vive. J'ose en effet affirmer qu'une expérimentation, plusieurs reliées entre elles, ne démontrent rien, que même rien n'est plus risqué que de vouloir confirmer par l'expérimentation un principe quelconque et que les plus grandes erreurs sont précisément nées de ce que l'on n'a pas discerné le danger et l'insuffisance que comporte cette méthode. Il me faut m'expliquer plus clairement pour ne pas être soupçonné de vouloir ouvrir toute grande la porte au doute. Chaque expérience, chaque expérimentation par laquelle nous répétons l'expérience acquise, est en fait une partie isolée de notre connaissance; en répétant fréquemment l'expérimentation, nous transformons cette connaissance isolée en certitude. Nous pouvons être informés de deux expériences dans le même domaine, elles peuvent être apparentées de près, mais surtout le paraître encore davantage que l'être, et ordinairement nous sommes enclins à les tenir pour plus apparentées qu'elles ne le sont. Ceci est conforme à la nature de l'homme, l'histoire de l'entendement humain nous en propose mille exemples, et j'ai observé sur moi-même que je commets souvent cette faute.

Cette faute va de pair avec une autre dont elle naît la plupart du temps. En effet, l'homme se réjouit plus de la représentation de la chose que de la chose elle-même, ou pour mieux dire : l'homme ne prend plaisir à une chose que dans la mesure où il peut se la représenter; il faut qu'elle s'adapte à sa manière de penser, et si au dessus du commun, si épurée que soit sa représentation, elle n'en demeure pas moins, habituellement, un

simple mode de représentation ; c'est-à-dire une expérimentation qui établisse entre beaucoup d'objets un certain rapport
concevable, qu'à y regarder strictement ils n'ont pas entre eux ;
d'où la tendance aux hypothèses, aux théories, aux termino-
logies et aux systèmes que nous ne pouvons condamner parce
qu'ils naissent nécessairement de l'organisation de notre être.

Si d'une part toute expérience, toute expérimentation
doivent, de par leur nature, être considérés comme isolées, et si
d'autre part la force de l'esprit humain aspire à réunir avec une
puissance considérable tout ce qui existe en dehors d'elle et
vient à sa connaissance, on conçoit aisément le danger encouru
à vouloir rattacher à une idée déjà conçue une expérience
isolée, ou démontrer par des expérimentations isolées un
rapport quelconque qui n'est pas tout à fait perceptible aux
sens, mais que la force formatrice de l'esprit a déjà formulé.

Pareil effort engendre la plupart du temps des théories
et des systèmes qui font honneur à la perspicacité de leurs
auteurs, mais qui, lorsqu'ils rencontrent l'approbation plus
qu'il n'est juste, lorsqu'ils restent établis plus longtemps qu'il
ne convient, inhibent la marche en avant de l'esprit humain,
qu'en un certain sens ils convoquent, et lui portent préjudice.

On pourra remarquer qu'une bonne tête applique d'autant
plus d'art qu'elle se trouve devant moins de données ; que pour
montrer en quelque sorte sa domination, elle ne choisit parmi
les données présentes elles-mêmes que quelques favoris qui la
flattent ; qu'elle s'entend à classer les autres de façon telle
qu'elles ne la contredisent pas exactement, et qu'elle sait
finalement embrouiller, prendre dans ses rets et éliminer celles
qui lui sont hostiles, si bien que l'ensemble désormais ne
ressemble vraiment plus à une république libérale, mais à la
cour d'un despote.

Un homme d'un tel mérite ne manque ni d'admirateurs ni de disciples, qui ont acquis une connaissance historique d'une telle construction, la louent et, se sont appropriés autant que faire ce peut, le mode de représentation de leur maître. Souvent, une telle doctrine prend le dessus au point que passerait pour insolent et téméraire celui à qui il prendrait l'audace d'émettre un doute. Seuls des siècles à venir s'en prendraient à pareil bien sacré, revendiqueraient pour le sens commun l'objet d'une observation, traiteraient la chose plus légèrement et répéteraient en parlant du fondateur d'une secte ce qu'une tête pleine d'esprit dit d'un grand scientifique : il eût été un grand homme s'il avait fait moins de découvertes.

Il n'est certainement pas suffisant de pointer le danger et de mettre en garde. La moindre des choses est d'exposer son avis et de donner à connaître comment on croit soi-même éviter de s'égarer, ou comment éventuellement l'un de nos prédécesseurs y est parvenu.

J'ai déjà dit que je considère comme dommageable l'application sans médiation d'une expérimentation à la preuve de quelque hypothèse que ce soit, et j'ai donné à savoir que je considère comme utile une application médiate. Dans la mesure où tout se joue sur cette question, je pense qu'il est indispensable de s'expliquer clairement.

Dans la nature vivante, il ne se passe rien qui ne soit en liaison avec le tout, et si les expériences ne nous apparaissent qu'isolément, si nous n'avons à considérer les expérimentations qu'au titre de facta isolés, cela ne signifie pas qu'ils le soient ; la seule question est : comment trouver la liaison de ces phénomènes, de cet état des choses ?

Nous avons vu plus haut que les premiers à commettre l'erreur étaient ceux qui cherchaient à relier directement un fait isolé à leur faculté de pensée et de jugement. Nous allons constater en revanche que réussissent le mieux ceux qui explorent et approfondissent systématiquement tous les aspects et modifications d'une expérience singulière, d'une expérimentation singulière.

Il vaut la peine de prendre en considération comment notre entendement vient ici à notre secours. Voici ce que l'on peut en dire. Comme tout dans la nature, en particulier les forces et les éléments les plus communs, est dans une éternelle action et réaction, on peut dire de tout phénomène qu'il est en liaison avec un nombre incalculable d'autres phénomènes, comme nous disons d'un point lumineux flottant librement qu'il envoie ses rayons dans toutes les directions. Si donc nous avons conçu une telle expérimentation, fait une telle expérience, nous n'aurons de cesse d'examiner avec assez de soin ce qui lui est directement contigu, ce qui s'en suit. C'est à cela que nous devons nous attacher, plus qu'à ce en quoi consiste l'expérimentation. La multiplication des diversifications de chaque expérimentation est donc la tâche propre d'un scientifique. Il lui incombe la tâche inverse de celle de l'écrivain qui veut distraire. Celui-ci fera naître l'ennui s'il ne laisse rien à penser, celui-là doit travailler sans relâche, comme s'il ne voulait rien laisser à résoudre à ceux qui viendront après lui. La disproportion entre notre entendement et la nature des choses viendra assez tôt lui rappeler qu'aucun homme n'aura les capacités pour mettre le point final à une entreprise quelconque.

Dans les deux premières parties de mes «Contributions à l'optique», j'ai tenté de constituer une telle série d'expérimentations limitrophes et contigües; même, lorsqu'on les connaît bien toutes et qu'on en a une vue d'ensemble, elles ne forment en quelque sorte qu'une seule expérimentation, elles ne présentent qu'un e expérience sous les perspectives les plus variées.

Une telle expérience, composée de plusieurs autres, est manifestement de nature élevée. Elle représente la formule par laquelle sont exprimés d'innombrables calculs singuliers. Orienter ses travaux en vue des expériences de ce niveau d'élévation, tel est à mes yeux le devoir du scientifique ; les meilleurs qui aient œuvré dans ce domaine nous montrent d'ailleurs la voie. Il nous faut apprendre des mathématiciens à veiller méticuleusement à ordonner la série, à déduire chaque étape de la précédente. Et même si nous ne nous risquons pas à faire les comptes nous devons procéder comme si nous avions à en rendre compte au plus sévère des géomètres.

Car c'est la méthode mathématique qui, en raison de sa circonspection méticuleuse et de sa pureté, rend visible du même coup chaque saut dans l'assertion ; ses démonstrations ne sont en fait que des procédés complexes par lesquels nous est expliqué que ce qui est démontré comme relié était déjà là dans la simplicité élémentaire de ses parties et leur consécutivité, que tous les aspects en sont désormais saisis et que la démonstration en est juste et irréfutable, quelles que soient les conditions. Ainsi, ses démonstrations sont toujours des explications, des récapitulations, plutôt que des arguments. Puisque je fais ici cette distinction, qu'il me soit permis de jeter un regard en arrière.

On voit la grande différence entre une démonstration mathématique qui trace le chemin par tant de liaisons vers les premiers éléments, et la preuve qu'un orateur intelligent pourrait présenter par une argumentation. Des arguments peuvent contenir des morceaux détachés, mais de l'esprit et de l'imagination les font tenir ensemble et les ramènent à une unité, leur donnent l'apparence du juste ou de l'injuste, du vrai ou du faux. Il est possible de rassembler, en faveur d'une hypothèse ou d'une théorie, les expérimentations comme des arguments, et de produire une preuve qui aveugle plus ou moins.

Celui à qui, en revanche, il importe d'aborder l'entreprise honnêtement vis-à-vis de lui-même et d'autrui, approfondira avec le plus grand soin les expérimentations singulières, pour développer des expériences d'une élévation plus haute. Celles-ci se laissent formuler et mettre en phrases courtes et intelligibles, et au fur et à mesure de leur élaboration, elles peuvent être ordonnées et placées dans un rapport tel qu'elles deviennent, prises séparément ou ensemble, aussi inébranlables que des axiomes mathématiques.

Les éléments de ces expériences de nature plus haute, que sont nombre d'expérimentations prises séparément, peuvent être ensuite examinées et mises à l'épreuve par tout un chacun, et on peut aisément juger si les nombreuses parties séparées peuvent être ramenées à un principe général; car ici il n'est point d'arbitraire.

Dans l'autre méthode, d'après laquelle nous voudrions démontrer une affirmation par des expérimentations singulières, comme s'il s'agissait d'arguments, le jugement est souvent obtenu par des voies détournées, pour ne pas dire qu'il en devient douteux. Mais si on parvient à une série d'expériences de nature élevée, alors l'entendement, la force d'imagination, l'esprit doivent s'exercer librement. Le profit en sera grand. Ce premier travail ne peut être abordé avec assez de soin, d'empressement, de rigueur, et même de minutie; car il est entrepris pour le monde et pour la postérité. Les matériaux doivent être sériés et classés, ils ne doivent pas être assemblés de manière hypothétique, pas plus qu'ils ne doivent servir une forme systématique. Chacun est libre de les relier à sa manière et d'en former un tout qui sera d'une façon générale plus ou moins commode et agréable pour le mode de représentation des hommes. De cette façon se trouvera distingué ce qui est à distinguer, et la collection des expériences peut s'accroître plus rapidement et avec plus de pureté que si l'on est contraint de laisser sur le chantier, sans emploi possible, les expérimentations à venir comme s'il s'agissait de pierres apportées une fois la construction terminée.

L'opinion des hommes les plus excellents et leur exemple me laissent espérer que je suis sur la bonne voie, et je souhaite que mes amis soient satisfaits de cette explication, eux qui m'interrogent parfois sur mes intentions dans mes travaux en optique. – Mon intention est de collecter dans cette discipline toutes les expériences faites, de conduire toutes les expérimentations moi-même et de les explorer dans leur plus grande variété : elles seront ainsi faciles à reproduire et ne seront pas soustraites à la vue du grand nombre. Il s'agit ensuite de formuler les axiomes par lesquels se peuvent exprimer les expériences de l'espèce supérieure, et de prendre le temps de considérer comment ils se laissent ranger sous un principe supérieur. Si l'imagination et l'esprit par impatience voulaient faire presser le pas, la méthode elle-même donnerait le critère du point vers lequel il leur faudrait s'en retourner.

E<small>DMUND</small> H<small>USSERL</small>

CHOSE ET ESPACE. LEÇONS DE 1907 *

I<small>NTRODUCTION</small> [1]

§ 1. *Le monde de l'expérience naturelle et de la théorie scientifique* [2]

L'introduction générale [3], nous l'avons achevée dans la dernière leçon. Nous nous sommes rendu clairs la nécessité et

---

* E. Husserl, *Chose et espace. Leçons de 1907*, trad. par J.-Fr. Lavigne, Paris, P.U.F., 1989, § 1-7, p. 23-42. Nous avons ici reproduit le texte de Husserl avec les notes de l'auteur lui-même et celles de son éditeur U. Claesges (ces notes sont suivies par la mention UC.). Nous n'avons pas reproduit les notes du traducteur Jean-François Lavigne, auxquelles nous renvoyons le lecteur pour une analyse ponctuelle et détaillée du texte.

1. Comparer avec les leçons suivantes dans leur ensemble l'Appendice I : *Remarques critiques de Husserl sur l'itinéraire de pensée et le déroulement des leçons, rassemblées par l'éditeur* (p. 389 [337] *sq.*) – UC.

2. Comparer Appendice II : *Sur la théorie des niveaux de la donnée-de-chose* (p. 394 [341] *sq.*) – UC.

3. Il s'agit, avec cette « Introduction générale », de cinq leçons qui ont été publiées, sous le titre *Die Idee der Phänomenologie*, comme deuxième tome des *Husserliana*. C'est dans celles-ci que Husserl développe pour la première fois son concept de la « réduction phénoménologique », qui est donc présupposé pour l'itinéraire de pensée des leçons suivantes – UC.

le sens d'une phénoménologie, et ne serons pas embarrassés maintenant si des termes comme réduction phénoméno-logique, phénomène pur, et autres, entrent en jeu. Et, avant tout, le sens général du problème de la phénoménologie de la connaissance, la constitution de l'objet de connaissance dans la connaissance, est aussi devenu clair pour nous.

Je puis maintenant caractériser en peu de mots le thème des leçons qui vont suivre. Il s'agit des parties fondamentales d'une future phénoménologie de l'expérience, d'une élucida-tion de l'essence de la donation empirique, au moins dans ses formes et à ses niveaux inférieurs, commençant par les immé-diats et premiers éléments, et, à partir de là, aussi approfondie et avancée que possible. Si l'on voulait chercher à s'appuyer tout à fait sur les tournures aujourd'hui en usage, il y aurait lieu de parler de théorie de l'expérience. Cependant, j'ai, d'une part, comme déjà dans le cas des mots de « théorie de la connaissance », mes réticences à l'égard du terme de « théorie », qui convient à l'explication et à la fondation prati-quées en mathématique et dans les sciences de la nature, mais ne convient assurément pas là où rien ne doit être expliqué ni fondé en ce sens; il ne convient déjà pas à l'expérience des sciences morphologisantes ou typologisantes, encore moins à celle de la phénoménologie. En outre, le titre de « théorie de l'expérience », depuis que *Cohen* et *l'Ecole de Marbourg* l'ont appliqué à la critique kantienne de la connaissance empi-rique, a pris une extension qui embrasse à peu près tous les problèmes de la raison théorétique pure; et nous ne sommes pas ici assez téméraires pour vouloir nous les poser tous et trai-ter de tous. Pour résoudre les problèmes de la constitution de l'effectivité naturelle scientifique dans l'élément de la connais-sance multiforme et des multiformes liaisons théoriques de la science de la nature, sont requises la solution des problèmes que pose la pensée logico-mathématique, et, du côté de la connais-sance empirique, l'élucidation non pas des seuls niveaux infé-rieurs, de l'expérience qui précède toute déduction et induc-tion, bref toute connaissance par des moyens logiques au sens habituel du terme, mais, à plus forte raison, ensuite, l'élucidation des niveaux supérieurs.

Ce sont là de très hauts objectifs, vers lesquels nous élevons un regard avide, [mais] que nous ne pouvons encore ici, ni surtout à présent, nous proposer sérieusement. La première élaboration du champ des phénomènes et des données empiri-ques nous offrira suffisamment de problèmes difficiles et profonds. Heureux serons-nous si nous le cultivons si effica-cement que la postérité puisse tenter l'implantation des formes de problèmes supérieures.

Dans l'attitude d'esprit naturelle, un monde existant se tient devant nos yeux, un monde qui s'étend sans fin dans l'espace, est à présent, a été auparavant, et sera à l'avenir ; il se compose d'une inépuisable profusion de choses, qui tantôt durent et tantôt changent, se rattachent les unes aux autres et se séparent à nouveau, produisent des effets les unes sur les autres, et en subissent les unes de la part des autres. C'est dans ce monde que nous nous inscrivons nous-mêmes, de la même façon que nous le rencontrons nous nous rencontrons nous-mêmes, et nous rencontrons au milieu de ce monde. Une posi-tion toute particulière nous est propre dans ce monde : nous nous rencontrons comme centre de relation pour le reste du monde en tant que notre environnement. Les objets environ-nants, avec leurs propriétés, changements, rapports, sont ce qu'ils sont, en eux-mêmes, mais ils ont par rapport à nous une position, tout d'abord spatio-temporelle, puis aussi « spiri-tuelle ». Nous percevons immédiatement un environnement proche autour de nous ; il est conjointement avec nous, en même temps que nous, et entretient avec nous la relation de l'être-vu, touché, entendu, etc. Des perceptions effectives se trouvent là en connexion avec des possibilités de perception, avec des intuitions présentifiantes; dans les connexions de la perception immédiate, des fils conducteurs sont contenus, qui nous reconduisent de perception en perception, d'un premier environnement à des environnements toujours nouveaux, et ce faisant le regard percevant atteint les choses dans l'ordre propre à la spatialité. Nous avons aussi un environnement temporel, un plus proche et un plus lointain; de choses et de processus tout juste passés, nous nous souvenons immédiatement; ils n'étaient pas seulement, mais entretiennent présentement avec nous la relation de l'être-souvenu; ce qui comprend aussi le tout-juste-avoir-été-perçu. Le souvenir ressemble en outre, en tant que ressouvenir prolongé, à un fil conducteur; il nous conduit en arrière dans le temps pas à pas, et ainsi des lignes toujours nouvelles de l'effectivité spatio-temporelle, de l'effectivité passée s'entend, entrent en relation avec nous, dans cette relation particulière du souvenir et de l'avoir-été-perçu. L'avenir du monde entre en relation avec nous à travers l'attente prospective. Sur ces actes inférieurs s'en édifient de supérieurs dans lesquels nous nous mettons en relation avec le monde, en pensant, concluant, théorisant; et à cela viennent s'ajouter les actes dits émotionnels, qui constituent en eux de nouvelles relations de ce genre, relations toutefois qui appartiennent à une autre sphère. Nous estimons agréable et désagréable, bon et mauvais, nous intervenons dans le monde en agissant, etc.

Dans ce même monde nous trouvons aussi d'autres Je, qui comme nous ont leur environnement dans ce même monde, qui eux aussi tirent des données de l'environnement immédiat des conclusions sur des données plus éloignées, et qui se comportent, en tant qu'êtres sentant et voulant, d'une façon semblable à la nôtre. D'autres Je ont dans le monde une autre position que nous, [et] conformément à cela un autre environnement immédiat et d'autres liaisons de la médiateté. Qu'ils échangent avec nous, ou nous avec eux, cette position, et voilà échangés environnement proche, perceptions et possibilités de perception, pour parler en général. Toutes choses n'ont pas pour nous la valeur de choses-Je, d'hommes, d'animaux ; le monde se décompose pour nous en choses physiques et spirituelles, ou plutôt en simplement physiques et tout à la fois spirituelles. Les choses spirituelles ont des vécus, en partie des vécus d'une espèce non tournée vers l'extérieur, mais aussi, et surtout, des vécus du percevoir, du se souvenir, de l'attendre, du prédiquer, etc. au moyen desquels elles se rapportent spirituellement à des choses et à des événements (*Ereignisse*). D'autre part, les êtres spirituels, par exemple les hommes, sont en même temps physiques ; comme toutes choses en général, ils ont les propriétés communes précisément aux choses en tant que telles, celles qu'on appelle physiques. Ils ont couleur et figure, position dans l'espace, durée et changement dans le temps, et d'autres semblables. Mais ils ont le privilège de vivre quelque chose ; aux propriétés physiques de leurs états sont rattachées chez eux des propriétés qu'on appelle spirituelles. Et il existe là certaines connexions fonctionnelles d'espèce connue, en vertu desquelles des stimulations, des influences externes exercées sur la chair propre ont leur résonance psychique, et inversement des événements psychiques, comme la volonté se décharge en mouvements corporels et déclenche des effets au-dehors.

Ainsi s'expose le monde à l'appréhension naturelle, de prime abord, avant la science. Et c'est à ce monde que se rapportent ensuite toutes les sciences empiriques. Les sciences physiques de la nature s'occupent des choses sous le rapport de leur constitution physique, tandis que la psychologie et la psychophysique ont affaire aux phénomènes dits psychiques, aux vécus et aux êtres vivants, en considération du fait qu'ils vivent. Toutes elles parlent de l'effectivité où nous pénétrons du regard, du toucher, ou que nous saisissons par n'importe quels sens, avec laquelle nous sommes, à travers notre corps, en relation psychophysique.

L'appréhension du monde propre à la science a beau s'éloigner considérablement de celle de l'expérience préscientifique, elle a beau même enseigner que les qualités sensibles n'ont pas une signification objective aussi immédiate que celle que l'expérience naturelle leur attribue ; il reste cependant que c'est la simple expérience, la perception immédiate, le souvenir immédiat, etc., qui lui donnent les choses qu'elle détermine théoriquement, en s'écartant seulement de la manière habituelle de penser. Le chercheur qui étudie la nature peut bien dire : « Ce morceau de platine est en réalité un complexe atomique de telle constitution, doué de tels et tels états de mouvement, etc. », il n'en détermine pas moins toujours avec de tels propos cette chose-là, qu'il voit, qu'il a en main, qu'il pose sur le plateau de la balance, etc., ou bien il parle en général de choses de cette sorte. Tous les jugements d'effectivité que fonde le scientifique étudiant la nature se réfèrent à de simples perceptions et souvenirs, et se rapportent au monde qui accède à une première donation dans cette simple expérience. Toute fondation médiate, au moment où elle accomplit la science, repose précisément sur la donation immédiate, et les vécus dans lesquels la réalité accède à la donation immédiate sont la perception, le souvenir, et, aussi, pris dans une certaine immédiateté, l'attente et les actes analogues à celle-ci. Qu'il existe quelque chose comme l'hallucination, l'illusion, le souvenir et l'attente trompeurs, nous le savons bien. Mais cela ne change rien à ce qui vient d'être dit. O n voit bien tout de suite que ce serait un *non-sens* manifeste de tenir pour illusoire tout être-donné immédiat provenant de ces sources. En tout cas, ce ne serait pas alors simplement l'effectivité de l'homme ordinaire, mais encore celle de la science, et ainsi la science elle-même, qui seraient abandonnées.

Cette réflexion, qui se meut encore tout entière en terrain naturel, nous fait remarquer que nous pouvons en toute bonne conscience, et de façon, en fait, conforme à la nature, commencer d'en bas, avec l'expérience inférieure et commune, sans devoir appréhender de jouer un jeu phénoménologique qui pourrait se révéler équivaloir au problème le plus élevé, celui de la constitution de l'effectivité scientifique dans le connaître scientifique.

PREMIÈRE SECTION

Les fondements d'une théorie phénoménologique de la perception

CHAPITRE I

Déterminations fondamentales de la perception externe

§ 2. *Restriction du domaine de recherche. le concept préalable de la perception externe*

C'est donc la constitution – je pourrais dire aussi la manifestation originaire – de l'objectité empirique dans l'expérience inférieure, que nous voulons étudier. Il s'agit, en d'autres termes, des vécus de simple intuition ou saisie intuitive, sur lesquels seuls, les actes supérieurs de la sphère spécifiquement logique s'édifient, et par là seulement amènent l'objectité scientifique à se constituer, dans ce que l'on appelle le traitement du « matériau sensible » sous-jacent.

Tout d'abord, nous aurons affaire à la perception, que nous devons étudier pour elle-même, et ensuite en connexion avec tous les phénomènes objectivants voisins et de même niveau. On a en vue la *corrélation* entre perception et choséité perçue, et sous le titre de choséité perçue, on place d'emblée la chose au sens strict, comme chose physique, ainsi que, d'autre part, la chose spirituelle, l'être animé, et ce faisant, à son tour, la différence encre « Je propre » et « Je étranger ». Cela ne comprend pas non plus la simple chose isolée, mais la chose prise avec son environnement de choses, dans la mesure où la perception et, par suite, la simple expérience prétendent faire fonction de phénomène constituant à l'égard de ce dernier. La perception, prise dans cette corrélation, est-elle l'unique phénomène qui, de par les particularités qui lui appartiennent essentiellement, mérite le nom de perception, naturellement nous ne le savons pas ici ; en vérité, nous ne savons, nullement encore, au sens strict, ce qu'est la perception. Nous avons, à titre provisoire, le mot, et, attachée à lui, une certaine vague signification. Retourner aux phénomènes eux-mêmes sous la conduite de cette vague signification, les étudier intuitivement, puis forger des concepts fixes, exprimant avec pureté des données phénoménologiques, telle sera la tâche. En tout cas, nous irons, dans l'analyse distinctive, dans la comparaison, dans le dégagement et la détermination de caractéristiques, aussi loin que l'exigent la nature des choses [et] les buts que nous poursuivons. Il va de soi que les buts eux-mêmes ne sont pas parfaitement clairs, et ne se déterminent qu'au cours de la démarche phénoménologique.

Nous ne nous lions pas aux déterminations de concepts des psychologues et des philosophes. Elles sont commandées par des intérêts et points de vue tout autres que ceux qui doivent nous guider ici. Le but d'une analyse purement phénoménologique, le principe de la *réduction phénoménologique*, leur sont étrangers; des malentendus, des confusions, même de grossières inexactitudes, qu'une telle analyse exclut tout simplement, sont d'emblée à l'œuvre dans les déterminations usuelles. Or, nous voulons aussi étudier les choses (*die Sachen*) non pas indirectement, sur la foi des propos que d'autres tiennent sur les choses, mais nous approcher de celles-ci mêmes, et nous laisser instruire par elles.

Nous partons donc d'exemples, à savoir tout d'abord d'exemples de perceptions dites externes; ou, en termes plus clairs, de perceptions de choses au sens strict, de choses physiques. Voir, entendre, toucher, sentir, goûter, sont des titres qui nous mettent sous les yeux des exemples de perceptions de choses. Nous empruntons ces mots à la langue courante et les employons donc aussi au sens qui est le leur. «Je vois» veut toujours dire: je vois quelque chose, à savoir une chose ou une propriété à même la chose, ou un processus chosique. Je vois une maison, je vois l'envoi d'un oiseau, la chute des feuilles. Je vois aussi la couleur de la maison, la figure et la taille de la feuille, sa trajectoire, et d'autres choses semblables.

J'entends quelque chose, à savoir le son d'un violon, le tapage des enfants dans la rue, le bourdonnement d'une abeille. Ainsi partout. Je me vois et m'entends aussi moi-même, et d'autres gens, je vois mes mains, entends des mots et des bruits qui m'appartiennent à moi, à mon corps. Le voir et l'entendre se rapportent en première instance, même dans la perception des autres, au corporel (*dies Leibliche*). Par rapport au psychique on dit aussi, assurément: je vois que l'autre est en colère, ou : je vois sa colère, son mépris, son hypocrisie, etc. Cependant, un rapide examen suffit à distinguer ce voir du voir d'une couleur, d'un mouvement, du voir propre au physico-chosique, et l'on se dit : ce sont le visage et l'expression du visage, le jeu de physionomie, le geste qui sont vus, et appréhendés comme expression d'un psychique qui pour sa part n'est pas vu lui-même. En tour cas nous écartons d'emblée cette vision du psychique.

La considération des exemples fait ressortir une certaine unité du terme de perception, sans plus, et nous y remarquons une double relation. La perception est perception de quelque chose d'objectif (*Gegenständlichen*), ici plus précisément d'une réalité chosique, et d'autre part la perception est perception d'un Je percevant. Je perçois, à savoir ceci et cela. La relation au Je est propre à la perception en tant que vécu, et nous la trouvons de même dans chaque exemple de vécus d'espèce quelconque. J'imagine, je juge, je conclus, je sens ; ainsi imaginer, juger, etc. est imaginer du Je qui justement imagine, juger du Je qui juge, etc. Dans la perception, qui nous intéresse ici tout d'abord, il y a encore une relation perceptive de l'objet au corps du Je (*Ichleib*), en connexion avec cette relation du vécu au Je, ainsi qu'une certaine constitution dans le caractère de la perception globale, grâce auxquelles j'ai mon point de vue, et, relatif à celui-ci, un certain environnement perçu auquel appartient la chose qu'à chaque fois je nomme spécialement le perçu, l'ainsi précisément vu ou entendu. Nous allons tout d'abord faire abstraction, autant que possible, de ces relations avec le Je. Les différences entre « perception globale », que l'on distingue de la perception séparée de l'objet (*Objekt*) spécialement désigné comme perçu, et celle-ci même, nous ne les scruterons pas non plus tout de suite, mais nous contenterons d'abord de les prendre en compte *ad notam*, et de les employer à marquer provisoirement une limitation compréhensible, limitation aux perceptions séparées.

Nous avons ainsi circonscrit un cercle étroit d'exemples, la perception de choses (le mot étant employé à présent pour désigner toujours des choses physiques) ou de processus chosiques, dont la perception fait, individuellement, un objet (*Objekt*), un objet à part, en tant qu'une réalité spécialement perçue, même si c'est sur le fond d'un arrière-plan, comme par exemple la maison que nous voyons, pendant que nous avons dans notre champ visuel ou le champ de notre regard un arrière-fond visuel plus ample, que nous avons coutume de qualifier aussi de vu.

§ 3. *Connaissance eidétique de la perception, a partir de perceptions imaginaires*

Dès cet examen préliminaire nous effectuons la réduction phénoménologique, nous ne faisons pas appel à l'existence physique comme existence valide et la laissons entièrement hors de question, je n'ai sans doute pas besoin de le souligner. Lorsque nous avons devant les yeux des exemples de l'espèce citée, et nous proposons d'étudier en premier lieu la perception spéciale, nous ne l'arrachons naturellement pas pour de bon à son contexte phénoménologique. Mais il nous est loisible de diriger notre regard précisément sur ce phénomène et son opération objectivante, et d'en étudier les particularités essentielles. Dans ce regarder il y a une donnée absolue, et cela ne veut pas dire que son arrière-fond, et le Je dont c'est le phénomène, ne sont rien pour la raison qu'ils ne s'exposent pas comme donnée dans le cadre de ce regarder. La perception séparée est regardée en tant que donnée absolue, et elle est le fondement d'énoncés destinés à exprimer purement ce qui est donné en elle, ou ce qu'on en peut tirer sur le mode générique. D'autre chose, on ne dit précisément rien. Ici tout reste ouvert, jusqu'à ce que nous trouvions occasion d'adjoindre à cela de nouvelles données s'y rapportant, et de les juger en conséquence.

Et maintenant abordons l'analyse. Nous prenons un exemple : perception d'une maison. Nous nous rendons compte de ce que phénoménologiquement nous y trouvons (phénoménologiquement donc, tout ce qui ici ne nous concerne en rien étant égal à zéro : moi, la maison, et la perception de maison en tant que vécu psychologique). La question porte sur l'*essence* de cette perception, telle qu'elle est donnée dans la conscience qui regarde et qui maintient fixe l'essence de façon identique. Le fait unique, la singularité phénoméno-logique du « ceci-là » n'est pas ce que visent nos constatations, ce n'est donc pas, en quelque sorte, le phénomène au sens où il est une réalité nouvelle lorsqu'il nous est donné, disons-nous, simplement une nouvelle fois, même si c'est dans la conscience de l'identité de la donnée selon son contenu global essentiel. Nous ne voulons pas soulever ici dès maintenant ni mettre au premier plan le problème de la singularité phénoménologique. Si nous cherchons partout à atteindre à la connaissance eidétique, accomplissons ici d'abord la connaissance eidétique qui est le plus aisément accessible. Peut-être ce qui aura été acquis ne sera-t-il pas définitif, dans la mesure où cela réclame maint approfondissement et entraîne avec soi des problèmes insoupçonnés qui devront être ensuite résolus. Mais il est en général dans la nature de la phénoménologie de pénétrer, par couches successives, de la superficie dans les profondeurs. Je vous rappelle notre introduction[1] qui

1. C'est l'« Introduction générale » qui est visée ; *cf.* p. [1], note – UC.

donne des exemples à ce propos. Des produits d'une première analyse ont besoin d'une nouvelle distillation purificatrice, les nouveaux produits à leur tour jusqu'à ce qu'on ait obtenu le dernier, tout à fait pur et clair.

Nous avons donc à commencer par la présentification de divers exemples de perceptions se rapportant soit aux mêmes choséités, soit a des choséités différentes. Dans ces données singulières qui, en tant que phénoménologiques, n'incluent aucune thèse d'existence transcendante, psychologique ou autre, ni aucune sorte de prise de position existentiale, nous saisissons comme donnée absolue un objet général (*ein Allgemeines*) : l'essence générale de perception chosique et les particularités afférentes. Je dois ici souligner que nous ne présupposons pas que les exemples qui nous servent soient des perceptions actuelles, comme si c'était une condition de l'analyse phénoménologique que la saisie d'essence et la généralisation d'essence s'effectuent sur la base de vécus effectifs aux particularités correspondantes. Il peut bien se faire que nous prenions nos exemples sous forme de perceptions actuelles, que, par exemple au commencement de l'analyse, nous nous en tenions à cette perception-de-banc, cette perception-de-surface et semblables, donc que nous percevions effectivement et réfléchissions sur cette perception (en quoi s'effectue la perception dite interne). Nous pourrions débuter ainsi. Mais même cette thèse existentiale qui a lieu ici dans la réflexion, la thèse en tant que *cogitatio*, en tant que perception actuelle, présentement existante, reste hors jeu. Elle ne compte pas ici. Des présentifications imaginaires de perceptions nous rendent les mêmes [1] services, dans la mesure où elles nous mettent sous les yeux des perceptions, et où en fait nous voyons, pouvons saisir avec évidence comme donnée ce que nous voulons saisir, à savoir ce qu'est l'essence de la perception, ce que veut dire quelque chose comme « perception ». Nous ne nous intéressons pas ici à la dignité de la donnée comme vécu actuel, en comparaison de la simple présentification, pas plus que notre intérêt ne se porte en général sur la constitution des formations de conscience (*Bewusstseinsgestaltungen*) qui font (*ausmachen*) l'évidence que nous accomplissons présentement pas à pas.

Dans l'évidence, dans la sphère de la pure donation-en-personne nous recherchons les particularités essentielles de la perception. Mais ce sont justement ces dernières qui font l'objet de notre recherche, et non l'évidence que la recherche elle-même dégage ici (*ausmacht*). L'étude de la constitution phénoménologique de ces évidences ressortit naturellement à une autre couche de problèmes.

J'ai aussi indiqué, déjà auparavant, que les données dont nous disposons dans les exemples sont des essences singulières. Si l'existence des perceptions exemplaires est hors jeu, même l'existence comme *cogitatio*, et si de simples perceptions imaginaires auxquelles la thèse d'existence manque totalement suffisent parfaitement aussi, ce qui est ici donné au sens absolu n'est rien d'existant, et pourtant est un étant, à savoir dans chaque cas une essence singulière (cette perception singulière-là, qu'elle existe ou non). C'est à ces données singulières que se rapportent les généralisations d'essence évidentes de niveau supérieur; par exemple, nous en retirons l'essence

1. Comparer à ce qui suit deux notes critiques de Husserl; voir Appendice I (p. 389 [337]). – UC.

générale de « perception en général », qui s'y singularise de telle et telle manière.

Voyons maintenant ce qu'une première couche d'analyses, ou si l'on veut de constats d'essence, permet d'énoncer avec évidence sur la perception.

§ 4. *L'intentionnalité comme détermination essentielle de la perception*

Que le mot de perception renvoie à un perçu, nous l'avons déja dit. Dans la sphère de l'évidence pure (ou de l'intuition pure, ou de la donation pure), nous trouvons que d'une certaine manière la relation à l'objet forme (*ausmacht*) un caractère essentiel de la perception. En percevant ce banc-ci, ou en percevant cette maison-là, et choses semblables, ou bien en me rendant présent un tel percevoir, je trouve que l'énoncé : « La perception est perception d'un banc, celle-là d'une maison, etc. » exprime quelque chose qui appartient à l'essence des perceptions concernées et en est indissociable. Mettons-nous sous les yeux, dans une intuition tout analogue, d'autres *cogitationes*, d'autres phénomènes purs, nous en trouvons aussi que, sans leur donner la valeur de perceptions, nous trouvons cependant pareils aux perceptions en ce que la relation à l'objet appartient aussi à leur essence ; par exemple, la présentification imaginaire d'un banc, d'une maison, etc., une exposition en image de, l'acte de penser à une maison, et semblables. Sans nous engager dans une recherche eidétique sur ces natures de phénomènes purs, nous reconnaissons avec évidence qu'ici aussi l'objectité qu'exprime le petit mot « de » (imagination d'une maison, etc.) est quelque chose qui leur est essentiel, et qu'en revanche c'est un élément d'une autre espèce (*ein Andersartiges*) que dans le cercle d'exemples auquel nous appliquons le mot de perception, et auquel nous voulons persister a le limiter. Ainsi le premier examen fait ressortir, caractère particulier de la perception, ce que nous exprimons de manière intelligible par ces mots : l'objet se tient là dans la perception comme présent en chair et en os, il se tient là, à parler plus exactement encore, comme actuellement présent, comme donné en personne dans le Maintenant actuel. Dans l'imagination l'objet ne se tient pas là sur le mode de la presence-en-chair-et-en-os (*Leibhaftigkeit*), de l'effectivité, de la présence actuelle. Il se tient certes devant nos yeux, mais non comme un donné en acte maintenant ; éventuellement, il peut être pensé comme un Maintenant, ou comme simultané par rapport au Maintenant actuel, mais ce Maintenant est un maintenant pensé, et non ce Maintenant-là qui appartient à la présence-en-chair-et-en-os, à la présence de perception. L'imaginé est simplement « représenté », il représente ou expose seulement, « mais ne se donne pas » comme Soi-même et Maintenant actuels.

De même, dans l'image, le *sujet*, le représenté en image, ne se tient pas là en chair et en os, mais seulement comme en chair et en os ; une réalité en chair et en os, qui accède à la donation dans l'image, expose une réalité qui n'est pas donnée en chair et en os, et ce de la manière qui est propre à la figuration par image.

C'est une première et encore toute grossière caractéristique. L'exploration affinée des rapports de ces diverses formes de donation ou formes du se-tenir-sous-les-yeux d'objectités, exige d'amples et difficiles études.

Evidemment la caractéristique n'est pas à comprendre comme si à l'essence de chaque perception comme telle appartenait l'existence de l'objet perçu, l'existence de ce qui se tient là en elle sur le mode de la présence-en-chair-et-en-os. Dans ce cas, parler d'une perception dont l'objet n'existe pas serait un contresens, des perceptions illusoires seraient impensables. Le caractère essentiel de la perception est d'être « conscience » de la présence en chair et en os de l'objet (*des Objektes*), c'est-à-dire d'en être phénomène. Percevoir une maison, cela veut dire avoir la conscience, le phénomène, d'une maison qui se tient là en chair et en os. Ce qu'il en est de la dite existence, de l'être véritable de la maison, et ce que cette existence signifie, là-dessus rien n'est ici énoncé.

§ 5. *Présence en chair et en os (« leibhaftigkeit ») et présence en créance (« glaubhaftigkeit »). « perception » (« perzeption ») et prise de position*

La chose devient claire, si nous mettons tout de suite en évidence la différence entre « en chair et en os » et « en créance ». Si nous prenons le mot de perception au sens habituel, nous trouverons, dans les exemples qu'il recouvre, le « en créance » et le « en chair et en os » fondus ensemble. La perception, le phénomène de la maison se tenant là en chair et en os, est en même temps croyance qu'elle se tient là. Mais rendons-nous présent l'exemple d'une hallucination démystifiée : l'incrédulité prend la place de la croyance. D'autres exemples s'offrent encore à nous, où dès l'abord nous devenons, dans la perception, incertains d'être en présence d'une perception ou d'une hallucination. Ici manquent croyance et incrédulité, remplacées par le doute, et peut-être par la suspension de toute prise de position. Dans tout cela, le phénomène de l'objet (*des Objektes*) se tenant là en chair et en os subsiste, ou peut subsister. Si, en considération de ce fait, nous accomplissons les réductions phénoménologiques qui s'imposent, alors, dans l'essence de la perception au sens commun, se séparent la présence-en-chair-et-en-os (*die Leibhaftigkeit*), absolument essentielle à la perception comme telle, et la présence-encréance (*die Glaubhaftigkeit*), qui peut s'y joindre ou manquer. Quels sont les rapports de ce caractère-ci avec celui-là, et quels liens rattachent à celui-ci la question du sens de l'existence ou de la non-existence, ainsi que celle de la différence entre croyance légitime et croyance illégitime, ce sont là les sujets de nouvelles études.

Assez souvent, le concept de la perception est limité de telle sorte qu'il exclut ce qu'on peut appeler proprement le prendre-pour-vrai (sans parler du prendre-vrai effectif), c'est-à-dire exclut le caractère du croire, le caractère du se-tenir-là sur le mode de la créance. Cela a ses avantages et ses inconvénients. En tout cas, on a besoin, pour le concept au contenu plus restreint (ou le cas échéant pour le plus étendu), d'une dénomination qui le fixe. Nous dirons « perception » (*Perzeption*), et ainsi parlerons, par exemple, de croyance « perceptive » (*perzeptiv*), perception au sens normal, incrédulité « perceptive » (*perzeptiv*), doute « perceptif » (*perzeptiv*), etc. Néanmoins, là où ces différences entre les nouveaux caractères, que nous désignons comme différences de la prise de position, ne sont pas pertinentes, et où en général il n'y a pas lieu de séparer, nous continuerons à parler de perception (*Wahrnehmung*), laissant indéterminée la question de savoir si nous avons de simples « perceptions » (*Perzeption*) ou des « perceptions » (*Perzeption*) avec prises de position ou caractères phénoménaux quelconques pour nous équivalents. Dans le fond, ce sont donc les « perceptions » (*Perzeption*) qui sont alors analysées, mais il est plus agréable d'employer l'expression allemande familière, pourvu que l'on ait garde que ses équivoques n'induisent en erreur.

§ 6. *Enoncés portant sur des perceptions et énoncés portant sur des objets de perception. composantes réelles et intentionnelles de la perception*

L'évidence que la perception est perception de cet objet-ci ou de cet objet-là nous apprend déjà que perception et objet ne font pas qu'un. Et de fait il est évident que deux séries d'énoncés évidents sont à chaque fois possibles, énoncés portant sur la perception et énoncés portant sur l'objet au sens de la perception, et que la perception et l'objet qui s'y expose en chair et en os n'y sont pas interchangeables. Il est évident que la perception n'est pas une chose. La perception de la surface n'est pas une surface ; et pourtant, en elle apparaît un objet, si cet objet qui apparaît est caractérisé comme surface. Et cette surface est quadrangulaire, etc., mais la perception n'est pas quadrangulaire, et ainsi de suite. Sans préjuger de l'existence ou non-existence, des énoncés évidents peuvent être formés, portant sur l'objet perçu (c'est-à-dire s'exposant en chair et en os), qui nous disent que tel et tel objet est perçu, et à quel titre il est perçu, en tant que noir, quadrangulaire, et ainsi de suite. D'autre part, d'autres énoncés évidents sont possibles, qui portent sur la perception en tant que phénomène et sur ce qui lui revient. Au sujet des perceptions et de tous les phénomènes à l'essence desquels il appartient de « se rapporter a un objet », la mode est à présent de distinguer entre contenu d'acte et objet, distinction qui n'est en aucune façon assez claire, ni ne suffit.

Pour notre part, nous avons sujet, pour l'instant, de distinguer entre apparition et objet apparaissant, et par ailleurs entre contenu de l'apparition (teneur réelle de l'apparition) et contenu de l'objet. La perception a un « *contenu réel* », c'est-à-dire qu'elle contient, en tant que phénomène, ainsi que nous pouvons le constater phénoménologiquement avec évidence, tels et tels parties et moments internes, déterminités en général. D'autre part, nous parlons phénoménologiquement du *contenu de l'objet qui apparaît*, en relation avec cette évidence que l'exposition en chair et en os d'un objet appartient à l'essence de la perception, et que l'objet vient à s'exposer en elle exactement avec telles et telles parties ou marques distinctives, et non d'autres. Nous distinguons l'un et l'autre contenus, puisqu'évidemment les parties et marques distinctives de la perception qui expose cet objet en chair et en os ne sont pas des parties et marques distinctives de l'objet qu'elle expose, ou avec lesquelles elle le fait apparaître en chair et en os.

Que ces évidences existent, cela est sûr; nous n'avons besoin que de les accomplir effectivement sur des exemples. Par ailleurs, nous éprouvons ici un sentiment de gêne. S'agissant de la perception dans la donnée d'intuition pure, il est clair que nous pouvons énoncer ce que, selon son essence, elle est, ce que cette essence contient réellement en elle-même, et, d'après cela, ce qu'a et est réellement une perception donnée à l'état singulier. Or l'objet d'une perception est apparaissant, « intentionnel », mais n'est pas pourtant donné dans le même sens, n'est pas effectivement, pleinement ni proprement donné et ainsi, n'est pas non plus effectivement ni proprement donnée dans la considération de l'essence son essence individuelle. Et cependant nous devons juger à son propos avec évidence, trouver ce qui la constitue réellement, tandis qu'en toute rigueur elle n'est pas du tout quelque chose que l'on trouve (*kein Vorfindliches*). La perception qui se tient sous mes yeux et sur laquelle j'opère la réduction phénoménologique est une donnée absolue, je l'ai pour ainsi dire elle-même avec tout ce qui la compose essentiellement. Elle est une « immanence ». L'objet intentionnel en revanche est précisément une transcendance. Oui, il apparaît en chair et en os, et c'est l'essence de la perception que de l'exposer en chair et en os. Mais l'ai-je effectivement lui-même, donné avec les moments qui le constituent réellement ? La table par exemple, dans son extension tridimensionnelle, qui pourtant appartient à son essence ? Ai-je effectivement son essence ? Et pourtant j'ai l'évidence qu'elle est tridimensionnelle au sens de cette exposition en chair et en os. Elle apparaît comme étant tridimensionnelle et, outre cela, comme offrant tel et tel caractères.

En tout cas, la donation propre à la perception, au phénomène même, est autre que la donation propre au « perçu comme tel » ; donc les deux évidences sont de caractère différent. En même temps, la seconde évidence entre manifestement, d'une certaine manière, dans le cadre de la première, dans la mesure où l'on dit qu'il appartient à l'essence de la perception même d'exposer un objet en chair et en os, qui est exposé comme intrinsèquement constitué de telle et telle façon. On aura donc besoin d'une enquête plus poussée. Nous ne sommes pas, pour le moment, assez avancés pour résoudre cette difficulté.

§ 7. *Explication préalable au sujet de la méthode de l'étude ultérieure*

Dans la rigoureuse application de la méthode des couches, nous aurions l'itinéraire suivant :

1) Nous accomplissons la réduction phénoménologique et formulons maintenant, dans l'ordre, les évidences que nous rencontrons en considérant les perceptions (et ainsi naturellement, dans toutes les sphères d'étude phénoménologiques, en considérant les vécus réduits concernés). Nous analysons donc tout ce qui appartient à l'« essence » de la perception, ce que nous trouvons en elle à l'état immanent ; ce faisant, nous trouvons, lui appartenant de façon immanente, la relation à l'objet, le fait qu'elle perçoit telle et telle objectité

précisément, et nous trouvons des évidences qui se rapportent à elle dans la mesure où elle représente cette objectité, ainsi que des évidences qui concernent l'objectité visée en elle comme telle, selon son contenu, selon son espèce propre, selon ses parties et propriétés. Nous trouvons maintenant des possibilités évidentes de mise en relation du contenu réel de la perception avec son contenu « intentionnel », c'est-à-dire le contenu de son objet. Ce n'est que par cette comparaison contrastée que ressortent avec clarté et évidence des moments réels de la perception, tels que sensations par opposition aux propriétés de l'objet, couleur vécue et couleur d'objet, contenu sonore vécu et son objectif, sensation de rugosité et rugosité de la chose, et ainsi de suite. Ensuite se dégagent réellement dans la perception sensation et caractère d'appréhension, caractère de croyance, et ainsi de suite.

2) Or tout cela devient maintenant problématique, dans la mesure où, si nous énonçons avec évidence, en revanche nous ne comprenons pas comment ces énoncés évidents sont possibles. C'est précisément la difficulté fondamentale de la constitution, dans le phénomène, de ce qui est objectif, qui pointe : comment sont possibles des énoncés évidents portant sur une objectité qui n'est pas donnée effectivement dans le phénomène ? Comment sont possibles des comparaisons entre celle-ci et les moments immanents du phénomène ? Comment deviendra alors, en outre, compréhensible la croyance perceptive, qui se rapporte à l'être effectif du perçu et qui tantôt se « confirme » tantôt se « dément », se détermine de façon plus précise, et éventuellement toujours renouvelée, par de nouvelles perceptions qui amènent l'objet à une donation « toujours plus complète », et montrent dans des directions toujours nouvelles « ce que l'objet est dans son effectivité » ? Comment tout cela doit-il être compris, pour que dans tout le processus de

connaissance ne viennent pourtant jamais à se succéder que des enchaînements de vécus ; et pour que, en dépit de toute l'évidence propre (sous réserve des restrictions adéquates) aux jugements portés sur l'objectité on ne puisse assigner aucune place où l'objet soit réellement dans le vécu ? L'objectité se constitue dans les vécus. Comment doit-on comprendre le se-constituer à ses différents niveaux, en tant que donnée visée et se confirmant progressivement ? A quoi ressemble le se-constituer ? Il doit être éclairci, c'est-à-dire que je ne puis me contenter de toute l'évidence des jugements, mais doit amener à la pure donation la conscience d'évidence elle-même en tous ses moments, la poursuivre dans ses mutations et la soumettre à une analyse qui, par un pur regard, établit ce que l'on a ici effectivement devant soi, ce que comporte l'essence de tels enchaînements de vécus. Au lieu de vivre dans les évidences, je les considère, mais me borne à considérer purement, à analyser de façon purement immanente ce qui est là un donné, de façon absolue et indubitable. On doit donc étudier la possibilité de la visée (*Meinung*) et de la valeur transcendantes dans la sphère de la plus pure immanence, dans la sphère où chaque constatation amène sous le regard une variété de donnée qui n'enveloppe absolument rien qui manque de clarté.

Voilà le but. Et ici se trouve la couche supérieure d'études, qui peut elle-même à son tour se répartir en couches. Mon intention était, par cette séparation, de rassembler en fait maintenant la série de premières données allant de soi (*Selbstverständlichkeiten*), d'évidences bel et bien, qui font ensuite les problèmes de la couche supérieure, et de ne faire valoir que progressivement les motifs qui conduisent aux nouvelles enquêtes, les difficultés considérables qui sont liées partout à la transcendance au sein de l'évidence.

Cependant, cette séparation entraîne un grand embarras dans nos leçons, car tout ce qui a été exposé au premier niveau, devrait être à nouveau exposé au second, puisque le problème y est contenu. Nous avancerons un peu plus vite – et notre temps est bien limité – si nous entrons pou à peu directement dans les difficultés et leurs solutions, pour autant que chaque cas puisse être conduit à sa solution. Ce que j'ai dit au commencement de la dernière leçon sur notre projet ultérieur et sa méthode est à corriger en conséquence [1].

1. A cet endroit se trouve dans le manuscrit une feuille intercalaire avec des notes critiques de Husserl sur l'itinéraire de pensée de la leçon; voir Appendice I (p. 389 [337]) – UC.

DEUXIÈME PARTIE

ART

ART

Entendue comme philosophie de l'art, la question de l'esthétique est : que peut – doit – dire la philosophie sur l'art ? Entendue comme théorie de la connaissance sensible, l'esthétique formule une autre question : que peut dire l'art à la philosophie ? Loin qu'il s'agisse d'un jeu sur les mots, il en va de deux orientations compatibles certes, mais distinctes.

Pourquoi l'esthétique – donc la philosophie – devrait-elle s'intéresser à l'art, en quoi est-ce intéressant pour elle ? L'art possède-t-il intrinsèquement une dimension philosophique et en quel sens ? Ce que la science de l'art[1] a conceptualisé sous le terme « problème artistique » pourrait bien être également un problème philosophique, ce qui reviendrait à dire que la philosophie importe à l'art, et qu'il convient qu'une esthétique le prenne en compte.

La première réponse que nous pouvons fournir est liée au présupposé qui sous-tend l'introduction à cette deuxième partie et a orienté le choix des quatre textes proposés.

L'esthétique conduit une recherche philosophique *à partir* des œuvres d'art, car elles sont des cas exemplaires de la relation entre homme et monde. L'œuvre d'art singulière est la

1. Voir *infra*, p. 149-150.

mise en forme d'une expérience de sens du monde, fondée sur le sensible et qui parle au sensible. En d'autres termes, l'œuvre d'art est le résultat d'une activité qui donne une forme concrète à nos processus d'appréhension sensible du monde. Elle exemplifie avant tout nos manières de construire sensiblement le monde, de nous approprier du monde à travers la sensibilité, de faire une expérience de sens à travers les sens. Elle nous fait voir (ou entendre ou lire) qu'il y a aussi une "pensée sensible", avec ses règles et ses fonctions. L'œil, la main, l'oreille sont actifs et pensent : les œuvres d'art montrent cette pensée, en même temps qu'elles démontrent ainsi qu'il y a une pensée ostensive.

Une telle réponse, dans sa brièveté, ne résout pas tout. Qu'est-ce que mettre en forme une expérience de sens? Quelles valeurs assument ici les termes "forme" et "expérience"? Sur ce second terme, nous reviendrons dans la troisième et dernière partie de ce volume. Il suffit pour l'heure de préciser que la bivalence du terme expérience nous convient parfaitement : l'expérience dont on parle est à la fois expérience directe – perceptive, sensible – du monde, et expérimentation, c'est-à-dire construction des conditions pour explorer le monde. Si tout homme fait l'expérience directe du monde, l'artiste travaille les conditions de cette expérience, il cherche à objectiver une dimension, celle du sensible, qui est strictement subjective. La *mise en forme* est le processus durant lequel une connaissance sensible est *traduite* – dans le sens étymologique du terme, *traducere* conduire au-delà – dans un objet concret. Que signifie ici objectivation? Que quelque chose devient évident, concret, et singulier. Il est très rare qu'un objet artistique – ou une théorie scientifique – vise l'absolu de l'universel, quelle que soit l'ambition des intentions de l'artiste ou du savant. L'œuvre d'art, dans sa singularité, nous apprend qu'on peut objectiver le subjectif sans prétendre l'universaliser. En quoi réside alors la validité d'un objet artistique? Nous commencerons par une réponse *ex negativo*. La valeur de l'œuvre n'est pas dans sa correspondance avec ce qui est représenté. Depuis la *Poétique* d'Aristote, la mimesis artistique est conçue comme une fiction qui montre les choses telles qu'elles peuvent être et pas comme elles sont, ce que l'esthétique du XVIIIᵉ reprend à son compte[1]. En d'autres termes, l'œuvre nous présente une *hypothèse* sur le réel. Si l'on se réfère à l'ouvrage de Robert Klein *La forme et l'intelligible*, on saisit comment et pourquoi on a avantage à comparer la position du technicien à celle de l'artiste ou du critique d'art. Les attitudes de ces différents "experts" ont, selon Robert Klein, des similitudes pour deux raisons : le fait de se placer devant l'objet; le fait de s'intéresser à la manière dont l'objet est fait, d'interroger «le *comment* et non le *quoi*»[2]. Loin que la prise en compte des aspects techniques et matériels de l'œuvre d'art restreigne l'analyse de sa construction à la sphère de ce qui ne serait «qu'un problème artistique», c'est la compréhension du caractère technique, matériel de l'œuvre d'art qui engage la réflexion sur ce qu'il y a de philosophique dans un «problème artistique». C'est un point de départ nécessaire si l'on veut

1. Voir Aristote, *Poétique*, texte établi et trad. fr. M. Magnien, Paris, LGF, 1999, 1451 a-b, p. 98 : « De ce qui a été dit résulte clairement que le rôle du poète est de dire non pas ce qui a réellement eu lieu mais ce à quoi on peu s'attendre, ce qui peut se produire conformément à la vraisemblance ou à la nécessité. En effet, la différence entre l'historien et le poète ne vient pas du fait que l'un s'exprime en vers ou l'autre en prose [...]; mais elle vient de ce fait que l'un dit ce qui a eu lieu, l'autre ce à quoi l'on peut s'attendre. Voilà pourquoi la poésie est une chose plus philosophique et plus noble que l'histoire : la poésie dit plutôt le général, l'histoire le particulier ».

2. R. Klein, *La forme et l'intelligible*, Paris, Gallimard, 1970, p. 382.

envisager que l'œuvre d'art puisse être considérée au titre d'un objet philosophique complexe, c'est-à-dire un objet qui, dans sa spécificité, pose à la fois des problèmes gnoséologiques, historiques et ontologiques.

En paraphrasant une célèbre expression de Kant[1], nous pouvons soutenir que les œuvres d'art se distinguent des autres objets du monde car elles *nous donnent à penser*. Mais à penser quoi ? Nous voilà revenus à la réponse telle que nous l'avions déjà formulée : les œuvres – leur construction – nous permettent de voir la manière dont elles et nous-mêmes appréhendons sensiblement le monde : un transcendantal en action et en objet. Une recherche artistique est avant tout une recherche sur les conditions de la construction de l'objet, du processus de mise en forme. L'œuvre d'art est une sorte de pierre de touche qu'une réflexion sur le sensible est possible dans le règne sensible, qu'elle a lieu. Faire expérience, mettre en forme, trouver un sens, constituent alors une seule et même activité : tout homme *a* des expériences et toute expérience du monde a une dimension sensible, mais l'œuvre d'art *fait* des expériences et à travers un acte d'objectivation elle *prend conscience* – et nous verrons tout de suite dans quel sens – des conditions de l'expérience.

Jusqu'à ici, nous avons dit que l'œuvre d'art fait, montre, présente, donne à penser… *comme si* face à nous il n'y avait pas un simple objet, mais quasiment un sujet. En quelque sorte, il s'agit de la règle du jeu pour instaurer une relation entre nous et l'œuvre : les œuvres d'art sont porteuses d'une pensée, nous demandant d'être considérées comme des *quasi-sujets*. Les

---

1. Voir E. Kant, *Critique de la faculté de juger*, trad. fr. A. Philonenko, Paris, Vrin, 1974, § 49, p. 213.

œuvres d'art requièrent à ce titre d'être interrogées tant sur les conditions métahistoriques et que sur les conditions historiques de leur existence comme œuvre. Ceci vaut d'ailleurs aussi pour les images – les images efficaces – qui sont l'objet d'étude des *visual studies* et de la *Bildwissenschaft*. Les œuvres d'art sont – nous venons de le dire – des objets complexes sur le plan ontologique : elles sont à la fois des objets concrets, abstraits et sociaux. En quel sens les œuvres d'art sont-elles des objets sociaux ? Elles le sont, car leur fonctionnement – et leur existence – dépend en partie d'un *accord* culturel qui concerne les théories artistiques.

La question d'une ontologie des objets d'art est évidemment bien plus large et concerne aussi la relation entre le concept de réalité et le statut de la fiction. L'œuvre – en tant que construction du réel – nous invite constamment à reconsidérer le rapport entre les versions du monde, pour adopter la perspective proposée par Nelson Goodman dans *Manières de faire des mondes*[1], et leurs critères de validité.

---

1. N. Goodman, *Manières de faire des mondes*, trad. fr. M.-D. Popelard, Paris, Gallimard, 2006, p. 135 : « Les versions physique et perceptive du monde […] ne sont que deux parmi la grande variété qui existe dans les nombreuses sciences, les arts, la perception et le langage ordinaire. Les mondes sont faits en faisant ainsi des versions avec des mots, des nombres, des images, des sons, ou tous autres symboles de toutes sortes dans n'importe quel médium ; et l'étude comparative de ces versions et visions autant que de leur construction, est ce que j'appelle une critique de la construction du monde ». Il est opportun ici rappeler la nécessité de Goodman de se confronter, dans le premier chapitre de ce livre, avec la réflexion de Cassirer sur la multiplicité des mondes : « Aussi longtemps qu'on préserve la diversité et les contrastes des versions qui sont correctes sans être toutes réductibles à une unique, il faut rechercher l'unité, non dans un *quelque chose* ambivalent ou neutre gisant au-dessous des différentes versions, mais dans une organisation générale qui les embrasse. Cassirer entreprend sa recherche en conduisant une étude sur la manière dont le mythe, la religion, le

Les œuvres d'art constituent un laboratoire pour le jugement. De même qu'elles posent une objectivation du subjectif, notre jugement de goût, qui ne peut qu'être subjectif, tend vers constamment une norme, un critère de validité, qui lui permet de dépasser le stade de l'opinion pour acquérir une sorte d'objectivité. La question de l'établissement de la validité du jugement de goût est fondamentale pour l'esthétique et pour la critique qui trouve dans l'art un domaine d'application. J'ai parfaitement le droit de préférer telle couleur ou tel parfum. Il s'agit d'une opinion et il n'y a pas matière à discussion, mais opinion et jugement sont deux niveaux bien distincts. L'opinion ne cherche pas l'objectivité. Le jugement, en revanche oui. Si des opinions on ne peut discuter, des jugements on discute énormément. Pour autant, le jugement n'est pas de la science. Que faisons-nous alors en formulant un jugement ? Chaque fois que j'émets un jugement, c'est moi qui suis en jeu et non l'objet sur lequel je me prononce. Juger signifie se positionner par rapport à l'objet, mais aussi sentir que la position que j'ai prise peut être valable pour un autre que moi. À travers le jugement, j'exprime mon rapport au monde, mais ce jugement est la manière d'expérimenter (et de comprendre) la relation homme-monde en général. Sa *justesse* ne peut être comprise qu'à travers son usage, à travers les conditions particulières d'expérience qui font de mon jugement mon jugement *pour l'autre*.

langage, l'art, la science, se développent dans le croisement des différentes cultures. Mon approche consiste plutôt en une étude analytique sur les types et fonctions des symboles et systèmes de symboles. En aucun cas, il ne faut s'attendre à un résultat unique ; les univers de mondes aussi bien que les mondes eux-mêmes peuvent être construits de bien de manières ».

Qu'entend-on alors par : le jugement est discutable, partageable ? Cela veut dire que je reconnais dans l'autre la même faculté de juger que celle que je possède. Ce que Kant dans la *Troisième Critique* définit comme le sens commun : « Sous cette expression de *sensus communis* on doit comprendre l'Idée d'un sens commun à tous, c'est-à-dire d'une faculté de juger, qui dans sa réflexion tient compte en pensant (*a priori*) du mode de représentation de tout autre homme, afin de rattacher pour ainsi dire son jugement à la raison humaine tout entière et échapper, ce faisant, à l'illusion, résultant de conditions subjectives et particulières pouvant aisément être tenues objectives, qui exercerait une influence néfaste sur le jugement »[1]. Pour Kant, sous certaines conditions qui touchent à la liberté, chaque sujet, chaque individu, exprime un jugement de beau partagé puisque les autres ont les mêmes *structures* de jugement. Le sens commun garantit la communicabilité et l'unanimité des jugements esthétiques, en l'absence d'un concept objectif. La découverte de cette faculté de juger commune à tous est due à l'expérience, à un critère empirique faible mais suffisant, qui sans atteindre l'universalité accède à l'exemplarité des certains objets de goût. Kant reconnaît ainsi qu'on regarde « quelques productions de goût comme *exemplaires* »[2], des modèles, des points de repère pour le jugement, en montrant la relation nécessaire entre beau et satisfaction : « Comme nécessité, conçue dans un jugement esthétique, [la satisfaction] ne peut être appelée *qu'exemplaire*, c'est-à-dire, c'est la nécessité de l'adhésion de *tous* à un jugement,

---

1. E. Kant, *Critique de la faculté de juger, op. cit.*, § 40, p. 185-186.
2. *Ibid.*, § 17, p. 101.

considéré comme un exemple d'une règle universelle *que* l'on ne peut énoncer »[1].

Dans la perspective que nous avons adoptée ici, le sens de l'exemplarité est plus large : c'est le *domaine entier* de l'art qui est exemplaire pour l'esthétique. Si l'esthétique cherche à comprendre – avec les outils propres à la philosophie – le fonctionnement de la connaissance sensible, l'art montre ce fonctionnement en action. En exemplifiant ses conditions et ses modalités de construction, l'œuvre d'art singulière nous fait voir jusqu'à quel point notre expérience doit être construite pour saisir son propre sens et comment le jugement esthétique met directement en jeu le rôle de notre sensibilité pour bâtir des relations avec les autres, les objets, l'environnement.

Les quatre textes présentés ici articulent des problèmes qui caractérisent les rapports entre esthétique et art. L'article de 1925 de Panofsky s'insère pleinement dans les débats de son époque autour de la notion de « problème artistique » et de l'établissement de concepts fondamentaux de l'histoire de l'art. Panofsky développe au cours de sa longue carrière le rapport étroit entre philosophie et théorie de l'art, rapport qui, selon Cassirer, caractérise le XVIIIe siècle comme « époque de la critique »[2]. Et fort d'échanges fructueux et constants avec ce même Cassirer, le philosophe du groupe d'historiens d'art réunis à Hambourg autour de ce formidable outil de travail que fut la bibliothèque Warburg dans les années vingt du XXe siècle, Panofsky est conduit, dans un dialogue continu avec son élève et ami Edgar Wind, à reformuler l'approche méthodologique de Riegl et Wölfflin. C'est à Wind qu'il

1. *Ibid.*, § 18, p. 107.
2. Voir E. Cassirer, *La Philosophie des Lumières*, *op. cit.*, chap. VII.

revient de déterminer de manière assez claire la notion de problème artistique[1] : l'œuvre d'art s'offre comme une solution déjà donnée d'un problème que la science de l'art doit trouver. Mais le problème n'est pas imposé par la pensée à l'objet artistique : il reste un problème *strictement* artistique. Que veut dire *strictement artistique* ? Où réside au juste la dimension artistique ? « Si les concepts fondamentaux de la science de l'art sont donc en toute certitude fondés a priori, et valent donc indépendamment de toute expérience, cela ne veut naturellement pas dire qu'ils peuvent *être trouvés* indépendamment de toute expérience, c'est-à-dire par les seules voies de l'intellect : autant, du point de vue de la théorie de la connaissance, ils trouvent leur origine en dehors de l'expérience, autant, d'un point de vue pratique et méthodologique, ils ne peuvent être découverts et développés que dans l'expérience »[2]. En d'autres termes, les objets artistiques singuliers en tant que solutions posent des problèmes et dans la manière de poser ces problèmes la science et l'histoire de l'art saisissent des couples de concepts « dont la relation antithétique constitue l'expression conceptuelle des "problèmes fondamentaux", donnés *a priori*, de la création artistique »[3]. Le

1. Voir E. Wind, « Zur Systematik der künstlerischen Probleme », *Zeitschrift für Ästhetik und allgemeine Kunstwissenschaft*, 18, 1925, p. 438-486.

2. E. Panofsky, « Über das Verhältnis der Kunstgeschichte zur Kunsttheorie. Ein Beitrag zu der Erörterung über die Möglichkeit "kunstwissenschaftlicher Grundbegriffe" », in *Zeitschrift für Ästhetik und allgemeine Kunstwissenschaft*, 18, 1925, p. 129-161 ; trad. fr. de P. Rusch, *Sur la relation entre l'histoire de l'art et la théorie de l'art. Contribution au débat sur la possibilité de « concepts fondamentaux de la science de l'art*, "Trivium", 6–2010, *infra*, p. 255.

3. *Ibid.*, *infra*, p. 237.

but d'une science de l'art (ou d'une histoire de l'art qui devient une science transcendantale de l'art) est d'interpréter l'œuvre, et cet acte d'interprétation implique de saisir la relation entre une solution singulière, matérielle, historique et des concepts a priori[1]. Cette relation se réalise dans le sensible : d'un côté la tâche de l'art est de donner «forme à la sensibilité»[2]; de l'autre, les concepts fondamentaux (il suffit de considérer le tableau proposé par Panofsky[3]) correspondent aux propriétés sensibles des œuvres.

Le débat des années vingt et trente autour de la systémique des concepts fondamentaux naît de l'exigence, toujours actuelle, de forger un outil théorique rigoureux capable de déterminer une unité des phénomènes artistiques tout en préservant leur singularité. Il s'agit d'une question constitutive de l'esthétique. Comment passer de la multiplicité des œuvres (objet de la critique) et des pratiques artistiques (objet des théories des arts) au concept d'Art (objet philosophique)?

En 1746, donc de manière quasi contemporaine de l'*Esthétique* de 1750 de Baumgarten, Charles Batteux publie *Les Beaux Arts réduits à un même principe*. Il s'agit d'une étape clé pour comprendre la constitution de l'esthétique. Baumgarten pose la nécessité d'une science de la connaissance sensible qui est d'ailleurs également une théorie des arts libéraux[4]. Donc si la finalité de l'esthétique est la compréhension de la connaissance sensible, le domaine privilégié de cette

1. Voir W. Dilthey, «La naissance de l'herméneutique», dans, *Ecrits d'Esthétique*, trad. fr. D. Cohn et E. Lafon, présenté par D. Cohn, Paris, Cerf, 1995, p. 289-307.
2. *Ibid.*, *infra*, p. 238.
3. *Ibid.*, *infra*, p. 240.
4. Cf., *supra*, p. 51.

compréhension est celui des arts. Batteux définit ce dernier domaine. La notion des "beaux arts" était employée depuis la fin du XVIIᵉ siècle mais n'avait pas fait l'objet d'une réflexion théorique. L'intention de Batteux n'est pas seulement de rendre compte d'une coutume culturelle, mais d'appliquer aux arts une véritable attitude scientifique :

> On se plaint tous les jours de la multitude des règles : elles embarrassent également et l'auteur qui veut composer, et l'amateur qui veut juger. Je n'ai garde de vouloir ici en augmenter le nombre. J'ai un dessein tout différent : c'est de rendre le fardeau plus léger, et la route simple. Les règles se sont multipliées par les observations faites sur les ouvrages ; elles doivent se simplifier, en ramenant ces mêmes observations à des principes communs. Imitons les vrais physiciens, qui amassent des expériences, et fondent ensuite sur elles un système, qui les réduit en principe[1].

Le procédé utilisé par Batteux est relativement simple : reprendre la distinction traditionnelle entre les arts qui ont pour fin le plaisir et ceux qui satisfont des besoins de l'homme. Les premiers – peinture, sculpture, poésie, musique, art du geste (danse) – sont les beaux arts et l'association de Batteux entre plaisir et beauté est déjà fort intéressante. À ceux-là, Batteux ajoute deux arts, architecture et éloquence, qui sont nés pour le besoin mais procurent du plaisir.

Si nous trouverions aujourd'hui important de poser la question « qu'est-ce l'art ? », ce n'est pas la perspective de Batteux, qui considère que l'enjeu est de déterminer ce qu'il y a en commun entre les arts du beau et du plaisir. Pour ce faire, il

---

1. Ch. Batteux, *Les beaux-arts réduits à un même principe*, Paris, Durand, 1746, *infra*, p. 159.

réinvestit le traditionnel principe d'imitation, qui demeure à ses yeux le véritable principe d'existence (et de validité) de tous les arts. Batteux ajoute un autre point commun aux arts du beau et du plaisir : le rapport entre génie et goût. Voici les préceptes qu'il énonce : « Premièrement, que le génie, qui est le père des arts, doit imiter la nature. Secondement, qu'il ne doit point l'imiter telle qu'elle est. Troisièmement, que le goût pour qui les arts sont faits et qui en est le juge, doit être satisfait quand la nature est bien choisie et bien imitée par les arts » [1]. Bien entendu, cette définition implicite des beaux arts prête le flanc à nombre de critiques. Batteux, lui-même, semble conscient des limites du principe d'imitation au point d'avancer l'idée d'un principe parallèle (qui reste, à vrai dire, peu développé par l'auteur), celui d'un principe d'expression ou de communication, qui vaut en particulier pour la musique et la danse. Diderot pointe efficacement, dans sa *Lettre sur les sourds et muets*, ce qui fait défaut au texte de Batteux : une comparaison entre les œuvres des différents arts et une définition précise de la notion de belle nature [2]. Ces critiques touchent juste, mais il n'en reste pas moins que Batteux est le premier à concevoir un système *organique* des arts qui, au-delà de la mimesis, trouve son fondement sur le rapport du goût au génie.

Le texte de Schiller *Sur les limites nécessaires dans l'usage des belles formes* constitue une réflexion sur la complexité du rapport entre production artistique et jugement, sur l'intervention d'une dimension morale dans le jugement esthétique, sur

1. *Ibid.*, *infra*, p. 167.

2. *Cf.* D. Diderot, « Lettre sur les sourds et muets », dans *Œuvres de Diderot*, éd. L. Versini, Paris, Robert Laffont, 1994-1997, t. IV, p. 5-75, p. 43-44.

la nécessité d'une interrelation entre facultés dans le jugement de goût. Ces thèmes nourrissent son ouvrage majeur les *Lettres sur l'éducation esthétique de l'homme* de 1795[1]. La question de départ pour Schiller est : *jusqu'où* l'imagination a-t-elle le droit de s'exprimer ? La première réponse semble être simple : « ces limites résident déjà dans la nature du beau »[2]. Schiller poursuit : « il nous suffit de nous souvenir comment le goût manifeste son influence pour pouvoir déterminer *jusqu'où* il a le droit de l'étendre. Les effets du goût, pris en général, sont de mettre en harmonie les facultés sensibles et spirituelles de l'homme et de les unifier en une alliance intime »[3]. L'harmonie entre sensible et rationnel est la finalité propre à l'homme et c'est, aux yeux de Schiller, dans la dimension esthétique que cette harmonie peut se réaliser. Dans l'essai de 1793, *Grâce et dignité*, Schiller avait opéré une importante distinction entre beauté architectonique (« beauté formée par la simple nature ») et grâce (« une beauté qui n'est pas donnée par la nature mais qui est engendrée par le sujet lui-même »[4]). Il n'y a pas de belles formes en soi ; une forme est juste si elle est une

---

1. Sur le fond de cet écrit, il y a une polémique serrée avec Fichte qui, comme le rappelle Nicolas Briand dans ses notes à l'édition critique française, souligne avec force, une confusion entre concepts et images dans les écrits de Schiller. Dans une lettre à Schiller du 27 août 1795, Fichte écrit : « Chez moi l'image n'est pas à la place du concept, elle se trouve avant ou après le concept, en tant que métaphore ; je veille à ce qu'elle corresponde. [...] Vous ligotez l'imagination, laquelle ne peut être que libre, et voulez la forcer à penser. Ce qu'elle ne saurait faire ; c'est de là que vient, je crois, l'effort fatiguant que me causent vos écrits philosophiques, et qu'ils ont causé à beaucoup d'autres » (voir *Textes esthétiques*, trad. fr. N. Briand, Paris, Vrin, 1998, p. 192).

2. Schiller, « Sur les limites nécessaires dans l'usage des belles formes », trad. fr. N. Briand, dans *Textes esthétiques*, *infra*, p. 187.

3. *Ibid.*

4. F. von Schiller, *Textes esthétiques*, *op. cit.*, p. 16.

manifestation sensible du vrai, de l'homme spirituel dans le monde sensible, accord entre liberté d'action et la nature. Sa *justesse* est donc qualité relationnelle, en quelque sorte. « Il ne suffit pas d'exposer la vérité simplement *d'après le contenu*, l'*épreuve* de la vérité doit être contenue en même temps dans la forme de l'exposé » [1]. Schiller vise à un idéal de *conformation* à la nature de l'homme comme forme vivante, selon un principe de nécessité qui produit une sorte de mouvement fluide, spirituel et sensible à la fois. L'imagination trouve ainsi ses limites dans cet équilibre formel et nécessaire, déterminé par l'action du goût. La pensée de Schiller permet de saisir d'une part l'ampleur de la dimension esthétique, de l'autre la fonction décisive de l'art dans la construction de l'humain.

La filiation kantienne de Schiller est directe. Son kantisme est fondé sur des lectures approfondies dont les éditions des œuvres de Kant qui lui ont appartenues portent les traces, et des discussions avec ses correspondants, Goethe en particulier. Les *Lettres sur l'éducation esthétique de l'homme* [2] sont ainsi un commentaire de la *Troisième Critique*. Si les thèses soutenues dans les *Aphorismes* semblent clairement à l'opposé de la perspective schillerienne, le parcours de Konrad Fiedler, est cependant, lui aussi, kantien. L'enjeu tient au rapport entre esthétique et artistique, à la nécessité d'une distinction suffisamment nette pour constituer une condition essentielle de leur interrelation. Le deuxième des aphorismes de Fiedler déclare : « L'erreur première de l'esthétique et de la réflexion sur l'art est d'associer art et beauté comme si le besoin d'art de

1. F. von Schiller, *Sur les limites nécessaires dans l'usage des belles formes*, *infra*, p. 189.
2. F. von Schiller, *Lettres sur l'éducation esthétique de l'homme*, trad. fr. R. Leroux, Paris, Aubier, 1992.

l'homme visait la constitution d'un monde du beau. Cette première erreur est la source de tous les autres malentendus »[1]. Le troisième poursuit : « Esthétique n'est pas théorie de l'art. L'esthétique s'occupe d'explorer une certaine sorte de sentiments. L'art parle en premier lieu à la connaissance, en second lieu au sentiment. Il est faux de penser que l'art a seulement à voir avec les sentiments de plaisir et de déplaisir et qu'il relève par conséquent du domaine de l'esthétique »[2]. Les mises au point de Fiedler, les réattributions de tâche qu'il opère sont de l'ordre d'une refondation qui légitime une recherche philosophique sur l'objet artistique. L'esthétique a jusqu'à présent pris –aux yeux de Fiedler – une voie dommageable. Elle a pris le parti de s'intéresser aux seuls *effets* sur le sujet, et de restreindre son champ au seul plaisir procuré par la beauté. C'est là une grave faiblesse car l'esthétique manque ainsi la compréhension de l'activité artistique en tant que telle. Or, toujours à suivre Fiedler, l'art et le beau ne sont pas nécessairement liés. L'art vise à la connaissance et pas au plaisir. La rupture est donc consommée avec les positions qu'exprimaient tant Batteux que Schiller. Si nous revenons à l'incipit de l'*Esthétique* de Hegel, la rupture est plus radicale encore. Fiedler polémique clairement contre une philosophie de l'art consacrée à l'Idée de beauté, l'art comme étape du développement de l'Esprit et l'histoire comme successivité linéaire conséquente et rationnelle. Bien entendu, il y a chez Fiedler ce besoin que l'on pourrait qualifier d'*historique* que la science de l'art se démarque d'un subjectivisme trop oublieux de la

---

1. K. Fiedler, *Aphorismes*, éd. D. Cohn, Paris, Images Modernes, 2004, *infra*, p. 217.

2. *Ibid.*, *infra*, p. 218.

spécificité des formes artistiques. Mais au fil des pages de ses écrits, nous découvrons comment sa réflexion permet de revenir au cœur du rapport entre philosophie et art : *la vérité des formes*. L'œuvre d'art peut-elle poser la question de la vérité dans un horizon transcendantal ? Les formes nous montrent-elles les modalités et les conditions de nos représentations ?

> La vérité au sens habituel du terme n'est pas un critère de vérité artistique[1].

Et encore :

> Le jugement du profane sur la vérité d'une œuvre d'art ne porte pas du tout sur la perfection de la forme artistique, mais sur la concordance ou la non-concordance entre sa représentation personnelle, qui est grossière, et la représentation tout aussi grossière qu'évoque pour lui l'œuvre d'art. La représentation artistique de la forme (l'œuvre d'art ne la reproduit pas mais la fait exister), donc la vérité artistique, restent pour lui des mondes étrangers[2].

L'activité artistique, l'activité de mise en forme, est une prise de conscience, de la part de l'artiste, d'une vérité intuitive qui, à travers les formes, accède à une existence objective. Cet acte d'objectivation est un acte de connaissance et la connaissance en tant que telle « n'a d'autre but qu'elle-même, c'est-à-dire la vérité devenue conscience »[3].

La validité d'une œuvre d'art n'est pas à chercher dans la production du beau, mais dans sa capacité d'exprimer (c'est-à-

1. K. Fiedler, *Aphorismes, op. cit.*, p. 83.
2. *Ibid.*
3. K. Fiedler, *Aphorismes, infra*, p. 220.

dire de conduire à une existence objective) une connaissance du monde qui ne peut être exprimée autrement qu'à travers les formes artistiques. Fiedler revient donc à Kant, mais au Kant qui

> ne fait pas encore le lien entre l'art et la théorie du beau. [Kant] distingue savoir et savoir-faire, activités scientifique et artistique, raison théorique et faculté de jugement, jugement théorique et jugement de goût. À partir de la nature de ce dernier, il cherche à développer l'essence du beau ; il ne cherche pas encore une relation plus profonde entre le beau et le savoir-faire, l'art[1].

Il s'agit peut-être d'une lecture quelque peu partisane, mais il est clair que Kant est relativement peu attiré par l'artistique en soi et que pour lui les œuvres d'art constituent un domaine exemplaire pour la compréhension du goût et des fonctions du jugement. Fiedler, dont la réflexion est nourrie par le dialogue avec les artistes, et les visites d'ateliers, repart de la question du génie pour comprendre jusqu'à quel point l'activité artistique est déjà pleinement un savoir. Et il nous invite à apprendre à voir les œuvres, dans leur détail, à saisir leur vérité, à avancer dans la connaissance du monde des formes. Ainsi faisant, il donne à la philosophie une nouvelle tâche : intégrer la connaissance artistique dans le système plus complexe de construction humaine du monde.

Danièle Cohn et Giuseppe Di Liberti

---

1. *Ibid.*, *infra*, p. 219.

CHARLES BATTEUX

LES BEAUX-ARTS RÉDUITS
À UN MÊME PRINCIPE*

AVANT-PROPOS

On se plaint tous les jours de la multitude des règles : elles embarrassent également et l'auteur qui veut composer, et l'amateur qui veut juger. Je n'ai garde de vouloir ici en augmenter le nombre. J'ai un dessein tout différent : c'est de rendre le fardeau plus léger, et la route simple.

Les règles se sont multipliées par les observations faites sur les ouvrages ; elles doivent se simplifier, en ramenant ces mêmes observations à des principes communs. Imitons les vrais physiciens, qui amassent des expériences, et fondent ensuite sur elles un système, qui les réduit en principe.

Nous sommes très riches en observations : c'est un fonds qui s'est grossi de jour en jour depuis la naissance des arts jusqu'à nous. Mais ce fonds si riche, nous gêne plus qu'il ne

---

*Charles Batteux, *Les beaux-arts réduits à un même principe*, Paris, Durand, 1746.

nous sert. On lit, on étudie, on veut savoir : tout s'échappe, parce qu'il y a un nombre infini de parties, qui, n'étant nullement liées entre elles, ne font qu'une masse informe, au lieu de faire un corps régulier.

Toutes les règles sont des branches qui tiennent à une même tige. Si on remontait jusqu'à leur source, on y trouverait un principe assez simple, pour être saisi sur le champ, et assez étendu, pour absorber toutes ces petites règles de détail, qu'il suffit de connaître par le sentiment, et dont la théorie ne fait que gêner l'esprit, sans l'éclairer. Ce principe fixerait tout d'un coup les vrais génies, et les affranchirait de mille vains scrupules, pour ne les soumettre qu'à une seule loi souveraine, qui, une fois bien comprise, serait la base, le précis et l'explication de toutes les autres.

Je serais fort heureux, si ce dessein se trouvait seulement ébauché dans ce petit ouvrage, que je n'ai entrepris d'abord que pour éclaircir mes propres idées. C'est la poésie qui l'a fait naître. J'avais étudié les poètes comme on les étudie ordinairement, dans les éditions où ils sont accompagnés de remarques. Je me croyais assez instruit dans cette partie des belles lettres, pour passer bientôt à d'autres matières. Cependant avant que de changer d'objet, je crûs devoir mettre en ordre les connaissances que j'avais acquises, et me rendre compte à moi-même.

Et pour commencer par une idée claire et distincte, je me demandai, ce que c'est que la poésie, et en quoi elle diffère de la prose ?

Je croyais la réponse aisée : il est si facile de sentir cette différence, mais ce n'était point assez de sentir, je voulais une définition exacte. Je reconnus bien alors que quand j'avais jugé des auteurs, c'était une sorte d'instinct qui m'avait guidé, plutôt que la raison : je sentis les risques que j'avais courus, et les erreurs où je pouvais être tombé, faute d'avoir réuni la lumière de l'esprit avec le sentiment.

Je me faisais d'autant plus de reproches, que je m'imaginais que cette lumière et ces principes devaient être dans tous les ouvrages où il est parlé de poétique et que c'était par distraction, que je ne les avais pas mille fois remarqués. Je retourne sur mes pas : j'ouvre le livre de M Rollin, je trouve, à l'article de la poésie, un discours fort sensé sur son origine et sur sa destination, qui doit être toute au profit de la vertu. On y cite les beaux endroits d'Homère : on y donne la plus juste idée de la sublime poésie des livres saints, mais c'était une définition que je demandais.

Recourons aux Daciers, aux le Bossus, aux D'Aubignacs : consultons de nouveau les remarques, les réflexions, les dissertations des célèbres écrivains, mais partout on ne trouve que des idées semblables aux réponses des oracles *obscuris vera involvens*. On parle de feu divin, d'enthousiasme, de transports, d'heureux délires, tous grands mots, qui étonnent l'oreille et ne disent rien à l'esprit.

Après tant de recherches inutiles, et n'osant entrer seul dans une matière qui, vue de près, paraissait si obscure, je m'avisai d'ouvrir Aristote dont j'avais ouï vanter la poétique. Je croyais qu'il avait été consulté et copié par tous les maîtres de l'art : plusieurs ne l'avoient pas même lu, et presque personne n'en avait rien tiré, à l'exception de quelques commentateurs, lesquels n'ayant fait de système, qu'autant qu'il en fallait, pour éclaircir à peu près le texte, ne me donnèrent que des commencements d'idées et ces idées étaient si sombres, si enveloppées, si obscures, que je désespérai presque de trouver en aucun endroit, la réponse précise à la question que je m'étais proposée, et qui m'avait d'abord paru si facile à résoudre.

Cependant le principe de l'imitation, que le philosophe grec établit pour les beaux arts, m'avait frappé. J'en avais senti la justesse pour la peinture, qui est une poésie muette. J'en rapprochai les idées d'Horace, de Boileau, de quelques autres grands maîtres. J'y joignis plusieurs traits échappés à d'autres auteurs sur cette matière; la maxime d'Horace se trouva vérifiée par l'examen: *ut pictura poësis*. Il se trouva que la poésie était en tout une imitation, de même que la peinture. J'allai plus loin: j'essayai d'appliquer le même principe à la musique et à l'art du geste, et je fus étonné de la justesse avec laquelle il leur convenait. C'est ce qui a produit ce petit ouvrage, où on sent bien que la poésie doit tenir le principal rang, tant à cause de sa dignité, que parce qu'elle en a été l'occasion.

Il est divisé en trois parties. Dans la première, on examine quelle peut être la nature des arts, quelles en sont les parties et les différences essentielles et on montre par la qualité même de l'esprit humain, que l'imitation de la nature doit être leur objet commun et qu'ils ne diffèrent entre eux que par le moyen qu'ils emploient, pour exécuter cette imitation. Les moyens de la peinture, de la musique, de la danse sont les couleurs, les sons, les gestes, celui de la poésie est le discours. De sorte qu'on voit d'un côté, la liaison intime et l'espèce de fraternité qui unit tous les arts[1], tous enfants de la nature, se proposant le même but, se réglant par les mêmes principes; de l'autre côté, leurs différences particulières, ce qui les sépare et les distingue entre eux.

---

1. « Etenim omnes artes quae ad humanitatem pertinent habent quoddam commune vinculum, et quasi cognatione quadam inter se continentur » Cicero, *Pro Archia Poeta*.

Après avoir établi la nature des arts par celle du génie de l'homme qui les a produits, il était naturel de penser aux preuves qu'on pouvait tirer du sentiment, d'autant plus, que c'est le goût qui est le juge-né de tous les beaux arts, et que la raison même n'établit ses règles, que par rapport à lui et pour lui plaire et s'il se trouvait que le goût fût d'accord avec le génie, et qu'il concourût à prescrire les mêmes règles pour tous les arts en général et pour chacun d'eux en particulier, c'était un nouveau degré de certitude et d'évidence ajouté aux premières preuves. C'est ce qui a fait la matière d'une seconde partie, où on prouve, que le bon goût dans les arts est absolument conforme aux idées établies dans la première partie et que les règles du goût ne sont que des conséquences du principe de l'imitation, car si les arts sont essentiellement imitateurs de la belle nature, il s'ensuit que le goût de la belle nature doit être essentiellement le bon goût dans les arts. Cette conséquence se développe dans plusieurs articles, où on tâche d'exposer ce que c'est que le goût, de quoi il dépend, comment il se perd, etc. Et tous ces articles se tournent toujours en preuve du principe général de l'imitation, qui embrasse tout. Ces deux parties contiennent les preuves de raisonnement.

Nous en avons ajouté une troisième, qui renferme celles qui se tirent de l'exemple et de la conduite même des artistes : c'est la théorie vérifiée par la pratique. Le principe général est appliqué aux espèces particulières, et la plupart des règles connues sont rappelées à l'imitation, et forment une sorte de chaîne, par laquelle l'esprit saisit à la fois les conséquences et le principe, comme un tout parfaitement lié, et dont toutes les parties se soutiennent mutuellement.

C'est ainsi qu'en cherchant une seule définition de la poésie, cet ouvrage s'est formé presque sans dessein, et par une progression d'idées, dont la première a été le germe de toutes les autres.

PARTIE 1

Où l'on établit la nature des arts par celle du génie qui les produit.

Il règne peu d'ordre dans la manière de traiter les beaux arts. Jugeons-en par la poésie. On croit en donner des idées justes en disant qu'elle embrasse tous les arts : c'est, dit-on, un composé de peinture, de musique et d'éloquence.

Comme l'éloquence, elle parle, elle prouve, elle raconte. Comme la musique, elle a une marche réglée, des tons, des cadences dont le mélange forme une sorte de concert. Comme la peinture, elle dessine les objets, elle y répand les couleurs, elle y fond toutes les nuances de la nature : en un mot, elle fait usage des couleurs et du pinceau, elle emploie la mélodie et les accords, elle montre la vérité, et sait la faire aimer.

La poésie embrasse toutes sortes de matières : elle se charge de ce qu'il y a de plus brillant dans l'histoire, elle entre dans les champs de la philosophie, elle s'élance dans les cieux, pour y admirer la marche des astres, elle s'enfonce dans les Abymes, pour y examiner les secrets de la nature, elle pénètre jusque chez les morts, pour y voir les récompenses des justes et les supplices des impies, elle comprend tout l'univers. Si ce monde ne lui suffit pas, elle crée des mondes nouveaux, qu'elle embellit de demeures enchantées, qu'elle peuple de mille habitants divers. Là, elle compose les êtres à son gré : elle n'enfante rien que de parfait, elle enchérit sur toutes les productions de la nature, c'est une espèce de magie, elle fait illusion aux yeux, à l'imagination, à l'esprit même, et vient à bout de procurer aux hommes, des plaisirs réels, par des inventions chimériques. C'est ainsi que la plupart des auteurs ont parlé de la poésie.

Ils ont parlé à peu près de même des autres arts. Pleins du mérite de ceux auxquels ils s'étaient livrés, ils nous en ont donné des descriptions pompeuses, pour une seule définition précise qu'on leur demandait ; ou s'ils ont entrepris de nous les définir, comme la nature en est d'elle-même très-compliquée, ils ont pris quelquefois l'accessoire pour l'essentiel, et l'essentiel pour l'accessoire. Quelquefois même entraînés par un certain intérêt d'auteur, ils ont profité de l'obscurité de la matière, et nous ont donné des idées, formées sur le modèle de leurs propres ouvrages.

Nous ne nous arrêterons point ici à réfuter les différentes opinions, qu'il y a sur l'essence des arts, et surtout de la poésie : nous commencerons par établir notre principe, et s'il est une fois bien prouvé, les preuves qui l'auront établi, deviendront la réfutation des autres sentiments.

PARTIE 1 CHAPITRE 1

Division et origine des arts.

Il n'est pas nécessaire de commencer ici par l'éloge des arts en général. Leurs bienfaits s'annoncent assez d'eux-mêmes : tout l univers en est rempli. Ce sont eux qui ont bâti les villes, qui ont rallié les hommes dispersés, qui les ont polis, adoucis, rendus capables de société. Destinés les uns à nous servir, les autres à nous charmer, quelques-uns à faire l'un et l'autre ensemble, ils sont devenus en quelque sorte pour nous un second ordre d'éléments, dont la nature avait réservé la création à notre industrie.

On peut les diviser en trois espèces par rapport aux fins qu'ils se proposent. Les uns ont pour objet les besoins de l'homme, que la nature semble abandonner à lui-même dès qu'une fois il est né : exposé au froid, à la faim, à mille maux, elle a voulu que les remèdes et les préservatifs qui lui sont nécessaires, fussent le prix de son industrie et de son travail. C'est de-là que sont sortis les arts mécaniques.

Les autres ont pour objet le plaisir. Ceux-ci n'ont pu naître que dans le sein de la joie et des sentiments que produisent l'abondance et la tranquillité : on les appelle les beaux arts par excellence. Tels sont la musique, la poésie, la peinture, la sculpture, et l'art du geste ou la danse.

La troisième espèce contient les arts qui ont pour objet l'utilité et l'agrément tout à la fois, tels sont l'éloquence et l'architecture : c'est le besoin qui les a fait éclore, et le goût qui les a perfectionnés. Ils tiennent une sorte de milieu entre les deux autres espèces : ils en partagent l'agrément et l'utilité.

Les arts de la première espèce emploient la nature telle qu'elle est, uniquement pour l'usage. Ceux de la troisième, l'emploient en la polissant, pour l'usage et pour l'agrément. Les beaux arts ne l'emploient point, ils ne font que l'imiter chacun à leur manière ; ce qui a besoin d'être expliqué, et qui le sera dans le chapitre suivant. Ainsi la nature seule est l'objet de tous les arts. Elle contient tous nos besoins et tous nos plaisirs ; et les arts mécaniques et libéraux ne sont faits que pour les en tirer.

Nous ne parlerons ici que des beaux arts, c'est-à-dire, de ceux dont le premier objet est de plaire ; et pour les mieux connaître remontons à la cause qui les a produits.

Ce sont les hommes qui ont fait les arts ; et c'est pour eux-mêmes qu'ils les ont faits. Ennuyés d'une jouissance trop uniforme des objets que leur offrait la nature toute simple, et se trouvant d'ailleurs dans une situation propre à recevoir le plaisir ; ils eurent recours à leur génie pour se procurer un nouvel ordre d'idées et de sentiments qui réveillât leur esprit et ranimât leur goût. Mais que pouvait faire ce génie borné dans sa fécondité et dans ses vues, qu'il ne pouvait porter plus loin que la nature ? Et ayant d'un autre côté à travailler pour des hommes dont les facultés étaient resserrées dans les mêmes bornes ? Tous ses efforts durent nécessairement se réduire à faire un choix des plus belles parties de la nature pour en former un tout exquis, qui fût plus parfait que la nature elle-même, sans cependant cesser d'être naturel. Voilà le principe sur lequel a dû nécessairement se dresser le plan fondamental des arts, et que les grands artistes ont suivi dans tous les siècles. D'où je conclus. Premièrement, que le génie, qui est le père des arts, doit imiter la nature. Secondement, qu'il ne doit point l'imiter telle qu'elle est. Troisièmement, que le goût pour qui les arts sont faits et qui en est le juge, doit être satisfait quand la nature est bien choisie et bien imitée par les arts. Ainsi, toutes nos preuves doivent tendre à établir l'imitation de la belle nature : 1) par la nature et la conduite du génie qui les produit ; 2) par celle du goût qui en est l'arbitre. C'est la matière des deux premières parties. Nous en ajouterons une troisième, où se fera l'application du principe aux différentes espèces d'arts, à la poésie, à la peinture, à la musique et à la danse.

PARTIE 1 CHAPITRE 2

Le génie n'a pu produire les arts que par l'imitation :
ce que c'est qu'imiter.

L'esprit humain ne peut créer qu'improprement : toutes ses productions portent l'empreinte d'un modèle. Les monstres mêmes, qu'une imagination déréglée se figure dans ses délires, ne peuvent être composés que de parties prises dans la nature. Et si le génie, par caprice, fait de ces parties un assemblage contraire aux lois naturelles, en dégradant la nature, il se dégrade lui-même, et se change en une espèce de folie. Les limites sont marquées, dès qu'on les passe on se perd. On fait un chaos plutôt qu'un monde, et on cause de l'horreur plutôt que du plaisir. Le génie qui travaille pour plaire, ne doit donc, ni ne peut sortir des bornes de la nature même. Sa fonction consiste, non à imaginer ce qui ne peut être, mais à trouver ce qui est. Inventer dans les arts, n'est point donner l'être à un objet, c'est le reconnaître où il est, et comme il est. Et les hommes de génie qui creusent le plus, ne découvrent que ce qui existait auparavant. Ils ne sont créateurs que pour avoir observé, et réciproquement, ils ne sont observateurs que pour être en état de créer. Les moindres objets les appellent. Ils s'y livrent : parce qu'ils en remportent toujours de nouvelles connaissances qui étendent le fonds de leur esprit, et en préparent la fécondité. Le génie est comme la terre qui ne produit rien qu'elle n'en ait reçu la semence. Cette comparaison bien loin d'appauvrir les artistes, ne sert qu'à leur faire connaître la source et l'étendue de leurs véritables richesses, qui, par-là, sont immenses ; puisque toutes les connaissances que l'esprit peut acquérir dans la nature, devenant le germe de ses productions dans les arts, le génie n'a d'autres bornes, du côté de son objet, que celles de l'univers.

Le génie doit donc avoir un appui pour s'élever et se soutenir, et cet appui est la nature. Il ne peut la créer, il ne doit point la détruire ; il ne peut donc que la suivre et l'imiter, et par conséquent tout ce qu'il produit ne peut être qu'imitation.

Imiter, c'est copier un modèle. Ce terme contient deux idées. 1) Le prototype qui porte les traits qu'on veut imiter. 2) La copie qui les représente. La nature, c'est-à-dire tout ce qui est, ou que nous concevons aisément comme possible, voilà le prototype ou le modèle des arts. Il faut, comme nous venons de le dire, que l'industrieux imitateur ait toujours les yeux attachés sur elle, qu'il la contemple sans cesse : pourquoi ? C'est qu'elle renferme tous les plans des ouvrages réguliers, et les desseins de tous les ornements qui peuvent nous plaire. Les arts ne créent point leurs règles : elles sont indépendantes de leur caprice, et invariablement tracées dans l'exemple de la nature.

Quelle est donc la fonction des arts ? C'est de transporter les traits qui sont dans la nature, et de les présenter dans des objets à qui ils ne sont point naturels. C'est ainsi que le ciseau du statuaire montre un héros dans un bloc de marbre. Le peintre par ses couleurs, fait sortir de la toile tous les objets visibles. Le musicien par des sons artificiels fait gronder l'orage, tandis que tout est calme ; et le poète enfin par son invention et par l'harmonie de ses vers, remplit notre esprit d'images feintes et notre cœur de sentiments factices, souvent plus charmants que s'ils étaient vrais et naturels. D'où je conclus, que les arts, dans ce qui est proprement art, ne sont que des imitations, des ressemblances qui ne sont point la nature, mais qui paraissent l'être ; et qu'ainsi la matière des beaux arts n'est point le vrai, mais seulement le vraisemblable. Cette conséquence est assez importante pour être développée et prouvée sur le champ par l'application.

Qu'est-ce que la peinture ? Une imitation des objets visibles. Elle n'a rien de réel, rien de vrai, tout est fantôme chez elle, et sa perfection ne dépend que de sa ressemblance avec la réalité.

La musique et la danse peuvent bien régler les tons et les gestes de l'orateur en chaire, et du citoyen qui raconte dans la conversation ; mais ce n'est point encore là, qu'on les appelle des arts proprement. Elles peuvent aussi s'égarer, l'une dans des caprices, où les sons s'entrechoquent sans dessein ; l'autre dans des secousses et des sauts de fantaisie : mais ni l'une ni l'autre, elles ne sont plus alors dans leurs bornes légitimes. Il faut donc pour qu'elles soient ce qu'elles doivent être, qu'elles reviennent à l'imitation : qu'elles soient le portrait artificiel des passions humaines. Et c'est alors qu'on les reconnaît avec plaisir, et qu'elles nous donnent l'espèce et le degré de sentiment qui nous satisfait.

Enfin la poésie ne vit que de fiction. Chez elle le loup porte les traits de l'homme puissant et injuste ; l'agneau, ceux de l'innocence opprimée. L'églogue nous offre des bergers poétiques qui ne sont que des ressemblances, des images. La comédie fait le portrait d'un Harpagon idéal, qui n'a que par emprunt les traits d'une avarice réelle.

La tragédie n'est poésie que dans ce qu'elle feint par imitation. César a eu un démêlé avec Pompée, ce n'est point poésie, c'est histoire. Mais qu'on invente des discours, des motifs, des intrigues, le tout d'après les idées que donne l'histoire des caractères et de la fortune de César et de Pompée ; voilà ce qu'on nomme poésie, parce que cela seul est l'ouvrage du génie et de l'art.

L'épopée enfin n'est qu'un récit d'actions possibles, présentées avec tous les caractères de l'existence. Junon et Énée n'ont jamais ni dit, ni fait ce que Virgile leur attribue ; mais ils ont pu le faire ou le dire, c'est assez pour la poésie. C'est un mensonge perpétuel, qui a tous les caractères de la vérité.

Ainsi, tous les arts dans tout ce qu'ils ont de vraiment artificiel, ne sont que des choses imaginaires, des êtres feints, copiés et imités d'après les véritables. C'est pour cela qu'on met sans cesse l'art en opposition avec la nature : qu'on n'entend partout que ce cri, que c'est la nature qu'il faut imiter ; que l'art est parfait quand il la représente parfaitement ; enfin que les chef-d'œuvres de l'art, sont ceux qui imitent si bien la nature, qu'on les prend pour la nature elle-même. Et cette imitation pour laquelle nous avons tous une disposition si naturelle, puisque c'est l'exemple qui instruit et qui règle le genre humain, *vivimus ad exempla*, cette imitation, dis-je, est une des principales sources du plaisir que causent les arts. L'esprit s'exerce dans la comparaison du modèle avec le portrait ; et le jugement qu'il en porte, fait sur lui une impression d'autant plus agréable, qu'elle lui est un témoignage de sa pénétration et de son intelligence.

Cette doctrine n'est point nouvelle. On la trouve partout chez les anciens. Aristote commence sa poétique par ce principe : que la musique, la danse, la poésie, la peinture, sont des arts imitateurs[1]. C'est-là que se rapportent toutes les règles de sa poétique. Selon Platon pour être poète il ne suffit pas de raconter, il faut feindre et créer l'action qu'on raconte[2]. Et

---

1. « se trouvent tout être, d'une manière générale, des imitations » (Aristote, *Poétique*, 1447 a 15-16, *op. cit.*, p. 85). M. Remond de S. Mard qui a beaucoup réfléchi sur l'essence de la Poésie, et qui n'écrivant que pour les plus délicats n'a dû prendre que la fleur de son sujet, dit formellement dans une des Notes que les beaux arts ne consistent que dans l'imitation. Voici ses termes : on n'y songe pas assez, la poésie, la musique, la peinture, sont trois arts consacrés au plaisir, tous trois faits pour imiter la nature, tous trois destinés à imiter les mouvements de l'âme : les tirer de là, c'est les déshonorer, c'est les montrer par leur endroit faible.

2. « Un poète, pour être vraiment poète, ne doit pas composer des discours en vers, mais inventer des fictions » (Platon, « Phédon », 61 b 3-4, trad. fr. Victor Cousin, dans *Œuvres de Platon*, t. 1). M. de Fontenelle a exprimé la même pensée que Platon dans sa lettre aux auteurs du Journal des Savants, tome 5, de la dernière édition : un grand poète, dit-il, si on entend par ce mot ce que l'on doit, est celui qui fait, qui invente, qui crée. La vraie poésie d'une pièce de théâtre, c'est toute sa constitution inventée et créée... et Polieucte ou Cinna en prose seraient encore d'admirables productions d'un poète.

dans sa République, il condamne la poésie, parce qu'étant essentiellement une imitation, les objets qu'elle imite peuvent intéresser les mœurs.

Horace a le même principe dans son art poétique :

> *Si fautoris eges aulaea manentis...*
> *Aetatis cuiusque notandi sunt tibi mores,*
> *Mobilibusque decor maturis dandus et annis.*

Pourquoi observer les mœurs, les étudier ? N'est-ce pas à dessein de les copier ?

> *Respicere exemplar morum vitaeque jubebo*
> *doctum imitatorem, et vivas hinc ducere voces.*

Vivas voces ducere, c'est ce que nous appelons peindre d'après nature. Et tout n'est-il pas dit dans ce seul mot : *ex noto fictum carmen sequar*. Je feindrai, j'imaginerai d'après ce qui est connu des hommes. On y sera trompé, on croira voir la nature elle-même, et qu'il n'est rien de si aisé que de la peindre de cette sorte : mais ce sera une fiction, un ouvrage de génie, au-dessus des forces de tout esprit médiocre, *sudet multum frustraque laboret*. Les termes mêmes dont les anciens se sont servis en parlant de poésie, prouvent qu'ils la regardaient comme une imitation : les grecs disaient *poièin* et *mimeîsthai*. Les latins traduisaient le premier terme par *facere* ; les bons auteurs disent *facere poema*, c'est-à-dire, forger, fabriquer, créer ; et le second ils l'ont rendu, tantôt par *fingere*, et tantôt par *imitari*, qui signifie autant une imitation artificielle, telle qu'elle est dans les arts, qu'une imitation réelle et morale, telle qu'elle est dans la société. Mais comme la signification de ces mots a été dans la suite des tems étendue, détournée, resserrée, elle a donné lieu à des méprises, et répandu de l'obscurité sur des principes qui étaient clairs par eux-mêmes, dans les premiers auteurs qui les ont établis. On a entendu par fiction, les fables qui font intervenir le ministère des dieux, et les font agir dans une action ; parce que cette partie de la fiction est la plus noble. Par imitation, on a entendu non une copie artificielle de la nature, qui consiste précisément à la représenter, à la contrefaire, *hypokrìnein* ; mais toutes sortes d'imitations en général. De sorte que ces termes, n'ayant plus la même signification qu'autrefois, ont cessé d'être propres à caractériser la poésie, et ont rendu le langage des anciens inintelligible à la plupart des lecteurs. De tout ce que nous venons de dire, il résulte, que la poésie ne subsiste que par l'imitation. Il en est de même de la peinture, de la danse, de la musique : rien n'est réel dans leurs ouvrages, tout y est imaginé, feint, copié, artificiel. C'est ce qui fait leur caractère essentiel par opposition à la nature.

PARTIE 1 CHAPITRE 3

Le génie ne doit point imiter la nature telle qu'elle est.

Le génie et le goût ont une liaison si intime dans les arts, qu'il y a des cas où on ne peut les unir sans qu'ils paraissent se confondre, ni les séparer, sans presque leur ôter leurs fonctions. C'est ce qu'on éprouve ici, où il n'est pas possible de dire ce que doit faire le génie, en imitant la nature, sans supposer le goût qui le guide. Nous avons été obligés de toucher ici au moins légèrement cette matière, pour préparer ce qui suit ; mais nous réservons à en parler plus au long dans la seconde partie. Aristote compare la poésie avec l'histoire : leur différence, selon lui, n'est point dans la forme ni dans le style, mais dans le fonds des choses. Mais comment y est-elle ? L'histoire peint ce qui a été fait. La poésie, ce qui a pu être fait. L'une est liée au vrai, elle ne crée ni actions, ni acteurs. L'autre n'est tenue qu'au vraisemblable : elle invente, elle imagine à son gré, elle peint de tête. L'historien donne les exemples tels qu'ils sont, souvent imparfaits. Le poète les donne tels qu'ils doivent être. Et c'est pour cela que, selon le même philosophe, la poésie est une leçon bien plus instructive que l'histoire[1].

Sur ce principe, il faut conclure que si les arts sont imitateurs de la nature, ce doit être une imitation sage et éclairée, qui ne la copie pas servilement, mais qui choisissant les objets et les traits, les présente avec toute la perfection dont ils sont susceptibles. En un mot, une imitation, où on voit la nature, non telle qu'elle est en elle-même, mais telle qu'elle peut être, et qu'on peut la concevoir par l'esprit.

Que fit Zeuxis quand il voulut peindre une beauté parfaite ? Fait-il le portrait de quelque beauté particulière, dont sa peinture fût l'histoire ? Non : il rassembla les traits séparés de plusieurs beautés existantes. Il se forma dans l'esprit une idée factice qui résulta de tous ces traits réunis : et cette idée fut le prototype, ou le modèle de son tableau, qui fut vraisemblable et poétique dans sa totalité, et ne fut vrai et historique que dans ses parties prises séparément. Voilà l'exemple donné à tous les artistes : voilà la route qu'ils doivent suivre, et c'est la pratique de tous les grands maîtres sans exception.

Quand Molière voulut peindre la misanthropie, il ne chercha point dans Paris un original, dont sa pièce fût une copie exacte : il n'eût fait qu'une histoire, qu'un portrait ; il n'eût instruit qu'à demi. Mais il recueillit tous les traits d'humeur noire qu'il pouvait avoir remarqués dans les hommes : il y ajouta tout ce que l'effort de son génie peut lui fournir dans le

---

1. « Voilà pourquoi la poésie est une chose plus philosophique et plus noble que l'histoire » (Aristote, *Poétique*, 1451 b 5, *op. cit.*, p. 98).

même genre et de tous ces traits rapprochés et assortis, il en figura un caractère unique, qui ne fut pas la représentation du vrai, mais celle du vraisemblable. Sa comédie ne fut point l'histoire d'Alceste, mais la peinture d'Alceste fut l'histoire de la misanthropie prise en général. Et par là il a instruit beaucoup mieux que n'eût fait un historien scrupuleux, qui eût raconté quelques traits véritables d'un misanthrope réel[1].

Ces deux exemples suffisent pour donner, en attendant, une idée claire et distincte de ce qu'on appelle la belle nature. Ce n'est pas le vrai qui est; mais le vrai qui peut être, le beau vrai, qui est représenté comme s'il existait réellement, et avec toutes les perfections qu'il peut recevoir[2]. Cela n'empêche point que le vrai et le réel ne puissent être la matière des arts. C'est ainsi que les muses s'en expliquent dans Hésiode[3] :

> Souvent par ses couleurs l'adresse de notre art,
> Au mensonge du vrai sait donner l'apparence
> Mais nous savons aussi par la même puissance
> Chanter la vérité sans mélange et sans fard.

---

1. « Platon – dit Maxime de Tyr, *Dissert.* 7 – a fait dans sa République de que les statuaires, qui ressemblent les plus bequx traits de différents corps pour en composer un seul d'une beauté parfaite, et dont aucune beauté naturelle ne peut approcher pour le choix, le concert, la régularité de toutes ses partis ». On disait chez les anciens : il est beau comme une statue. Et c'est dans un pareil sens que Juvenal pour exprimer toutes les horreurs possibles d'une tempête, l'appelle Tempête poétique. *Omnia fiunt/Talia, tam graviter, si quando poetica surgit/tempestas* (Iuvenalis, *Satirae*, XII, 23-25).

2. La qualité de l'objet n'y fait rien. Que ce soit une hydre, un avare, un faux dévot, un Néron, dès qu'on les a présentés avec tous les traits qui peuvent leur convenir on a peint la belle Nature. Que ce soit les Furies ou les Grâces, il n'importe.

3. [Hésiode, Théogonie, 27]

Si un fait historique se trouvait tellement taillé qu'il peut servir de plan à un poème, ou à un tableau, la peinture alors et la poésie l'emploieraient comme tel, et useraient de leurs droits d'un autre côté, en inventant des circonstances, des contrastes, des situations, etc. Quand Le Brun peignait les batailles d'Alexandre, il avait dans l'histoire, le fait, les acteurs, le lieu de la scène ; cependant quelle invention ! Quelle poésie dans son ouvrage ! La disposition, les attitudes, l'expression des sentiments, tout cela était réservé à la création du génie. De même le combat des horaces, d'histoire qu'il était, se changea en poème dans les mains de Corneille, et le triomphe de Mardochée, dans celles de Racine. L'art bâtit alors sur le fond de la vérité. Et il doit la mêler si adroitement avec le mensonge, qu'il s'en forme un tout de même nature :

> *Atque ita mentitur, sic veris falsa remiscet,*
> *Primo ne medium, medio ne discrepet imum.*

C'est ce qui se pratique ordinairement dans les épopées, dans les tragédies, dans les tableaux historiques. Comme le fait n'est plus entre les mains de l'histoire, mais livré au pouvoir de l'artiste, à qui il est permis de tout oser pour arriver à son but ; on le pétrit de nouveau, si j'ose parler ainsi, pour lui faire prendre une nouvelle forme : on ajoute, on retranche, on transpose. Si c'est un poème, on serre les nœuds, on prépare les dénouements, etc. car on suppose que le germe de tout cela est dans l'histoire, et qu'il ne s'agit que de le faire éclore : s'il n'y est point, l'art alors jouît de tous ses droits dans toute leur étendue, il crée tout ce dont il a besoin. C'est un privilège qu'on lui accorde, parce qu'il est obligé de plaire.

PARTIE 1 CHAPITRE 4

Dans quel état doit être le génie pour imiter la belle nature.

Les génies les plus féconds ne sentent pas toujours la présence des muses. Ils éprouvent des temps de sécheresse et de stérilité. La verve de Ronsard qui était né poète, avait des repos de plusieurs mois. La muse de Milton avait des inégalités dont son ouvrage se ressent ; et pour ne point parler de Stace, de Claudien, et de tant d'autres, qui ont éprouvé des retours de langueur et de faiblesse, le grand Homère ne sommeillait-il pas quelquefois au milieu de tous ses héros et de ses dieux ? Il y a donc des moments heureux pour le génie, lorsque l'âme enflammée comme d'un feu divin se représente toute la nature, et répand sur tous les objets cet esprit de vie qui les anime, ces traits touchants qui nous séduisent ou nous ravissent.

Cette situation de l'âme se nomme *enthousiasme*, terme que tout le monde entend assez, et que presque personne ne définit. Les idées qu'en donnent la plupart des auteurs paraissent sortir plutôt d'une imagination étonnée et frappée d'enthousiasme elle-même, que d'un esprit qui ait pensé ou réfléchi. Tantôt c'est une vision céleste, une influence divine, un esprit prophétique : tantôt c'est une ivresse, une extase, une joie mêlée de trouble et d'admiration en présence de la divinité. Avoient-ils dessein par ce langage emphatique de relever les arts, et de dérober aux profanes les mystères des muses ?

Pour nous qui cherchons à éclaircir nos idées, écartons tout ce faste allégorique qui nous offusque. Considérons l'enthousiasme comme un philosophe considère les grands, sans aucun égard pour ce vain étalage qui l'environne et qui le cache. La divinité qui inspire les auteurs excellents quand ils composent, est semblable à celle qui anime les héros dans les combats :

Sua cuique Deus *fit dira Cupido.*

Dans les uns, c'est l'audace, l'intrépidité naturelle animée par la présence même du danger. Dans les autres, c'est un grand fonds de génie, une justesse d'esprit exquise, une imagination féconde, et surtout un cœur plein d'un feu noble, et qui s'allume aisément à la vue des objets. Ces âmes privilégiées prennent fortement l'empreinte des choses qu'elles conçoivent, et ne manquent jamais de les reproduire avec un nouveau caractère d'agrément et de force qu'elles leur communiquent. Voilà la source et le principe de l'enthousiasme. On sent déjà quels doivent en être les effets par rapport aux arts imitateurs de la belle nature. Rappelons-nous l'exemple de Zeuxis. La nature a dans ses trésors tous les traits dont les plus belles imitations peuvent être composées : ce sont comme des études dans les tablettes d'un peintre. L'artiste qui est essentiellement observateur, les reconnaît, les tire de la foule, les assemble. Il en compose un tout dont il conçoit une idée vive qui le remplit. Bientôt son feu s'allume, à la vue de l'objet, il s'oublie, son âme passe dans les choses qu'il crée : il est tour à tour Cinna, Auguste, Phèdre, Hippolyte, et si c'est La Fontaine, il est le loup et l'agneau, le chêne et le roseau. C'est dans ces transports qu'Homère voit les chars et les coursiers des dieux, que Virgile entend les cris affreux de Phlegias dans les ombres infernales et qu'ils trouvent l'un et l'autre des choses qui ne sont nulle part, et qui cependant sont vraies :

> *... Poeta cum tabulas cepit sibi,*
> *Quaerit quod nusquam est gentium, repperit tamen.*

C'est pour le même effet que ce même enthousiasme est nécessaire aux peintres et aux musiciens. Ils doivent oublier leur état, sortir d'eux-mêmes, et se mettre au milieu des choses qu'ils veulent représenter. S'ils veulent peindre une bataille, ils se transportent, de même que le poète, au milieu de la mêlée : ils entendent le fracas des armes, les cris des mourants, ils voient la fureur, le carnage, le sang. Ils excitent eux-mêmes leurs imaginations, jusqu'à ce qu'ils se sentent émus, saisis, effrayés : alors, *Deus ecce Deus*; qu'ils chantent, qu'ils peignent, c'est un dieu qui les inspire :

> ... *Bella horrida bella,*
> *Et Tiberim multo spumantem sanguine cerno.*

C'est ce que Cicéron appelle : *mentis viribus excitari, divino spiritu afflari*. Voilà la fureur poétique, voilà l'enthousiasme, voilà le dieu que le poète invoque dans l'épopée, qui inspire le héros dans la tragédie, qui se transforme en simple bourgeois dans la comédie, en berger dans l'églogue, qui donne la raison et la parole aux animaux dans l'apologue. Enfin le dieu qui fait les vrais peintres, les musiciens et les poètes.

Accoutumé que l'on est à n'exiger l'enthousiasme que pour le grand feu de la lyre ou de l'épopée, on est peut-être surpris d'entendre dire qu'il est nécessaire même pour l'apologue. Mais, qu'est-ce que l'enthousiasme ? Il ne contient que deux choses : une vive représentation de l'objet dans l'esprit, et une émotion du cœur proportionnée à cet objet[1]. Ainsi de même qu'il y a des objets simples, nobles, sublimes, il y a aussi des enthousiasmes qui leur répondent, et que les peintres, les musiciens, les poètes se partagent selon les degrés qu'ils ont

---

1. Dans les sujets qui demandent de l'enthousiasme, le Dieu n'enleve pas le poète, dit Plutarque, il ne fait que lui donner des idées vives, lesquelles idées produisent des sentiments qui leur répondent. ... [Plutarque, *Vie de Coriol.,* XXXII, 7]

embrassés; et dans lesquels il est nécessaire qu'ils se mettent tous, sans en excepter aucun, pour arriver à leur but qui est l'expression de la nature dans son beau. Et c'est pour cela que La Fontaine dans ses fables, et Molière dans ses comédies sont poètes, et aussi grands poètes que Corneille dans ses tragédies, et Rousseau dans ses odes.

PARTIE 1 CHAPITRE 5

De la manière dont les arts font leur imitation.

Jusqu'ici on a tâché de montrer que les arts consistaient dans l'imitation; et que l'objet de cette imitation était la belle nature représentée à l'esprit dans l'enthousiasme. Il ne reste plus qu'à exposer la manière dont cette imitation se fait. Et par-là, on aura la différence particulière des arts dont l'objet commun est l'imitation de la belle nature.

On peut diviser la nature par rapport aux beaux arts en deux parties : l'une qu'on saisit par les yeux, et l'autre, par le ministère des oreilles, car les autres sens sont stériles pour les beaux arts. La première partie est l'objet de la peinture qui représente sur un plan tout ce qui est visible. Elle est celui de la sculpture qui le représente en relief; et enfin celui de l'art du geste qui est une branche des deux autres arts que je viens de nommer, et qui n'en diffère, dans ce qu'il embrasse, que parce que le sujet à qui on attache les gestes dans la danse est naturel et vivant, au lieu que la toile du peintre et le marbre du sculpteur ne le sont point. La seconde partie est l'objet de la musique considérée seule et comme un chant; en second lieu de la poésie qui emploie la parole, mais la parole mesurée et calculée dans tous ses tons.

Ainsi la peinture imite la belle nature par les couleurs, la sculpture par les reliefs, la danse par les mouvements et par les attitudes du corps. La musique l'imite par les sons inarticulés, et la poésie enfin par la parole mesurée. Voilà les caractères distinctifs des arts principaux. Et s'il arrive quelquefois que ces arts se mêlent et se confondent, comme, par exemple, dans la poésie, si la danse fournit des gestes aux acteurs sur le théâtre, si la musique donne le ton de la voix dans la déclamation, si le pinceau décore le lieu de la scène, ce sont des services qu'ils se rendent mutuellement, en vertu de leur fin commune et de leur alliance réciproque, mais c'est sans préjudice à leurs droits particuliers et naturels. Une tragédie sans gestes, sans musique, sans décoration, est toujours un poème. C'est une imitation exprimée par le discours mesuré. Une musique sans paroles est toujours musique. Elle exprime la plainte et la joie indépendamment des mots, qui l'aident, à la vérité ; mais qui ne lui apportent, ni ne lui ôtent rien qui altère sa nature et son essence. Son expression essentielle est le son, de même que celle de la peinture est la couleur, et celle de la danse le mouvement du corps. Cela ne peut être contesté.

Mais il y a ici une chose à remarquer : c'est que de même que les arts doivent choisir les desseins de la nature et les perfectionner, ils doivent choisir aussi et perfectionner les expressions qu'ils empruntent de la nature. Ils ne doivent point employer toutes sortes de couleurs, ni toutes sortes de sons : il faut en faire un juste choix et un mélange exquis ; il faut les allier, les proportionner, les nuancer, les mettre en harmonie. Les couleurs et les sons ont entre eux des sympathies et des répugnances. La nature a droit de les unir selon ses volontés, mais l'art doit le faire selon les règles. Il faut non seulement qu'il ne blesse point le goût, mais qu'il le flatte, et le flatte autant qu'il peut être flatté.

Cette remarque s'applique également à la poésie. La parole qui est son instrument ou sa couleur, a chez elle certains degrés d'agrément qu'elle n'a point dans le langage ordinaire : c'est le marbre choisi, poli, et taillé, qui rend l'édifice plus riche, plus beau, plus solide. Il y a un certain choix de mots, de tours, surtout une certaine harmonie régulière qui donne à son langage quelque chose de surnaturel qui nous charme et nous enlève à nous-mêmes. Tout cela a besoin d'être expliqué avec plus d'étendue, et le sera dans la troisième partie.

Définitions des arts. Il est aisé maintenant de définir les arts dont nous avons parlé jusqu'ici. On connaît leur objet, leur fin, leurs fonctions, et la manière dont ils s'en acquittent, ce qu'ils ont de commun qui les unit, ce qu'ils ont de propre, qui les sépare et les distingue. On définira la peinture, la sculpture, la danse, une imitation de la belle nature exprimée par les couleurs, par le relief, par les attitudes. Et la musique et la poésie, l'imitation de la belle nature exprimée par les sons, ou par le discours mesuré. Ces définitions sont simples, elles sont conformes à la nature du génie qui produit les arts, comme on vient de le voir. Elles ne le sont pas moins aux lois du goût, on le verra dans la seconde partie. Enfin elles conviennent à toutes les espèces d'ouvrages qui sont véritablement ouvrages de l'art. On le verra dans la troisième.

PARTIE 1 CHAPITRE 6

En quoi l'éloquence et l'architecture diffèrent des autres arts.

Il faut se rappeler un moment, la division des arts que nous avons proposée ci-dessus. Les uns furent inventés pour le seul besoin, d'autres pour le plaisir, quelques-uns durent leur naissance d'abord à la nécessité, mais, ayant su depuis se revêtir d'agréments, ils se placèrent à côté de ceux qu'on appelle beaux arts par honneur. C'est ainsi que l'architecture ayant changé en demeures riantes et commodes, les antres que le besoin avait creusez pour servir de retraite aux hommes, mérita parmi les arts, une distinction qu'elle n'avait pas auparavant.

Il arriva la même chose à l'éloquence. Le besoin qu'avaient les hommes de se communiquer leurs pensées et leurs sentiments, les fit orateurs et historiens, dès qu'ils surent faire usage de la parole. L'expérience, le tems, le goût ajoutèrent à leurs discours, de nouveaux degrés de perfection. Il se forma un art qu'on appela éloquence, et qui, même pour l'agrément, se mit presque au niveau de la poésie : sa proximité, et sa ressemblance avec celle-ci, lui donnèrent la facilité d'en emprunter les ornements qui pouvaient lui convenir, et de se les ajuster. De-là vinrent les périodes arrondies, les antithèses mesurées, les portraits frappés, les allégories soutenues : de-là, le choix des mots, l'arrangement des phrases, la progression symétrique de l'harmonie. Ce fut l'art qui servit alors de modèle à la nature ; ce qui arrive souvent, mais à une condition, qui doit être regardée comme la base essentielle et la règle fondamentale de tous les arts, c'est que, dans les arts qui sont pour l'usage, l'agrément prenne le caractère de la nécessité même : tout doit y paraître pour le besoin. De même que dans les arts qui sont destinés au plaisir, l'utilité n'a droit d'y entrer, que quand elle est de caractère à procurer le même plaisir, que ce qui aurait été imaginé uniquement pour plaire. Voilà la règle.

Ainsi de même que la poésie, ou la sculpture, ayant pris leurs sujets dans l'histoire, ou dans la société, se justifieraient mal d'un mauvais ouvrage, par la vérité du modèle qu'elles auraient suivi ; parce que ce n'est pas le vrai qu'on leur demande, mais le beau : de même aussi l'éloquence et l'architecture mériteraient des reproches, si le dessein de plaire y paraissait. C'est chez elles que l'art rougit quand il est aperçu. Tout ce qui n'y est que pour l'ornement, est vicieux. Ce n'est pas un spectacle qu'on leur demande, c'est un service.

Il y a cependant des occasions, où l'éloquence et l'architecture peuvent prendre l'essor. Il y a des héros à célébrer, et des temples à bâtir. Et comme le devoir de ces deux arts est alors d'imiter la grandeur de leur objet, et d'exciter l'admiration des hommes ; il leur est permis de s'élever de quelques degrés, et d'étaler toutes leurs richesses : mais cependant, sans s'écarter trop de leur fin originaire, qui est le besoin et l'usage. On leur demande le beau dans ces occasions, mais un beau qui soit d'une utilité réelle.

Que penserait-on d'un édifice somptueux qui ne serait d'aucun usage ? La dépense comparée avec l'inutilité, formerait une disproportion désagréable pour ceux qui le verraient, et ridicule pour celui qui l'aurait fait. Si l'édifice demande de la grandeur, de la majesté, de l'élégance, c'est toujours en considération du maître qui doit l'habiter. S'il y a proportion, variété, unité, c'est pour le rendre plus aisé, plus solide, plus commode : tous les agréments pour être parfaits doivent se tourner à l'usage. Au lieu que dans la sculpture les choses d'usage doivent se tourner en agréments.

L'éloquence est soumise aux mêmes lois. Elle est toujours, dans ses plus grandes libertés, attachée à l'utile et au vrai ; et si quelquefois le vraisemblable ou l'agrément deviennent son objet, ce n'est que par rapport au vrai même, qui n'a jamais tant de crédit que quand il plaît, et qu'il est vraisemblable.

L'orateur ni l'historien n'ont rien à créer, il ne leur faut de génie que pour trouver les faces réelles qui sont dans leur objet : ils n'ont rien à y ajouter, rien à en retrancher : à peine osent-ils quelquefois transposer : tandis que le poète se forge à lui-même ses modèles, sans s'embarrasser de la réalité.

De sorte que si on voulait définir la poésie par opposition à la prose ou à l'éloquence, que je prend ici pour la même chose ; on dirait toujours que la poésie est une imitation de la belle nature exprimée par le discours mesuré : et la prose ou l'éloquence, la nature elle-même exprimée par le discours libre. L'orateur doit dire le vrai d'une manière qui le fasse croire, avec la force et la simplicité qui persuadent. Le poète doit dire le vraisemblable d'une manière qui le rende agréable, avec toute la grâce et toute l'énergie qui charment et qui étonnent. Cependant comme le plaisir prépare le cœur à la persuasion, et que l'utilité réelle flatte toujours l'homme, qui n'oublie jamais son intérêt ; il s'ensuit, que l'agréable et l'utile doivent se réunir dans la poésie et dans la prose, mais en s'y plaçant dans un ordre conforme à l'objet qu'on se propose dans ces deux genres d'écrire.

Si on objectait qu'il y a des écrits en prose qui ne sont l'expression que du vraisemblable ; et d'autres en vers qui ne sont que l'expression du vrai : on répondrait que la prose et la poésie étant deux langages voisins, et dont le fond est presque le même, elles se prêtent mutuellement tantôt la forme qui les distingue, tantôt le fond même qui leur est propre, de sorte que tout paraît travesti.

Il y a des fictions poétiques qui se montrent avec l'habit simple de la prose : tels sont les romans et tout ce qui est dans leur genre. Il y a de même des matières vraies, qui paraissent revêtues et parées de tous les charmes de l'harmonie poétique : tels sont les poèmes didactiques et historiques. Mais ces fictions en prose et ces histoires en vers, ne sont ni pure prose ni poésie pure. C'est un mélange des deux natures, auquel la définition ne doit point avoir égard : ce sont des caprices faits pour être hors de la règle, et dont l'exception est absolument sans conséquence pour les principes.

FRIEDRICH VON SCHILLER

SUR LES LIMITES NÉCESSAIRES
DANS L'USAGE DES BELLES FORMES *

L'abus de la beauté et les prétentions de l'imagination, là
où elle ne possède que le pouvoir exécutif, de s'emparer
également du pouvoir législatif, ont causé aussi bien dans la
vie que dans la science tant de dégâts qu'il n'est pas de peu
d'importance de déterminer exactement les limites qui sont
posées à l'usage des belle formes. Ces limites résident déjà
dans la nature du beau et il nous suffit de nous souvenir
comment le goût manifeste son influence pour pouvoir
déterminer *jusqu'où* il a le droit de l'étendre.

Les effets du goût, pris en général, sont de mettre en
harmonie les facultés sensibles et spirituelles de l'homme et de
les unifier en une alliance intime. Là donc où une telle alliance
intime entre la raison et les sens est finale et légale, on peut
accorder une influence au goût. Mais s'il y a des cas où nous
devons agir dégagés de toute influence sensible et en tant que

* F. von Schiller, « Sur les limites nécessaires dans l'usage des belles
formes », trad. fr. N. Briand, dans *Textes esthétiques*, Paris, Vrin, 1998, p. 71-90.

purs êtres de raison, que ce soit pour atteindre une fin ou bien pour satisfaire à un devoir, où le lien entre l'esprit et la matière doit donc être suspendu pour un instant, là le goût a ses limites qu'il ne peut dépasser sans faire échouer une fin ou nous éloigner de notre devoir. Or il existe de tels cas et ceux-ci nous sont prescrits déjà par notre destination.

Notre destination est d'acquérir des connaissances et d'agir à partir de ces connaissances. Ces deux activités requièrent une aptitude à exclure les sens de tout ce que l'esprit accomplit car dans tout connaître il faut faire abstraction du sentir, et dans tout vouloir moral, du désir.

Lorsque nous *acquérons des connaissances*, nous nous comportons de façon *active* et nous dirigeons notre attention sur un *objet*, sur un rapport de représentations à représentations. Lorsque nous *ressentons*, nous nous comportons de façon *passive* et notre attention (si du moins on peut nommer ainsi ce qui n'est pas une activité consciente de l'esprit) est simplement dirigée sur notre *état*, dans la mesure où celui-ci est modifié par une impression reçue. Or comme nous ressentons simplement le beau et que nous ne le reconnaissons pas, nous ne prêtons ce faisant aucune attention à un rapport de celui-ci à d'autres objets, nous ne rapportons pas sa représentation à d'autres représentations mais à notre moi ressentant. *Dans* le bel objet nous n'apprenons rien mais *par* lui, nous faisons l'expérience d'une modification de notre état, dont la sensation est l'expression. Notre savoir n'est donc pas augmenté par les jugements du goût et aucune connaissance, pas même de la beauté, n'est acquise par la sensation de la beauté. Là donc où le but est la connaissance, le goût ne peut nous rendre aucun service, du moins pas directement et immédiatement; la connaissance est bien plutôt interrompue aussi longtemps que la beauté nous occupe.

Or à quoi peut bien servir, objectera-t-on, un habillement recherché des concepts si le but de l'exposé, qui ne saurait être autre que de produire des connaissances, est par cela davantage gêné que favorisé ?

Il est vrai que la beauté de l'habillement peut tout aussi peu contribuer à convaincre l'entendement que l'arrangement recherché d'un repas à la satiété des convives, ou l'élégance extérieure d'un homme au jugement de sa valeur intérieure. Mais de même que là, par le bel agencement de la table, l'appétit est excité, et qu'ici, suscitée et aiguisée par l'aspect avenant, l'attention se dirige sur l'homme dans son entier, nous sommes placés par une présentation attrayante de la vérité dans une tonalité propice à lui ouvrir notre âme, et les obstacles dans notre esprit sont écartés, qui se seraient sinon opposés à la difficile poursuite d'une longue et sévère chaîne de pensées. Ce n'est jamais le contenu qui gagne par la beauté de la forme, et jamais l'entendement n'est aidé par le goût lorsqu'il acquiert des connaissances. Le contenu doit se recommander immédiatement par lui-même à l'entendement alors que la belle forme parle à l'imagination et la flatte par une apparence de liberté.

Mais même cette innocente indulgence envers les sens, que l'on se permet simplement dans la *forme*, sans pour cela changer quelque chose au *contenu*, est soumise à de grandes restrictions et peut être totalement contraire à la fin recherchée, selon le genre de connaissance et le degré de conviction que l'on vise dans la communication de ses pensées.

Il y a une connaissance *scientifique* qui repose sur des concepts distincts et des principes reconnus, et une connaissance *populaire* qui se fonde simplement sur des sentiments plus ou moins développés. Ce qui souvent est propice à cette dernière peut entrer carrément en conflit avec la première.

Là où l'effet recherché est une conviction rigoureuse à partir de principes, il ne suffit pas d'exposer la vérité simplement *d'après le contenu*, l'*épreuve* de la vérité doit aussi être contenue en même temps dans la forme de l'exposé. Or ceci ne peut signifier qu'une chose, à savoir que non seulement le contenu mais aussi sa présentation doivent être conformes aux lois de la pensée. C'est avec la même stricte nécessité par laquelle les concepts se lient les uns aux autres dans l'entendement qu'ils doivent aussi se composer dans l'exposé et la constance dans la présentation doit correspondre à la constance dans l'Idée. Or toute liberté qui est concédée à l'imagination dans les connaissances entre en conflit avec la stricte nécessité avec laquelle l'entendement enchaîne les jugements aux jugements et les raisonnements aux raisonnements. Conformément à sa nature, l'imagination tend toujours vers des intuitions, c'est-à-dire des représentations complètes et déterminées de part en part, et elle s'efforce sans relâche de présenter l'universel dans un cas particulier, de le limiter dans l'espace et le temps, de faire du concept un individu, de prêter à l'abstrait un corps. En outre elle aime dans ses compositions la *liberté* et ne reconnaît dans celles-ci nulle autre loi que le hasard de la liaison spatiale et temporelle; car celle-ci est le seul lien subsistant entre nos représentations lorsque nous supprimons par la pensée tout ce qui est concept, tout ce qui les relie intérieurement. De façon exactement inverse, l'entendement ne s'occupe que de *représentations partielles* ou de concepts et il s'évertue à distinguer des critères dans le tout vivant d'une intuition. Comme il lie les choses *en fonction de leurs rapports internes*, qui ne se laissent découvrir que par séparation, l'entendement ne peut *relier* que dans la mesure où il a auparavant *séparé*, c'est-à-dire qu'il ne peut relier que par des représentations partielles. L'entendement observe dans ses combinaisons une rigoureuse nécessité et régularité, et il n'y a que le lien constant des concepts qui puisse le satisfaire. Or ce lien est perturbé à chaque fois que l'imagination intercale des représentations *entières* (des cas particuliers) dans la chaîne des abstractions et mêle, à la nécessité rigoureuse de la liaison des choses, le hasard de la liaison temporelle[1]. Il est donc inévitablement nécessaire que là où on vise une stricte cohérence logique dans la pensée, l'imagination renie son caractère arbitraire et apprenne à subordonner et à sacrifier au besoin de l'entendement sa tendance à la plus grande sensibilité possible dans les représentations et à la plus grande liberté possible dans leur liaison. C'est pourquoi l'exposé doit déjà être disposé de telle sorte que soit étouffée par l'exclusion de tout ce qui est individuel et sensible cette tendance de l'imagination, et que soient posées des limites tant à sa turbulente pulsion poétique par la précision dans l'expression qu'à son arbitraire dans les combinaisons par la régularité dans la progression. Il est vrai qu'elle ne se soumettra pas à ce joug sans résistance, mais il est aussi légitime d'escompter ici une certaine abnégation et la ferme résolution de la part de l'auditeur ou du lecteur, dans son effort pour s'approprier le contenu, de ne pas faire cas des difficultés, qui sont inséparables de la forme.

---

1. Par conséquent un écrivain qui vise la rigueur scientifique ne se servira d'*exemples* que de mauvaise grâce et de façon très parcimonieuse. Ce qui vaut du général avec une vérité parfaite est soumis dans chaque cas particulier à des restrictions ; et comme en tout cas particulier il se rencontre des circonstances qui, eu égard au concept général que ce cas est censé présenter, sont contingentes, il est toujours à redouter que ces relations contingentes soient transposées dans ce concept général et lui ôtent une partie de sa généralité et nécessité.

Mais là où on ne peut *pas* s'attendre à une telle résolution ni avoir aucun espoir que l'intérêt pour le contenu sera assez fort pour encourager à produire un tel effort, il faudra bien renoncer à la communication d'une connaissance scientifique, mais en contrepartie on gagnera un peu plus de liberté eu égard à l'exposé. On quitte dans ce cas la forme de la science, qui exerce une trop grande violence contre l'imagination et que seule l'importance de la fin peut rendre acceptable, et on choisit à sa place la forme de la beauté, qui indépendamment de tout contenu se recommande déjà par elle-même. Parce que la chose ne veut pas prendre la forme sous sa protection, la forme doit prendre la relève de la chose.

L'enseignement populaire compose avec cette liberté. Puisque l'orateur ou l'écrivain populaire (une dénomination sous laquelle je comprends quiconque ne s'adresse pas exclusivement au savant) ne parle pas à un public préparé et ne choisit pas ses lecteurs, comme cet autre, mais qu'il doit les prendre comme il les trouve, il ne peut aussi supposer chez eux que les conditions générales de la pensée et les impulsions générales de l'attention et non pas une *aptitude à penser* particulière, une familiarité avec certains concepts ou un intérêt envers certains objets. Il ne peut donc pas non plus supputer dans quelle mesure l'imagination de ceux qu'il veut instruire associera à ses abstractions le sens qui convient et présentera un contenu correspondant aux concepts généraux, auxquels l'exposé scientifique se restreint. Afin d'en être sûr, il préfère par conséquent livrer aussitôt *en même temps* les intuitions et les cas particuliers auxquels ces concepts se rapportent, et laisser à l'entendement de ses lecteurs le soin de former spontanément le concept à partir de ces cas particuliers. L'imagination, dans l'exposé populaire, a donc déjà un rôle beaucoup plus important, mais toujours cependant de façon uniquement *reproductive* (renouvelant des représentations reçues) et non pas de façon *productive* (prouvant sa force autocréatrice). Ces cas et intuitions particuliers sont, pour le but visé, calculés de façon beaucoup trop précise et, pour l'usage qui doit en être fait, établis de façon beaucoup trop déterminée pour que l'imagination puisse oublier qu'elle n'agit qu'*au service de l'entendement*. L'exposé se rapproche certes quelque peu de la vie et du monde sensible, mais il ne se perd pas encore dans ce monde. La présentation n'est donc jusqu'ici que *didactique* car pour être belle il lui manque encore les deux plus nobles qualités, *la sensibilité dans l'expression et la liberté dans le mouvement*.

La présentation devient *libre* lorsque l'entendement certes détermine le lien des idées mais avec une régularité si bien cachée que l'imagination semble procéder de façon totalement arbitraire et ne suivre que la contingence de la liaison temporelle. Elle devient *sensible* lorsqu'elle cache le général sous le particulier et livre à l'imagination l'image vivante (la représentation *entière*) alors que seul le concept (la représentation partielle) est visé. La présentation sensible est donc, considérée d'un certain point de vue, *riche* parce que là où *une* seule détermination est réclamée, elle donne une image complète, un tout de déterminations, un individu, mais considérée d'un autre point de vue elle est à nouveau *restreinte* et *pauvre* parce qu'elle affirme d'un individu seulement et d'un cas particulier ce qui est à comprendre de toute une sphère. Elle rogne donc l'entendement dans l'exacte mesure où elle gratifie l'imagination à profusion, car plus une représentation est exhaustive dans son contenu, plus son extension est faible.

L'intérêt de l'imagination est de changer d'objet de façon arbitraire ; l'intérêt de l'entendement est de lier les siens avec une stricte nécessité. Quelque grand que puisse paraître le conflit entre ces deux intérêts, il existe pourtant entre eux un point de jonction, et c'est le véritable mérite du beau style que de découvrir ce point.

Afin de satisfaire l'imagination, le discours doit comporter une partie matérielle ou *corps*, et celui-ci est constitué par les intuitions, dont l'entendement sépare les différents critères ou concepts; car quelque abstraite que puisse être notre pensée, il y a pourtant toujours en dernier ressort quelque chose de sensible à son fondement. Or l'imagination veut sauter anarchiquement et sans règle d'intuition en intuition et ne s'attacher par nul autre lien que par la suite temporelle. Si donc les intuitions, qui fournissent au discours la partie corporelle, ne se trouvent dans aucune liaison objective entre elles, si elles semblent bien plutôt exister pour elles-mêmes comme des membres indépendants et un tout spécifique, si elles trahissent tout le désordre d'une imagination ludique et n'obéissant qu'à elle-même, alors l'habillement possède une liberté esthétique et le besoin de l'imagination est satisfait. Une telle présentation, pourrait-on dire, est un produit *organique*, dans lequel le tout n'est pas le seul à vivre mais où aussi les différentes parties possèdent une vie qui leur est propre; la présentation simplement scientifique est une œuvre *mécanique* où les parties, inertes par elles-mêmes, insufflent au tout par leur ajustement une vie artificielle.

Afin d'un autre côté de satisfaire l'entendement et de produire des connaissances, le discours doit avoir une partie spirituelle, la *signification*, et il obtient celle-ci des concepts, par le truchement desquels, ces intuitions sont rapportées les unes aux autres et reliées en un tout. Or, si entre ces concepts en tant que partie spirituelle du discours, le lien le plus exact se met en place pendant que les intuitions qui leur correspondent en tant que partie sensible du discours semblent ne s'assembler que par un jeu arbitraire de l'imagination, le problème est alors résolu et l'entendement est satisfait par la régularité tandis que l'imagination est flattée par l'absence de règle.

Si on examine le pouvoir de séduction du beau style, on trouvera toujours qu'il est contenu dans un tel heureux rapport entre la liberté extérieure et la nécessité intérieure. C'est l'*individualisation* des objets et l'expression figurée ou *inappropriée* qui contribuent le plus à cette liberté de l'imagination. Celle-là, afin d'augmenter la sensibilité, celle-ci pour la faire naître là où elle n'est pas. En représentant l'espèce par un individu et en présentant un concept général dans un cas particulier, nous retirons à l'imagination les entraves que l'entendement lui avait mises et lui donnons tout pouvoir de démontrer sa force créatrice. S'efforçant constamment d'atteindre la totalité des déterminations, elle acquiert et fait valoir désormais le droit de compléter, animer et déformer à sa guise l'image qu'on lui a livrée, de la suivre dans ses liaisons et transformations. Elle peut pour quelques instants oublier son rôle de subordonnée et se comporter comme une souveraine arbitraire parce que grâce au strict lien interne, il est suffisamment assuré qu'elle ne pourra jamais échapper complètement aux rênes de l'entendement. L'expression inappropriée pousse cette liberté encore plus loin en réunissant des images qui, d'après leur contenu, sont tout à fait différentes mais qui s'associent ensemble sous un concept supérieur. Mais parce que l'imagination se fixe sur le contenu, l'entendement en revanche sur ce concept supérieur, la première fait un saut à l'endroit précis où le second perçoit la constance la plus parfaite. Les concepts se développent selon la *loi de la nécessité*, mais selon la *loi de la liberté* ils dépassent l'imagination ; la pensée reste la même, seul change le médium qui la présente. C'est ainsi que l'écrivain éloquent se crée l'ordre le plus magnifique, même à partir de l'anarchie, et érige sur un fondement toujours changeant, sur le flux de l'imagination qui coule sans relâche un solide édifice.

Si on établit une comparaison entre le style populaire, scientifique et le beau style, il s'avère que tous trois transmettent certes fidèlement, quant à la matière, la pensée qui est visée et que tous trois nous aident donc à acquérir une connaissance, mais que le genre et le degré de cette connaissance chez chacun d'eux divergent considérablement. Le bel écrivain nous représente la chose dont il traite comme beaucoup trop *possible* et *souhaitable* pour qu'il puisse nous convaincre de sa réalité ou même de sa nécessité; car sa pensée s'annonce simplement comme une création arbitraire de l'imagination, qui par elle-même ne saurait être en mesure de se porter garante de la réalité de ses représentations. L'écrivain populaire éveille en nous la croyance que les choses sont réellement ainsi, mais il ne va pas plus loin; car il nous rend certes la vérité de cet énoncé sensible mais non pas absolument certaine. Or le sentiment peut sans doute enseigner ce qui *est* mais jamais ce qui *doit être*. L'écrivain philosophique élève cette croyance au rang d'une conviction car il prouve par des raisons indubitables que les choses sont *nécessairement* ainsi.

Si on part des principes précédents, il ne sera pas difficile d'assigner à chacune de ces trois formes différentes du style sa place adéquate. Dans l'ensemble, on pourra admettre la règle que là où non seulement le résultat mais aussi en même temps les preuves sont importantes, le style scientifique méritera la préférence, et là où importe uniquement le résultat, ce sera le style populaire et le beau style qu'on choisira. Quant à savoir *quand* l'expression populaire doit devenir *belle*, c'est le plus ou moins grand degré d'intérêt, que l'on doit supposer et faire naître, qui en décide.

L'expression purement scientifique nous met (plus ou moins, selon qu'elle est plus philosophique ou plus populaire) en *possession* d'une connaissance; la belle expression nous la *prête* simplement pour son usage et sa jouissance momentanés. La première nous donne – si je puis me permettre cette comparaison – l'arbre avec la racine mais il nous faut cependant attendre patiemment qu'il fleurisse et qu'il porte ses fruits; la belle expression en coupe pour nous simplement les fleurs et les fruits mais l'arbre qui les porte n'est pas le nôtre, et lorsque ceux-ci sont fanés et consommés, notre richesse a disparu. De même qu'il serait insensé de couper simplement la fleur ou le fruit pour celui qui souhaite avoir l'arbre planté dans son jardin, il serait tout aussi absurde d'offrir à celui qui ne désire qu'un fruit à l'instant présent l'arbre lui-même avec ses fruits à venir. L'application s'en suit d'elle-même et je remarque simplement que la belle expression est tout aussi peu adéquate à la chaire professorale que la docte expression l'est à la belle société et à la tribune de l'orateur.

L'apprenant récolte pour des fins ultérieures et un usage futur; aussi l'enseignant doit-il faire en sorte qu'il *devienne l'entier propriétaire des connaissances* qu'il veut lui apprendre. Or rien n'est à nous, que ce dont se charge l'entendement. L'orateur par contre vise un usage rapide et doit satisfaire un besoin momentané de son public. Son intérêt est donc de rendre *pratiques*, aussi vite que possible, les connaissances qu'il propage, et c'est ce qu'il obtient le plus sûrement lorsqu'il les livre au *sens* et les dispose pour la *sensation*. L'enseignant, qui ne prend en charge son public que sous certaines conditions et est en droit de supposer déjà chez celui-ci la tonalité de l'âme qui est requise pour l'accueil de la vérité, ne s'oriente que sur l'*objet* de son exposé, alors qu'au contraire l'orateur, à qui il n'est pas possible de s'entendre avec son public sur aucune condition, et qui doit d'abord gagner l'inclination à sa cause, doit en même temps s'orienter sur les *sujets* à qui il s'adresse. Celui-là, dont le public était déjà là auparavant, et qui reviendra, n'a besoin de livrer que des fragments, qui ne constituent un tout qu'avec les exposés précédents ; celui-ci, dont le public change sans cesse, arrive non-préparé et qui ne reviendra peut-être jamais, doit *achever* sa tâche avec chaque exposé, chacun de ses développements doit être un tout en lui-même et renfermer son enseignement complet.

Il n'est donc pas étonnant qu'un exposé dogmatique, si méthodique qu'il soit, n'ait aucune fortune dans la conversation et la prédication et qu'un bel exposé, si spirituel qu'il soit, ne porte aucun fruit sur la chaire d'université – que le beau monde dédaigne des écrits qui font époque dans le monde savant et que le savant ignore des œuvres qui sont une école pour les gens du monde et sont dévorées avec avidité par tous les amoureux de la beauté. Chacun peut gagner l'admiration dans le cercle auquel il est destiné, tous deux peuvent même être parfaitement semblables quant au contenu interne, mais ce serait demander quelque chose d'impossible que de vouloir qu'une œuvre qui coûte des efforts au penseur serve en même temps le simple bel esprit dans son jeu frivole.

Pour cette raison je considère comme nuisible de choisir pour l'enseignement de la jeunesse des ouvrages dans lesquels des matières scientifiques sont revêtues d'une belle forme. Je ne parle ici en aucune façon de ces ouvrages où le contenu a été *sacrifié* à la forme, mais de ceux réellement admirables qui subissent avec succès l'épreuve matérielle la plus rigoureuse mais qui ne résistent pas à cette épreuve dans leur forme. Il est vrai que l'on atteint par de tels ouvrages le but d'être lu, mais toujours au détriment du but plus important pour lequel on veut être lu. L'entendement est exercé lors de cette lecture toujours uniquement en concordance avec l'imagination, et n'apprend donc jamais à séparer la forme de la matière et à agir en tant que pure faculté. Et pourtant le simple entraînement de l'entendement est déjà un moment essentiel dans l'enseignement de la jeunesse, et dans la plupart des cas l'important réside davantage dans l'exercice même de la pensée que dans les pensées. Si l'on veut obtenir qu'une tâche soit bien accomplie, on se gardera bien de l'annoncer comme un jeu. L'esprit doit bien plutôt être placé sous tension déjà par la forme du traitement et être amené avec une certaine violence de la passivité à l'activité. L'enseignant ne doit nullement dissimuler à son élève la régularité de la méthode mais attirer bien plutôt sur celle-ci son attention et si possible son inclination. L'étudiant doit apprendre à poursuivre une fin et, en vue de cette fin, à s'imposer aussi un moyen fastidieux. Tôt déjà il doit apprendre à tendre vers le plaisir supérieur, qui est le prix de l'effort. Dans l'exposé scientifique les sens sont totalement congédiés, dans le bel exposé ils sont intéressés. Quelle en sera la conséquence ? On dévore un tel ouvrage, une telle conversation et on y prend part, mais si on nous demande pour quels résultats, nous sommes à peine en mesure d'en rendre compte. Ce qui est tout naturel ! car les concepts s'engouffrent en masse dans l'âme, et l'entendement ne connaît que là où il distingue ; l'âme se comporte pendant la lecture de façon beaucoup plus passive qu'active et l'esprit ne possède que ce qu'il fait.

Ceci ne vaut du reste que pour le beau d'un genre commun et pour la façon commune de le ressentir. Le beau véritable se fonde sur la plus stricte détermination, sur la plus exacte séparation, sur la plus haute nécessité intérieure ; seulement cette détermination doit plutôt être trouvée que produite avec violence. La plus haute régularité doit être là mais apparaître comme une nature. Un tel produit satisfait parfaitement l'entendement dès qu'il est étudié, mais justement parce qu'il est véritablement beau il n'impose pas sa régularité, il ne s'adresse pas à l'entendement *en particulier* mais parle au tout harmonieux de l'homme en tant que pure unité, à la nature en tant que nature. Un vulgaire critique le trouvera peut-être vide, médiocre, beaucoup trop peu déterminé ; ce qui précisément constitue le triomphe de la présentation, la parfaite dissolution des parties en un tout pur le blesse parce qu'il ne sait que distinguer et n'a de sens que pour le singulier. Certes l'entendement, en tant que faculté de la distinction, doit être satisfait lors des développements philosophiques, des résultats particuliers doivent s'en dégager pour lui ; c'est là la fin qui en aucune façon ne doit passer au second plan. Mais lorsque l'écrivain, par la stricte détermination interne, a fait en sorte que l'entendement doive nécessairement trouver ces résultats, pour peu que celui-ci s'y emploie, mais que loin de s'en satisfaire et forcé par sa nature (qui agit toujours comme une unité harmonieuse et qui, là où elle a perdu cette unité par le fait de l'abstraction, la rétablit rapidement), cet écrivain relie à nouveau ce qui a été séparé et, par l'exigence conjointe des facultés sensibles et spirituelles, sollicite constamment l'homme dans son entier, il a ma foi d'autant moins démérité de l'écriture qu'il s'est rapproché d'autant plus du maximum. Le vulgaire critique en revanche, qui n'a aucun sens pour cette harmonie et s'empresse toujours d'aller au singulier, qui même dans la basilique Saint-Pierre de Rome ne chercherait que les piliers qui soutiennent ce firmament artificiel, celui-là ne saura que bien peu gré à l'écrivain qu'il se soit donné pour lui une double peine ; car un tel critique doit d'abord le *traduire* lorsqu'il veut le comprendre, de même que l'entendement nu, démuni de toute faculté de représentation, doit d'abord transposer et analyser dans son langage le beau et l'harmonieux de la nature comme de l'art, bref comme l'écolier il doit d'abord épeler avant de lire. Mais l'écrivain qui représente ne reçoit jamais la loi régissant la limitation et les déficiences de ses lecteurs. Il va à la rencontre de l'idéal qu'il porte en lui-même, sans se soucier de qui peut bien le suivre ou de qui reste en arrière. Beaucoup resteront en arrière ; car s'il est déjà rare de trouver des lecteurs uniquement pensant, il est encore infiniment plus rare d'en rencontrer de tels qui peuvent penser tout en représentant. Un tel écrivain, conformément à la nature de la chose, manquera donc son but aussi bien chez ceux qui se contentent d'intuitionner et de ressentir, car il leur impose l'amer travail de la pensée, que chez ceux qui ne font que penser car il exige de leur part ce qui est tout simplement impossible pour eux : créer de façon vivante. Mais parce que tous deux ne sont que des représentants très imparfaits de l'humanité commune et authentique, laquelle exige bien une harmonie de ces deux activités, leur objection ne signifie rien ; leurs jugements lui confirment bien plutôt qu'il a atteint ce qu'il cherchait. Le penseur abstrait trouve son contenu pensé et le lecteur intuitionnant son style vivant ; tous deux approuvent donc ce qu'ils saisissent et critiquent seulement l'absence de ce qui surpasse leur faculté.

Mais pour cette même raison un tel écrivain n'est absolument pas fait pour familiariser un ignorant avec l'objet qu'il traite ou, au sens le plus propre du mot, pour *enseigner*. Par bonheur il n'est pas non plus nécessaire à cette tâche car les consciences ne manqueront jamais pour l'enseignement des élèves. L'enseignant, au sens le plus strict, doit s'orienter sur les déficiences ; il part de la supposition d'une inaptitude alors qu'en revanche celui-là exige de la part de son lecteur ou auditeur déjà une certaine intégrité et formation. Mais en contre-partie son action ne se limite pas non plus à communiquer simplement des concepts morts, il saisit avec une vivante énergie le vivant et s'empare de tout l'homme à la fois, de son entendement, son sentiment, sa volonté.

S'il s'avère préjudiciable à la solidité de la connaissance de céder du champ aux exigences du goût lors de l'apprentissage proprement dit, il n'est nullement affirmé par là que la formation de cette faculté chez l'étudiant soit trop précoce. Tout au contraire on doit l'encourager et lui donner l'occasion de communiquer sur la voie de la présentation vivante des connaissances qu'il a acquises sur la voie de l'école. Dès que l'acquisition a été observée, la communication ne peut avoir que des conséquences utiles. Il est certain qu'il faut maîtriser une vérité déjà à un haut degré pour pouvoir quitter sans danger la forme dans laquelle elle a été trouvée ; on doit posséder un grand entendement pour ne pas perdre son objet, même dans le libre jeu de l'imagination. Celui qui me livre ses connaissances sous leur forme doctrinale me convainc certes qu'il les a saisies correctement et qu'il sait les énoncer ; mais celui qui est en même temps en mesure de les communiquer sous une belle forme prouve non seulement qu'il est fait pour les augmenter mais prouve aussi qu'il les a assimilées à sa nature et qu'il est capable de les présenter dans ses actions. Il n'y a pas, pour les résultats de la pensée, d'autre voie menant à la volonté et dans la vie que celle qui passe par la force autonome formatrice. Seul ce qui *en nous-mêmes* est déjà un acte vivant peut le devenir *en dehors de nous*, et il y va des créations de l'esprit comme des formations organiques : c'est uniquement de la fleur que sort le fruit.

Lorsqu'on réfléchit à toutes les vérités qui, en tant qu'intuitions intérieures, ont agi depuis longtemps déjà de façon vivante avant que la philosophie ne les démontre et combien les vérités les plus démontrées restent très souvent sans force pour le sentiment et la volonté, on reconnaît à quel point il est important pour la vie pratique de suivre cette indication de la nature et de transformer à nouveau les acquis de la science en une intuition vivante. C'est seulement de cette façon qu'on est en mesure de faire prendre part aux trésors de la sagesse ceux à qui leur nature déjà interdisait d'emprunter le chemin contre nature de la science. La beauté réalise ici, eu égard à la connaissance, ce que précisément elle réalise dans la morale, eu égard à la façon d'agir ; elle réunit les hommes, qui jamais ne se seraient réunis dans la forme et dans les raisons, dans les résultats et dans la matière.

L'autre sexe ne peut et ne doit jamais, conformément à sa nature et à sa belle destination, partager la *science* avec le sexe masculin mais il peut par le truchement de la présentation partager avec lui la *vérité*. L'homme consent encore sans doute à ce que son goût soit offensé, pour peu que l'entendement en soit payé en retour par le contenu interne. Ce qui habituellement lui est d'autant plus préférable que la consistance s'en dégage d'autant plus fermement et que l'essence intérieure se détache d'autant plus purement. Mais la femme ne pardonne pas au plus riche contenu la forme négligée et toute la conformation intérieure de son être lui donne un droit à cette stricte exigence. Ce sexe, qui même s'il ne dominait pas par la beauté, devrait déjà s'appeler le beau sexe par le fait qu'il est dominé par elle, défère tout ce qui lui apparaît au tribunal de la sensation et ce qui ne parle pas à celle-ci ou même l'offense est perdu pour lui. Il est vrai que par ce canal, seule la matière de la vérité peut lui être livrée mais non la vérité elle-même, qui est inséparable de sa preuve. Mais par bonheur il n'a besoin aussi que de la matière de la vérité pour atteindre sa plus haute perfection, et les exceptions qui sont apparues jusqu'à présent ne peuvent faire naître le souhait qu'elles deviennent la règle.

Par conséquent l'homme doit prendre doublement sur soi la tâche dont la nature non seulement exempta l'autre sexe mais qu'elle lui interdit, si du moins il veut commercer avec la femme, dans ce point important de l'existence, sur un pied d'égalité. Il cherchera donc, autant qu'il le peut, à migrer du règne de l'abstraction, où il gouverne, dans le règne de l'imagination et de la sensation, où la femme est à la fois modèle et juge. Comme il ne peut cultiver dans l'esprit féminin aucune plantation durable, il cherchera à obtenir sur son propre champ autant de fleurs et de fruits que possible afin de pouvoir renouveler d'autant plus souvent la provision de ceux qui flétrissent rapidement sur l'autre champ et d'entretenir une récolte artificielle là où aucune récolte naturelle ne mûrit. Le goût améliore – ou bien dissimule – la naturelle différence d'esprit entre les deux sexes, il nourrit et orne l'esprit féminin des produits de l'esprit masculin, et permet au sexe attrayant de ressentir là où il n'a pas pensé et de jouir là où il n'a pas travaillé.

C'est donc certes au goût qu'est confiée la forme, dans la communication des connaissances, avec les restrictions que j'ai évoquées jusqu'ici, mais à la condition expresse qu'il ne se mêle pas du contenu. Il ne doit jamais oublier qu'il accomplit une mission étrangère et qu'il ne conduit pas ses propres affaires. Tout son rôle doit se limiter à placer l'âme dans un ton favorable à la connaissance ; mais dans tout ce qui concerne la chose elle-même il ne doit nullement prétendre à une quelconque autorité.

Si c'est ce qu'il fait – s'il accorde à *sa* loi la suprématie, laquelle n'est autre que de contenter l'imagination et de lui procurer du plaisir dans la contemplation – s'il applique cette loi non pas simplement au *traitement* mais aussi à la *chose* et, conformément aux prescriptions de cette loi, n'ordonne pas seulement les matières mais aussi les choisit, non seulement il outrepasse sa mission mais la trahit et falsifie l'objet qu'il devait nous restituer fidèlement. On ne demande plus dès lors ce que les choses *sont* mais comment elles se recommandent le plus favorablement aux sens. La stricte cohérence des pensées, qui aurait dû rester dissimulée, est rejetée comme une entrave encombrante, la perfection est sacrifiée à l'agréable, la vérité des parties à la beauté du tout, l'essence intime à l'expression extérieure. Or là où le contenu doit s'orienter sur la forme, il n'y a pas du tout de contenu; la présentation est vide et au lieu d'avoir augmenté son savoir, on s'est contenté de se livrer à un jeu distrayant.

Les écrivains qui possèdent plus d'ingéniosité que d'entendement et plus de goût que de science ne se rendent que trop souvent coupables de cette supercherie, et les lecteurs qui sont plus habitués à ressentir qu'à penser ne se montrent que trop enclins à la leur pardonner. D'une manière générale, c'est une pratique douteuse de donner au goût sa formation achevée avant qu'on ait exercé l'entendement en tant que faculté de penser et enrichi la tête de concepts. Car, puisque le goût ne considère constamment que le traitement et non la chose, toute différence objective dans les choses se perd là où il est l'unique juge. On devient indifférent à la réalité et ne s'attache finalement qu'à la forme et au phénomène.

De là l'esprit de superficialité et de frivolité que l'on aperçoit très souvent dans les états et les cercles qui se vantent par ailleurs, non sans raison, du plus haut raffinement. Introduire une jeune personne dans le cercle des *Grâces* avant que les *Muses* ne l'aient congédiée dans sa majorité doit nécessairement lui devenir préjudiciable et il ne peut manquer que précisément ce qui procure au jeune homme mûr l'achèvement extérieur fasse du jeune homme immature un freluquet[1]. Une matière sans forme n'est il est vrai qu'une demi-possession car les plus admirables connaissances, dans une tête qui ne sait pas leur prêter une consistance, restent enfouies comme des trésors morts. Une forme sans matière en revanche n'est même que l'ombre d'une possession, et toute les aptitudes dans l'expression ne peuvent en rien aider quelqu'un qui n'a rien à exprimer.

Si donc la culture ne doit pas mener à un tel fourvoiement, le goût ne doit déterminer que la figure extérieure tandis que la raison et l'expérience détermineront l'essence intime. S'il fait de l'impression sur le sens le juge suprême et rapporte les choses simplement à la sensation, l'homme ne se soustraira

---

1. Monsieur Garve, dans sa comparaison éclairante entre les *mœurs bourgeoises* et les *mœurs de la noblesse*, dans la première partie de ses *Essais...* (un ouvrage dont je puis supposer qu'il se trouve entre toutes les mains), a évoqué parmi les prérogatives du jeune noble également sa compétence précoce dans le commerce avec le grand monde, dont le jeune bourgeois déjà par sa naissance est exclu. Mais Monsieur Garve ne nous a pas livré son opinion sur la question de savoir si cette prérogative, qui eu égard à la formation extérieure et esthétique est sans conteste à considérer comme un avantage, doit encore être appelée un gain eu égard également à la formation intérieure du jeune noble et donc à son éducation dans son ensemble, et je doute qu'il puisse justifier une telle affirmation. Quel que soit le gain que l'on peut obtenir sur cette voie quant à la forme, il faut pour cela en céder autant quant à la matière, et lorsqu'on réfléchit combien il est plus aisé pour une forme de s'ajuster à un contenu que pour un contenu de s'ajuster à une forme, le bourgeois n'a guère de raison d'envier le noble pour cette prérogative. Si on devait vraiment à l'avenir également en rester à cette institution selon laquelle le bourgeois *travaille* et le noble *représente*, on ne saurait choisir moyen plus adéquat que précisément cette différence dans l'éducation, mais je doute que le noble acquiesce toujours à une telle partition.

jamais à la servitude de la matière, jamais son esprit ne s'éclairera, bref il perd en liberté de la raison ce qu'il concède excessivement à l'imagination.

Le beau fait son effet déjà dans la simple contemplation, le vrai exige l'étude. Celui donc qui n'a exercé que son sens pour la beauté se contente aussi, là où l'étude est absolument nécessaire, de la contemplation superficielle et ne veut aussi que jouer intelligemment là où l'effort et la rigueur sont exigés. Or on a jamais rien acquis par la seule contemplation. Même l'artiste et le poète, bien que tous deux ne travaillent que pour le plaisir dans la contemplation, ne peuvent parvenir que par une étude laborieuse et rien moins qu'attrayante à ce que leurs œuvres nous divertissent dans leur jeu.

Ceci me paraît être aussi la pierre de touche infaillible permettant de distinguer le simple dilettante de l'authentique génie artistique; l'attrait tentateur du grand et du beau, le feu avec lequel il enflamme l'imagination adolescente et l'apparence de liberté avec laquelle il trompe les sens en ont déjà persuadés certains, manquant d'expérience, de se saisir de la palette ou de la lyre et d'épancher dans les figures ou les sons ce qui en eux fut vivant. De sombres idées travaillent dans leurs têtes, telles un monde en devenir, et leur font croire qu'ils sont inspirés. Ils prennent le sombre pour le profond, le sauvage pour le puissant, l'indéterminé pour l'infini, l'insensé pour le suprasensible – et comme ils se délectent de leur naissance ! Mais le verdict du connaisseur refuse de confirmer ce témoignage d'un brûlant amour-propre. Par une critique sans complaisance, il détruit la fantasmagorie de la force créatrice exaltée et éclaire pour eux le puits profond de la science et de l'expérience, où, dissimulée pour tout non-initié, jaillit la source de toute vraie beauté. Maintenant, s'il sommeille dans le jeune homme une authentique force du génie, sa modestie en sera certes au début déconcertée, mais le courage du vrai talent l'encouragera bientôt à tenter sa chance. Il étudie, si la nature l'a pourvu d'un don d'artiste plastique, la conformation humaine sous le bistouri de l'anatomiste et *descend dans la profondeur la plus inférieure afin d'être vrai à la superficie* et interroge toute l'espèce afin de faire droit à l'individu. Il écoute, s'il est né pour être poète, l'humanité dans sa propre poitrine afin de comprendre son jeu variant à l'infini sur la vaste scène du monde, assujettit l'imagination exubérante à la discipline du goût et intime au sobre entendement de mesurer les rives entre lesquelles mugira le fleuve de l'enthousiasme. Il sait parfaitement que c'est uniquement à partir du petit, allant jusqu'à l'insignifiance, que se forme le grand et il assemble grain de sable après grain de sable le merveilleux édifice qui nous saisit maintenant de vertige en une seule impression. Si en revanche la nature l'a seulement marqué au sceau du dilettante, la difficulté refroidit son zèle sans force et soit il quitte, s'il est modeste, une voie qui s'avéra être pour lui une illusion soit, s'il ne l'est pas, il réduit le grand idéal au faible rayon de sa capacité parce qu'il n'est pas en mesure d'étendre sa capacité à la grande échelle de l'idéal. L'authentique génie artistique se reconnaît donc toujours à ceci que, en dépit du plus brûlant sentiment pour l'ensemble, il conserve une froideur et une patience tenace pour le détail et, afin de ne pas nuire à la perfection, préfère sacrifier la jouissance à l'achèvement. Chez le simple amateur, le labeur du moyen gâte la fin et il aimerait bien que la production lui soit aussi confortable que la contemplation.

Il fut question jusqu'à présent des inconvénients qui résultent d'une sensibilité exagérée pour la beauté de la forme et d'exigences esthétiques étendues trop loin pour la pensée et l'intelligence. Mais ces mêmes prétentions du goût sont de bien plus grande conséquence lorsqu'elles ont la *volonté* pour objet; car ce sont deux choses tout à fait différentes si la propension exagérée au beau empêche l'extension de notre savoir, ou bien si elle gâte le caractère et nous fait enfreindre des devoirs. L'arbitraire littéraire dans la pensée est certainement quelque chose de très mauvais et doit assombrir l'entendement; mais ce même arbitraire, appliqué aux maximes de la volonté, est quelque chose de *pernicieux* et doit inévitablement gâter le cœur. Et l'affinement esthétique de l'homme tend à cette extrémité dangereuse dès qu'il se confie *exclusivement* au sentiment de la beauté et qu'il fait du goût le législateur absolu de sa volonté.

La destination morale de l'homme exige une complète indépendance de la volonté à l'égard de toute influence des impulsions sensibles, et le goût, comme on sait, travaille sans relâche à rendre toujours plus intime le lien entre la raison et les sens. Or il fait certes en sorte par là que les désirs s'anoblissent et coïncident toujours davantage avec les exigences de la raison, mais même dans ce cas il peut finalement en résulter un grand danger pour la moralité.

En effet, comme chez les hommes esthétiquement raffinés, l'imagination *s'oriente aussi dans son libre jeu sur des lois* et que le sens consent à ne pas jouir sans l'approbation de la raison, on en vient aisément à exiger en contrepartie de la raison *qu'elle s'oriente dans le sérieux de sa législation sur l'intérêt de l'imagination* et qu'elle ne commande pas à la volonté sans l'approbation des pulsions sensibles. L'obligation morale de la volonté, qui vaut pourtant sans aucune condition, est considérée imperceptiblement comme un contrat qui ne lie l'une des parties que tant que l'autre le remplit. La coïncidence *contingente* du devoir et de l'inclination s'impose finalement comme une condition *nécessaire* et la moralité est ainsi empoisonnée à ses sources.

Que le caractère tombe peu à peu dans cette déchéance peut se comprendre de la façon suivante.

Tant que l'homme est encore un sauvage, que ses pulsions tendent simplement vers des objets matériels et qu'un égoïsme de la plus grossière espèce conduit ses actions, la sensibilité ne peut être dangereuse pour la moralité que par sa *force aveugle* et résister aux prescriptions de la raison qu'en tant que puissance. La voix de la justice, de la tempérance, de l'humanité est couverte par les cris des désirs qui parlent à voix haute. Il est atroce dans sa vengeance parce qu'il ressent l'offense atrocement. Il vole et tue parce que ses désirs sont encore trop puissants pour le faible frein de la raison. Il est un animal furieux contre d'autres parce que la pulsion naturelle le domine lui-même d'une façon encore animale.

Mais s'il troque cet état naturel sauvage contre l'état du raffinement, si le goût anoblit ses pulsions, s'il assigne à celles-ci des objets plus dignes dans le monde moral, s'il tempère leurs brutales explosions par la règle de la beauté, il peut arriver que ces mêmes pulsions, qui auparavant n'étaient terribles que *par leur violence aveugle*, deviennent par une apparence de *dignité* et une *prétendue autorité* du caractère bien plus dangereuses encore et exercent sous le masque de l'innocence, de la noblesse et de la pureté, une tyrannie bien plus grave sur la volonté.

L'homme de goût se soustrait volontairement au joug grossier de l'instinct. Il assujettit à la raison sa tendance au plaisir et s'entend à faire déterminer les objets de ses désirs par l'esprit pensant. Or plus se renouvelle le cas où le jugement moral et le jugement esthétique, le sentiment moral et le sentiment de la beauté coïncident dans le même objet et se rencontrent dans la même sentence, et plus la raison incline à tenir une pulsion qui est si *spiritualisée* pour l'une des *siennes* et à lui confier finalement le gouvernail de la volonté, assorti des pleins pouvoirs sans aucune limite.

Tant que la possibilité existe encore que l'inclination et le devoir se rencontrent dans le même objet du désir, cette *délégation* du sentiment moral par le sentiment de la beauté ne peut engendrer aucun dégâts positifs, bien que, en toute rigueur, rien ne soit acquis par là pour la moralité de chacune des actions. Mais le cas change du tout au tout lorsque la sensation et la raison ont un intérêt divergent – lorsque le devoir commande un comportement qui révolte le goût où lorsque celui-ci se voit attiré par un objet que la raison, en tant que juge moral, est obligée de condamner.

Maintenant en effet se fait jour tout à coup la nécessité de démêler les prétentions du sens moral et du sens esthétique, qu'un si long accord a brouillées d'une façon presque inextricable, de déterminer leurs compétences respectives et de faire connaître le véritable détenteur du pouvoir dans l'âme. Mais une délégation si longtemps ininterrompue l'a fait tomber dans l'oubli, et la longue observance d'obéir immédiatement aux inspirations du goût et d'en ressentir du bien-être dut imperceptiblement lui acquérir l'apparence d'un droit. En raison de la façon *irréprochable* avec laquelle le goût exerce sa surveillance sur la volonté, il ne pouvait manquer que l'on concédât à ses prétentions un certain *respect* et c'est ce même respect que l'inclination fait valoir maintenant par une dialectique captieuse contre le devoir de conscience.

Le respect est un sentiment qui ne peut être ressenti que pour la loi et ce qui lui correspond. Ce qui est en droit d'exiger le respect, prétend à un hommage inconditionné. L'inclination anoblie, qui a su capter le respect par la ruse, ne veut donc plus être *subordonnée* à la raison, elle veut lui être *associée*. Elle ne veut pas passer pour vassal sans foi qui se soulève contre son seigneur; elle veut être regardée comme une majesté et traiter d'égal à égal avec la raison, la législatrice morale. Les plateaux de la balance se tiennent donc, comme elle le prétend, à la même hauteur selon le droit et il y a fort à redouter que l'intérêt ne la fasse pencher de son côté!

Parmi toutes les inclinations qui proviennent du sentiment de la beauté et qui sont la propriété des hommes raffinés, aucune ne se recommande à ce point au sentiment moral comme l'affect anobli de l'*amour* et aucune n'est plus féconde en états d'esprit qui correspondent à la vraie dignité de l'homme. À quel sommets ne porte-t-il pas la nature humaine et quelles divines étincelles ne sait-il pas faire jaillir, souvent même dans des âmes vulgaires! Toute inclination égoïste est consumée par son feu sacré et les principes eux-mêmes peuvent à peine conserver plus purement la chasteté de l'âme que l'amour du cœur ne préserve la noblesse. Souvent, là où ces principes luttent encore, l'amour a déjà pour eux remporté la victoire et par sa force toute-puissante hâté des décisions que le simple devoir de la faible humanité aurait réclamées en vain. Qui donc se défiera d'un affect qui prend si puissamment sous sa protection l'excellence de la nature humaine et s'inscrit si victorieusement en faux contre l'ennemi héréditaire de toute moralité, l'égoïsme?

Mais que l'on ne se risque pas à se fier à ce guide si l'on n'est pas déjà assuré par un meilleur. Le cas apparaîtra où l'objet aimé est malheureux, où il est malheureux pour nous, où il dépend de nous de le rendre heureux par le sacrifice de certains scrupules moraux. «L'affect désintéressé, généreux, tout entier voué à son objet, s'oubliant lui-même dans celui-ci le permet-il? Il est vrai que cela va contre notre conscience de faire usage du moyen immoral par lequel on peut lui venir en aide – mais est-ce *aimer* que de penser encore à soi en dépit de la souffrance de l'aimé? C'est donc que nous sommes plus préoccupés de notre sort que de l'objet de notre amour car nous préférons le voir malheureux plutôt que de l'être nous-mêmes par les reproches de notre conscience?» C'est de cette façon sophistique que cet affect sait rendre méprisable, *en tant qu'impulsion de l'amour-propre*, la voix morale en nous lorsqu'elle va à l'encontre de son intérêt, et représenter notre dignité morale *comme une composante de notre bonheur*, dont il ne tient qu'à nous de le réaliser. Si notre caractère n'est pas fermement assuré par de bons principes, nous agirons honteusement malgré tout l'élan d'une imagination exaltée et nous croirons remporter sur notre amour-propre une glorieuse victoire alors que, à l'exact opposé de ceci, nous en sommes la méprisable victime. Dans le célèbre roman français *Les Liaisons dangereuses*, on trouve un exemple très pertinent de cette supercherie de l'amour dans une âme par ailleurs pure et belle. La présidente Madame de Tourvel a chuté par surprise et elle cherche maintenant à tranquilliser son cœur tourmenté par la pensée qu'elle a sacrifié sa vertu à la générosité.

Les devoirs dits imparfaits sont par excellence ceux que le sentiment de la beauté protège et il n'est pas rare qu'il les affirme contre les devoirs parfaits. Comme ils laissent bien davantage le soin de décider au libre arbitre des sujets et qu'ils jettent en même temps un reflet du mérite, ils se recommandent incomparablement plus au goût que les devoirs parfaits, qui commandent inconditionnellement et avec une contrainte rigoureuse. Combien d'hommes ne se permettent-ils pas d'être injustes pour pouvoir être généreux! Combien n'y en a-t-il pas qui, pour faire le bien à un seul, enfreignent le devoir envers tous, et inversement; qui se pardonnent plutôt un mensonge qu'une indélicatesse, une offense à l'humanité plutôt qu'à l'honneur, qui pour hâter la perfection de leur esprit ruinent leur corps et pour orner leur entendement, avilissent leur caractère. Combien n'y en a-t-il pas qui ne reculent pas même devant un crime lorsque par là un but louable se laisse atteindre, *qui poursuivent un idéal de félicité politique à travers toutes les atrocités de l'anarchie, foulent les lois dans la poussière pour faire place à de meilleures et n'ont aucun scrupules à livrer la génération présente à la misère afin d'affermir ainsi le bonheur des générations suivantes.* Le désintéressement apparent de certaines vertus leur donnent un vernis de pureté qui les rend assez impudents pour s'opposer de front au devoir, et il en est plus d'un à qui l'imagination joue l'étrange supercherie de vouloir être encore plus haut que la moralité et encore plus raisonnable que la raison.

L'homme au goût raffiné est sur ce chapitre susceptible d'une corruption morale contre laquelle le fils sauvage de la nature, précisément parce qu'il est sauvage, est à l'abri. Chez ce dernier, la distance qui sépare ce que le sens réclame et ce que le devoir commande est si flagrante et si crue, et ses désirs relèvent si peu du spirituel qu'ils ne sauraient gagner sa *considération*, quelque despotique que puisse être leur *domination* sur lui. Si donc la sensibilité prépondérante l'incite à une action injuste, il peut certes succomber à la tentation mais il ne se dissimulera pas qu'il commet une *faute* et rendra même hommage à la raison au moment précis où il agit à l'encontre de sa prescription. L'élève raffiné de l'art en revanche refuse d'admettre qu'il chute, et afin de tranquilliser sa conscience, préfère lui *mentir*. Certes il aimerait céder au désir mais sans pour cela s'abaisser dans le respect de soi-même. Maintenant comment vient-il à bout de cette tâche? Il renverse d'abord l'autorité supérieure qui fait obstacle à son inclination et, avant d'enfreindre la loi, il met en doute la compétence du législateur. Qui aurait pu croire qu'une volonté pervertie puisse pervertir à ce point l'entendement ? Une inclination pouvant prétendre à une quelconque dignité le doit à sa coïncidence avec la raison et elle est désormais aussi aveuglée qu'impudente pour se targuer de cette dignité, même dans son conflit avec la raison, voire de s'en servir contre la considération de la raison.

Les choses peuvent prendre un tour si dangereux pour la moralité du caractère lorsque règne entre les pulsions sensibles et les pulsions morales, qui ne peuvent il est vrai être parfaitement unies que dans l'idéal et jamais dans la réalité, une communauté trop intime. Certes la sensibilité ne risque rien dans cette communauté, puisqu'elle ne possède rien qu'elle ne dût abandonner dès que parle le devoir et que la raison exige le sacrifice. Mais pour la raison, en tant que législatrice morale, le risque est d'autant plus grand lorsqu'elle se fait *offrir* de l'inclination ce qu'elle pourrait *exiger* d'elle ; car sous l'apparence du *libre consentement* le sentiment d'*obligation* peut facilement se perdre, et un cadeau peut se refuser si le service exigé dût une fois s'avérer malaisé à la sensibilité. Il est donc beaucoup plus sûr pour la moralité du caractère que la délégation du sentiment moral par le sentiment de la beauté soit suspendue, au moins temporairement, que de temps à autre la raison commande *directement* et montre à la volonté son véritable dominateur.

C'est pourquoi on dit très justement que la moralité authentique ne fait ses preuves qu'à l'école de l'adversité et qu'un bonheur durable devient facilement un écueil de la vertu. J'appelle heureux celui qui, pour jouir, n'est pas obligé de commettre l'injustice et, pour agir droitement, n'est pas obligé de se priver. L'homme heureux sans interruption ne voit donc jamais le devoir en face car ses inclinations ordonnées et conformes à la loi *anticipent* toujours le commandement de la raison et aucune tentation de violer la loi ne rappelle celle-ci à sa mémoire. Gouverné uniquement par le sens de la beauté, le procureur de la raison dans le monde sensible, il ira à la tombe sans prendre connaissance de la dignité de sa destination. Le malheureux en revanche, lorsqu'il est en même temps un homme de vertu, jouit de la précellence sublime de commercer *directement* avec la majesté divine de la loi et, comme aucune inclination n'aide *sa* vertu, de prouver, encore en tant qu'homme, la liberté du démon.

KONRAD FIEDLER

APHORISMES *

Théorie de l'art et esthétique

1.

L'appréciation du mérite artistique des œuvres d'art fait l'objet d'un certain nombre de partis pris. Il y a un parti pris moral, historique, philosophique, etc. Or le point de vue esthétique est lui aussi de parti pris.

2.

L'erreur première de l'esthétique et de la réflexion sur l'art est d'associer art et beauté comme si le besoin d'art de l'homme visait la constitution d'un monde du beau. Cette première erreur est la source de tous les autres malentendus.

Il faudrait étudier à quel moment ce présupposé erroné apparaît pour la première fois et quelle en est la raison. Il semble très ancien et son fondement paraît si plausible qu'il a

* K. Fiedler, *Aphorismes*, éd. et trad. fr. par D. Cohn, Paris, Éditions Images modernes, 2004, première section : *Théorie de l'art et esthétique*, p. 32-44.

de tout temps régné sans partage sur les recherches dans ce
domaine.

3.

Esthétique n'est pas théorie de l'art.

L'esthétique s'occupe d'explorer une certaine sorte de
sentiments. L'art parle en premier lieu à la connaissance, en
second lieu au sentiment. On se trompe quand on pense que
l'art a seulement à voir avec les sentiments de plaisir et de
déplaisir et qu'il relève par conséquent du domaine de
l'esthétique.

4.

Le rapport de l'art à l'esthétique est au fond le même que
celui de la nature à l'esthétique. Depuis le début, l'esthétique
n'a eu d'autre tâche que de déduire ses lois, et peu importait
que ce fût de la nature ou de l'art, voire de tous les domaines
possibles de l'activité humaine; tous ces domaines étaient
égaux pour elle de par leur qualité, la seule différence étant que
certains pouvaient avoir sur d'autres l'avantage de la richesse
et de la commodité. Au lieu de quoi, l'esthétique a considéré
dès le début que l'une de ses tâches était d'établir des règles
pour l'exercice de l'art. Or elle ne peut rien pour l'art, c'est
bien plutôt l'art qui peut quelque chose pour elle.

5.

Quand Aristote considère l'activité artistique comme un
phénomène situé dans la vie intellectuelle de l'homme et
cherche à en donner une explication psychologique, il n'inclut
pas l'instinct de l'homme pour la beauté parmi les motifs qu'il
donne; au contraire, la prise en considération de la beauté dans
les œuvres de l'art fonctionne chez lui comme un principe
régulateur qui permet à l'art d'avoir certains effets pratiques.

La voie impartiale de la recherche aristotélicienne semble avoir été abonnée ; on a embrouillé et obscurci la question tout entière en faisant d'une exigence pratique, en réalité étrangère à l'essence de l'art, la source de toute activité artistique. Il faut se libérer de cette erreur pour pouvoir renouer avec une recherche sur l'art sans parti pris, qui porte sur la nécessité de son origine et non sur les effets qu'on attend de lui.

6.

Le problème fondamental de l'esthétique est différent de celui de la philosophie de l'art.

Si l'esthétique voit dans le jugement sur l'art un jugement esthétique et dans l'activité artistique une production esthétique, c'est à ses risques et périls. La recherche de la philosophie de l'art doit, sans en tenir compte, procéder en toute indépendance. Il lui faudra établir que l'esthétique exige de l'art qu'il lui fasse justice sans de son côté faire justice à l'art ; elle comprendra que le principe le plus intime de l'art est tel qu'il ne peut être reconnu par l'esthétique et que vouloir scruter l'art au moyen de l'esthétique, c'est choisir un instrument totalement impropre.

Kant ne fait pas encore le lien entre l'art et la théorie du beau. Il distingue savoir et savoir-faire, activités scientifique et artistique, raison théorique et faculté de jugement, jugement théorique et jugement de goût. A partir de la nature de ce dernier il cherche à développer l'essence du beau ; il ne cherche pas encore une relation plus profonde entre le beau et le savoir-faire, l'art. On considère que c'est une lacune à quoi les penseurs postérieurs auraient remédié. Reste à savoir si le mérite de Kant n'est pas précisément de ne pas encore faire l'amalgame entre le problème fondamental de l'esthétique et celui de la philosophie de l'art.

On fait du terme de "développement" un étrange abus; on a qualifié les phénomènes curieux survenus dans la philosophie allemande après Kant de développement de la philosophie depuis Kant; on a donné ainsi à des aberrations flagrantes l'apparence d'un progrès. Il faut se garder de faire la même erreur en ce qui concerne l'esthétique et la philosophie de l'art.

Si Kant n'a pas trouvé de motif à faire le lien entre l'art et la capacité de connaître le beau ni vu non plus la possibilité de définir l'essence du beau, ceux qui ont cru pouvoir remédier à ces prétendues lacunes n'ont pas progressé pour autant. La méthode d'investigation de Kant – qui est aussi claire que profonde – peut, certes, laisser inassouvis un certain nombre de souhaits. Mais ces souhaits ne peuvent précisément être assouvis qu'aux dépens de la clarté. La philosophie ultérieure accomplit de nombreux souhaits mais ce n'est pas *la* tâche qui incombe à la recherche de la vérité.

Chez Kant, le domaine esthétique s'inscrit dans le vaste système des grands domaines de la vie intellectuelle, tandis que l'art y occupe une place subalterne. Ce sont ses successeurs qui les premiers mettent l'art à la place qu'avait chez Kant le domaine esthétique (pensons en particulier à Schiller). L'esthétique moderne présuppose l'idée que tout ce qui est beau et esthétique est le produit de l'activité artistique, du savoir-faire opposé à la pensée, bref de l'art. Mais il faudrait commencer par démontrer ce présupposé. L'axiome selon lequel le beau véritable en fait partie.

7.

On peut raisonnablement entendre par esthétique la théorie de la connaissance sensible. Mais dire que cette connaissance sensible vise le beau et le laid est faux. Car la connaissance n'a d'autre but qu'elle-même, c'est-à-dire la vérité devenue conscience. Le fait qu'on y reconnaisse en même temps ce qui, dans le monde des manifestations, éveille plaisir ou déplaisir, est accessoire.

8.

On s'emporte à bon droit contre le fait que les arts doivent se soumettre à la moralité. En 1796 Goethe écrit à Mayer à propos des artistes : "Il vaudrait mieux leur accrocher une pierre autour du cou et les noyer plutôt que les laisser dépérir dans l'utilité". Or personne ne veut voir que l'exigence de servir la beauté est aussi comme une pierre qui entraîne les arts dans les bas-fonds des buts pratiques de la vie. Car, quoi qu'on en dise, la beauté existe uniquement dans la sensation subjective de plaisir et consacrer ses forces à cultiver ces sensations esthétiques est plus agréable et commode que méritoire. Servir la beauté, rechercher la beauté, aspirer à la beauté, pour sublime que cela paraisse, n'est guère plus élevé que les bas instincts qui portent l'homme à une vie agréable. Le bien et le beau se réduisent au fond à l'utile et à l'agréable. La vérité et la connaissance sont à l'inverse la seule vocation humaine qui soit honorable et si l'on veut concéder à l'art une place parmi les visées les plus hautes, le but qu'on peut lui assigner est seulement la quête de la vérité et la promotion de la connaissance. Depuis que le monde se préoccupe des arts, on ne l'a encore jamais dit ; or, dans la vie, l'art ne saurait mériter d'autre place que celle-là.

9.

Le jugement esthétique qui consiste à savoir si telle chose est belle ou laide, si elle plaît ou déplaît, etc., ne peut être soumis (selon Kant) à aucune règle universelle ; il est purement subjectif et le goût doit dans chaque cas singulier émettre à nouveau son jugement. Le jugement artistique n'a rien à voir :

il peut et doit se soumettre à des règles universelles précises car il n'est pas rendu par le goût mais par l'entendement. Celui qui continue de juger les œuvres de l'art selon le critère du plaisir ne connaît pas encore leur signification. Le sentiment de plaisir que procure une œuvre d'art véritablement significative est au même niveau que le sentiment de plaisir qui accompagne toute connaissance. Celui pour qui les œuvres d'art admettent le goût pour seul juge prouve qu'elles ne sont pour lui qu'un moyen de stimuler son émotion esthétique, ce qui ne les distingue pas des autres choses, pour autant que celles-ci produisent une impression sensible.

La beauté ne peut être construite à partir de concepts, la valeur d'une œuvre d'art, si. Une œuvre d'art peut déplaire et cependant être bonne.

Le jugement esthétique ne présuppose aucune connaissance des choses ; le jugement artistique ne peut être rendu que par la connaissance.

Tout le monde a un jugement esthétique ; il est aussi naturel à l'homme que la conscience. Rares sont ceux qui ont un jugement sur les œuvres d'art. L'hypersensibilité et le raffinement esthétiques ne donnent aucune légitimité à juger en matière d'art. Les œuvres d'art ne doivent pas être jugées selon les principes de l'esthétique.

10.

Les principes esthétiques ne peuvent être appliqué à l'exercice de l'art que dans la mesure où les œuvres d'art visent un but décoratif. L'art est le plus souvent pratiqué à seule fin d'éveiller une sensation de jouissance esthétique et pour la plupart des hommes son unique valeur est de pouvoir créer un monde de plaisir esthétique que le monde naturel ne nous offre pas. Cet aspect de l'art est cependant subalterne, voire parfaite-

ment inessentiel ; même à supposer que l'art le néglige complètement, cela n'aurait aucune influence sur l'appréciation des
œuvres.

11.

On juge en général les œuvres d'art de deux points de vue
différents, qui conduisent tous deux à des résultats erronés. Les
uns mesurent la valeur d'une œuvre selon le critère du plaisir ;
les autres demandent si elle remplit les exigences que lui pose
l'esthétique. Ainsi la critique des œuvres d'art est-elle livrée
d'une part aux oscillations du goût, de l'autre au conflit des
intuitions esthétiques, alors que c'est du concept de l'art et de
lui seul – qui n'a avoir ni avec le goût ni avec l'esthétique – que
peut être déduit un critère juste et durable pour juger de la
valeur des œuvres.

12.

L'effet des œuvres d'art tient pour les uns aux pensées,
pour les autres aux sensations esthétiques qu'elles éveillent.
L'œuvre d'art agit assurément dans les deux domaines : elle
suscite des pensées aussi bien que des sensations ; mais ce ne
sont que des effets secondaires. Le propre de l'art est d'élever
l'intuition sensible à la conscience ; son principal effet réside
donc dans la connaissance particulière qu'il offre. Il fait naître
des pensées et produit des sensations esthétiques grâce aux
moyens qu'il utilise mais il n'existe aucun lien entre la valeur
de l'œuvre d'art et la nature de ces pensées et de ces sensations.
La valeur artistique d'une œuvre d'art ne dépend en aucune
façon ni de sa beauté ni de son contenu de pensée. En outre, les
pensées, dans la mesure où elles sont produites par une œuvre
d'art, diffèrent selon l'individualité du spectateur et l'artiste
n'a pas le pouvoir d'opérer de façon universelle et homogène
dans ces domaines. Mais ce que l'œuvre d'art offre à la

connaissance, c'est son contenu universel, établi pour tous les hommes et pour toutes les époques.

13.

Si les esthéticiens s'efforcent de réhabiliter les sensations esthétiques qui produisent ce qu'on qualifie d'agréable, de plaisant et de beau, contre ceux qui leur reprochent de n'être qu'un chatouillement des sens ou des nerfs, s'ils s'efforcent d'établir leur noblesse d'origine dans les qualités les plus éminentes de la nature humaine, c'est parce qu'ils assignent aux arts la tâche principale d'entretenir ces sensations esthétiques alors qu'il est difficile de réduire leur entière signification à une dérisoire stimulation de sensation agréable. Or si l'on considère les arts sous cet angle, on n'ira pas plus loin. Ce qui fait la valeur et l'importance des arts tient à un tout autre aspect de leur efficace.

14.

Chaque instant de notre vie nous voit livrés à des excitations esthétiques, transmises équitablement par nos cinq sens – la vue, l'ouïe, le goût, l'odorat et le toucher. Toutes les impressions sensibles s'accompagnent d'une sensation esthétique située quelque part entre les deux extrémités de la gamme, le plaisir et le déplaisir. (La sensibilité à l'aspect esthétique des impressions sensibles est extrêmement variable ; l'individu lui-même n'est pas toujours également disposé à ressentir l'impression esthétique ; on est par ailleurs plus sensible quand on est cultivé ; enfin, le degré de sensibilité peut varier d'un sens à l'autre.) Etant donné que l'art opère par le médium de l'intuition sensible, il lui faut porter une attention particulière à l'effet esthétique des impressions sensibles. Mais sa signification ne s'épuise nullement dans le fait qu'on le charge de réaliser dans son domaine ce que la nature, si peu à la hauteur de ce qu'elle devrait être, n'a pas réussi à faire : proscrire tout ce qui n'est pas beau et présenter le beau. Un tel point de vue sur la tâche de l'art révèle une conception du monde qui soumet le réel à sa critique, qui prétend voir les défauts et les corriger. Appelons cela une vision enfantine du monde ; un tel idéalisme ne convient qu'à la jeunesse. Or notre époque entre dans l'âge adulte. Il convient qu'elle soit active, autrement dit qu'elle promeuve la connaissance sans se préoccuper de la valeur ou de la non-valeur de l'existence.

15.

La question de départ de l'esthétique moderne, depuis Baumgarten, n'a pas porté sur ce que fait l'artiste en réalité quand il produit des œuvres d'art. Elle a plutôt été : d'où vient que nous distinguions, sous le nom de beauté, un type particulier de plaisir des autres types de plaisir ? L'idée que la beauté est le but de l'art était arbitraire et non prouvée ; elle rendait impossible toute réflexion impartiale sur l'essence et l'origine de l'art.

16.

L'idée que l'artiste a pour vocation de recréer dans son œuvre l'image originaire et le modèle de ce qui, dans les manifestations de la nature, n'existe qu'à l'état de copie imparfaite, est liée au raisonnement très ancien dont le présupposé central est qu'une mystérieuse puissance ennemie détourne le monde de son essence et de son but véritables. Né dans la conscience populaire naïve, perpétuée dans la mythologie et la religion, cette conception fondamentale a connu son plein épanouissement dans la spéculation philosophique. Cette conception du monde compte au nombre des plus grandes préventions dont a souffert, et souffre encore, la pensée humaine. De Platon à aujourd'hui, elle n'est pas des moindres à avoir nui au jugement sur l'activité artistique. Il faut se défaire de ce préjugé si l'on veut considérer l'activité de l'artiste d'un œil libre. Et la beauté n'est plus alors pour l'art qu'un objectif caduc.

17.

Toutes les leçons que l'esthétique croit pouvoir donner à l'art en matière d'harmonie, de rythme, de symétrie, etc., ne concernent que l'aspect décoratif de l'art et ne touchent absolument pas son essence véritable. L'artiste peut à la rigueur apprendre de l'esthéticien comment s'y prendre pour rendre son œuvre aussi plaisante que possible, pour autant que son propre sentiment et son propre jugement ne lui soient pas d'assez bon conseil. Certains hommes érudits et pleins d'esprit peuvent également lui dire quel doit être le contenu de pensée de son œuvre pour qu'elle suscite un intérêt et donne satisfaction. Mais ce qui fait la valeur véritable et l'essence de son œuvre, ce par quoi elle devient une œuvre d'art, l'artiste ne peut le puiser qu'en lui-même ; c'est pour cela qu'il est artiste et qu'il trouve dans l'art un moyen d'exprimer des choses qui ne peuvent justement pas s'exprimer ailleurs.

18.

Quand on pose que la tâche la plus haute de l'art est l'idéalisation de la nature, cela prouve qu'on n'a aucune idée de la plus grande réalisation dont il est capable – l'avancement de la connaissance – et qu'on attend seulement de lui qu'il produise un plaisir esthétique. Le conflit dont l'objet est de savoir si l'art est capable ou non d'idéaliser repose sur un malentendu, et il trouve sa solution dès qu'on reconnaît que l'effet esthétique des œuvres d'art n'est qu'un de leurs aspects subalternes. La nature ne peut pas plaire à tous et toujours uniformément. Il est vrai que l'art a le pouvoir de procéder de façon que ses reproductions provoquent une impression de beauté qu'on serait bien en peine de trouver aussi pure et à un tel degré dans la nature. Mais il court à sa propre perte si telle est son ambition ; car il devient alors infidèle à sa tâche véritable et de moyen de connaissance, il chute au rang de simple stimulant de plaisir.

19.

Pour juger où finit l'artisanat et où commence l'art, il faut se demander si l'on ne perçoit dans le produit qu'une prise en compte de l'usage ou s'il révèle aussi le souci de connaître et de restituer la nature. Le fait que le produit puisse par ailleurs être beau n'a rien à voir avec sa qualité de produit artisanal ou artistique. Un produit de l'artisanat peut être largement plus beau qu'un produit de l'art, il n'en demeure pas moins artisanal et l'autre une œuvre d'art.

20.

On entend parfois dire sur un air de reproche qu'un peintre n'a pas, malgré tout son talent, accédé à la beauté ; on l'explique d'un côté par une tare naturelle, de l'autre par des circonstances défavorables. Un tel reproche lève le voile sur le point de vue de notre réflexion sur l'art. Exiger d'une œuvre d'art qu'elle soit belle n'est pas moins injustifié que d'en réclamer une visée morale. Si beaucoup de grands artistes, voire la plupart et les plus grands, ont cherché dans l'exercice de leur art ce qu'aujourd'hui nous nous plaisons à qualifier de beau, et si les hommes ont pris du coup l'habitude de ne pouvoir concevoir une œuvre d'art sans beauté, cela ne prouve qu'une chose : les hommes, dans l'art comme ailleurs, oublient et méconnaissent le principal pour lui préférer l'accessoire. Léonard n'est pas moins grand artiste quand il dessine ses caricatures que lorsqu'il peint *La Joconde*. Mais surtout, les peintres du Nord, de Dürer à Rembrandt, sont des artistes de premier ordre au même titre que Raphaël ou Michel-Ange, même s'ils ont cherché tout autre chose que la beauté. Déplorer chez eux un manque de talent ou une mauvaise évolution est une injustice qui relève de la bêtise. Qu'une œuvre d'art nous plaise ou non, l'artiste ne doit pas s'en préoccuper, et celui qui trouve bonne une œuvre d'art pour la simple raison qu'elle flatte sa sensibilité esthétique ne comprend pas cette œuvre et ignore tout de l'essence de l'art. Seul peut porter un jugement juste celui qui a pris l'habitude ne donner aucune voix au sentiment esthétique lorsqu'il contemple et juge les œuvres d'art.

21.

Il n'incombe pas exclusivement à l'art d'ouvrir aux hommes le domaine des sensations esthétiques, ou de l'étendre. Bien entendu, l'artiste peut le faire lui aussi et il le fera, mais outre que ce n'est pas sa tâche principale, il se trouve sur ce terrain en concurrence avec les esthéticiens. Schelling, par exemple, a enrichi la sphère de l'efficace esthétique de choses qui resteront à jamais inaccessibles aux artistes.

22.

Dans le domaine de l'esthétique, on n'ira jamais plus loin que l'axiome sur la diversité du goût, pour la raison même qu'aucun principe universellement valable ne peut fonder le jugement esthétique. Il est donc faux de dire que cet axiome est misérable et qu'il rend toute esthétique impossible. Il n'est misérable et illégitime que lorsqu'il prétend s'imposer dans le domaine de l'art. Car il faut juger ici selon des règles et des principes et non pas selon l'opinion subjective.

23.

L'une des arguties de la spéculation est l'idée que seule la nature réalise la beauté et que c'est en elle que la beauté atteint vraiment l'idéal, tandis que toutes les autres choses trahissent une fracture entre la réalité de la copie et l'idéal de l'original (Platon, Plotin, Schelling). L'erreur fondamentale qui est liée à cette conception est de croire que l'art est en mesure de créer de la beauté de manière autonome, donc de ressouder cette prétendue fracture par ses propres moyens.

24.

Les sensations esthétiques, dont nous décrivons la diversité par des mots comme «beau», «laid», etc., ne peuvent être appréhendées que sur la base de l'expérience. et seule leur existence effective peut faire l'objet de principes universels. Les tentatives des esthéticiens expérimentaux actuels sont en ce sens légitimes. Les efforts de la philosophie spéculative pour construire le concept de beauté absolue devaient forcément rester stériles. L'erreur de la philosophie spéculative est d'avoir pris la beauté elle-même, le beau, comme objet de recherche théorique, quand seuls le fait, le genre et la constitution du jugement esthétique présent dans la nature humaine pouvaient s'y prêter – ce que Kant a d'ailleurs bien vu.

25.

Rien n'est plus individuel que la sensation esthétique. L'un des vestiges du dogmatisme – comme la ruine d'un édifice détruit, un élément étranger résistant aux assauts rapides du criticisme, qui finira par le vaincre, l'emporter et le détruire à son tour – consiste à croire que la beauté existe hors de nous, stable et immuable de sorte qu'il suffit de la trouver, et que la tâche de l'art et de l'exprimer en la présentant. On ne peut plus être tenté aujourd'hui d'ajouter foi à un concept comme celui

de beauté absolue. Si l'on soumet la faculté de sensation
esthétique à un examen précis, on trouvera que les différents
degrés de l'échelle des sensations esthétiques peuvent être
provoqués par des objets très divers, selon les époques et les
peuples, mais aussi selon les individus, voire chez certains
selon l'âge, les situations, les humeurs, etc. Ce qui est éternel,
tant que la nature humaine existe, c'est uniquement la capacité
de sensation esthétique, qui est un don de la nature. Aussi
longtemps qu'il y aura des hommes, ils seront capables
d'éprouver les sensations esthétiques dans leurs nuances les
plus diverses et les plus subtiles. Mais les choses qui produisent
ces sensations changeront continuellement et vouloir en
dégager des principes universels sera toujours peine perdue.

26.

Qu'on ne puisse parler de beauté que pour les impressions
sensibles est après tout sujet à caution. La beauté de l'âme n'est
pas une formule vide et n'est pas non plus identique à la bonté
d'âme. Il est incontestable que certaines particularités du
caractère, qu'elles se manifestent par des paroles ou par des
actes, font sur nous une impression esthétique bien avant qu'ait
lieu un jugement de valeur moral par la voie de la réflexion. Il
faut donc examiner en soi-même si le sentiment de plaisir ou de
déplaisir éveillé par des choses prétendument belles ou laides
est identique au sentiment de plaisir ou de déplaisir qui
s'empare de nous quand nous percevons certaines choses qui
ne peuvent être saisies par les sens extérieurs.

27.

L'esthétique spéculative ne se contente pas de trouver les
éléments de la beauté dans la forme ; elle exige des œuvres d'art
un contenu significatif. L'esthéticien formaliste objecte que
l'esthétique spéculative pèche par la confusion entre exigences

esthétiques et éthiques, que le contenu d'une œuvre d'art
n'intéresse en rien sa valeur esthétique, que les éléments de la
beauté ne sauraient être cherchés que dans la forme et les
rapports. Il concède ainsi à l'esthétique spéculative que son
exigence d'accord entre contenu et forme est esthétiquement
juste puisque cet accord est en tout état de cause un rapport
agréable. Mais pour lui ce n'est qu'un rapport agréable parmi
d'autres, qui devra éventuellement céder la place à d'autres
rapports agréables. L'esthétique formaliste ne concède par
contre aucune valeur esthétique au contenu même. C'est
qu'elle a une conception quelque peu univoque du plaisir
esthétique. Il faudrait en effet commencer par se demander si la
sensation esthétique ne peut vraiment naître que des rapports
de forme. Le fait est qu'il n'en est rien, nous ressentons comme
esthétiquement plaisantes ou déplaisantes un grand nombre de
choses qui n'ont rien à voir avec des rapports de forme. Quant
au contenu des œuvres d'art, il peut comme la forme avoir un
effet esthétique, et ce aux titres les plus divers. Ce n'est pas
parce que le contenu d'une œuvre d'art a une valeur éthique
qu'il peut faire l'économie de la valeur esthétique. Il est par
ailleurs indéniable que la valeur idéelle abstraite du contenu
d'une œuvre d'art peut être associée à une valeur esthétique.
Quand l'écriture figurative de l'art nous communique une
réflexion, une connaissance limpides, nous en éprouvons
forcément du plaisir. La sensation esthétique ne doit pas être
considérée comme un domaine à part, comme si elle était
produite par une seule partie du monde. Elle accompagne au
contraire presque toutes les autres impressions, et qui est
attentif à lui-même reconnaîtra que sa faculté de sensation
esthétique peut être éveillée non seulement par les impressions
sensorielles de l'œil et de l'oreille mais encore par toutes les
autres perceptions sensibles. Celui qui, donc, pose à l'œuvre

d'art des exigences d'ordre esthétique et ramène sa valeur artistique à la dimension esthétique, commet la même injustice que l'esthéticien formaliste puisqu'il n'attache aucun poids au contenu de l'œuvre et n'en retient que la forme. Il méconnaît que le contenu a une valeur esthétique au même titre que la forme. L'esthétique formaliste restreint arbitrairement le champ de la sensation esthétique et n'épuise nullement la teneur de beauté contenue dans l'art. Il reste qu'on se sent attiré d'un certain point de vue par les esthéticiens formalistes car on ne peut ignorer que l'essentiel des œuvres d'art est dans leur forme et qu'elles se trouvent, pour ce qui est de leur contenu, en concurrence avec d'autres moyens d'expression. Or – et c'est là l'erreur – on octroie à la forme une valeur esthétique en guise de valeur artistique unique et donc essentielle. Si la valeur artistique est dans la forme, elle n'est, comme le contenu, qu'accessoirement esthétique. La valeur artistique essentielle de la forme consiste en la connaissance qu'elle transmet et exprime. Le contenu artistique véritable de l'œuvre d'art réside donc dans la forme, tandis que la valeur esthétique de la forme, de même que la valeur esthétique, éthique, abstraite, etc., du contenu, ne sont que des valeurs accessoires de l'œuvre d'art. – (*Cf.* Zimmermann, *Esthétique*, I, p. 746 *sq.*).

28.

Que le bien soit bien, c'est là son aspect éthique ; qu'il soit en même temps agréable prouve qu'il a également un aspect esthétique. Il est vain de vouloir s'insurger contre le fait que le contenu moral d'une œuvre d'art puisse contribuer à la satisfaction esthétique (comme le font les esthéticiens formalistes). Ce qui est faux, c'est uniquement de voir en la satisfaction esthétique le but ultime de l'œuvre d'art. Les esthéticiens formalistes reprochent aux esthéticiens spéculatifs de mêler des éléments étrangers à ce qui est purement esthétique (le contenu à la forme) et restreignent le pur esthétique aux aspects d'une œuvre d'art qui s'absorbent entièrement dans leur valeur esthétique. Ils font manifestement violence au plaisir esthétique véritable communiqué par l'œuvre d'art. Il ne s'agit pas de dicter à l'homme ce qui peut et doit lui procurer une sensation esthétique, mais de reconnaître tout ce qui fait naître une sensation esthétique. Ce sont beaucoup de choses, bien plus que n'ose l'imaginer l'esthétique formaliste.

29.

Si nous observons attentivement nos sensations quand nous regardons des œuvres d'art, nous constatons que les chefs d'œuvre de l'art agissent diversement sur nous selon l'intensité du plaisir esthétique qu'ils nous procurent. Mais si nous retranchons de l'impression produite sur nos sensations par l'œuvre d'art cette part de plaisir esthétique, il reste une sensation qu'il est facile de confondre avec le plaisir esthétique : c'est la joie qu'on éprouve quand on s'aperçoit qu'on a acquis une connaissance. Le plaisir ou le déplaisir esthétique est lié directement dans toutes ses nuances à l'impression des sens ; la joie de la connaissance doit être précédée par la connaissance. La sensation esthétique est propre à tous les hommes (et même aux animaux), mais de façon très diverse. La joie de la connaissance, seul l'être doué de connaissance peut l'éprouver. La sensation esthétique est limitée au monde des impressions sensibles, qu'elles soient produites par la nature ou par l'art ; la joie de la connaissance est propre au monde de la pensée et l'impression sensible joue ici le même rôle que celui du langage vis-à-vis de l'esprit. Cette joie, le découvreur d'une vérité l'éprouve aussi bien que celui à qui il la communique et qui la comprend, l'artiste aussi bien que l'homme qui comprend l'œuvre d'art. La compréhension est la condition première pour qu'une œuvre d'art procure la joie la plus haute. Cette joie est tout autre et bien plus élevée que le plaisir esthétique. Ce qu'on appelle le goût est le seul organe au moyen duquel le public aborde habituellement les œuvres d'art; mais le mystère de l'art reste pour toujours voilé au goût, dont le jugement n'effleure pas le moins du monde la valeur véritable de l'œuvre.

L'erreur de toutes les réflexions esthétiques menées jusqu'ici est de n'avoir pas souligné la diversité des effets que l'œuvre d'art produit sur l'homme. On associe traditionnel-lement l'art et le beau; mais on mélange à présent leurs effets, on attribue à l'art des effets qui ne reviennent qu'au beau, et au beau des effets qui ne peuvent naître que de l'art. Dans ses *Lettres sur l'éducation esthétique de l'homme* (22e lettre), Schiller nous en donne un remarquable exemple lorsqu'il cite sans distinction aucune les effets qui proviennent de l'impression esthétique et ceux de la connaissance produite par l'œuvre d'art et qu'il les déduit tous, autant qu'ils sont, de la beauté.

Erwin Panofsky

SUR LA RELATION ENTRE L'HISTOIRE DE L'ART ET LA THÉORIE DE L'ART[*]

CONTRIBUTION AU DÉBAT SUR LA POSSIBILITÉ DE « CONCEPTS FONDAMENTAUX DE LA SCIENCE DE L'ART »

Dans un travail paru voici plusieurs années [1], l'auteur du présent article [2] a tenté de clarifier le concept de Kunstwollen [3], un terme fréquemment employé aujourd'hui dans la science de l'art, mais pas toujours exactement défini, par lequel nous

[*] E. Panofsky, « Sur la relation entre l'histoire de l'art et la théorie de l'art. Contribution au débat sur la possibilité de concepts fondamentaux de la science de l'art », trad. fr. P. Rusch, Revue *Trivium*, 6, 2010.

1. E. Panofsky, « Der Begriff des Kunstwollens », *Zeitschrift für Ästhetik und Allgemeine Kunstwissenschaft*, XIV, 1920, p. 321-339, p. 321 *sq.* [Traduit dans *La Perspective comme forme symbolique*, trad. fr. G. Ballangé (dir.), Paris, Minuit, 1975. N.d. T.]

2. [Ce texte a été réédité dans Erwin Panofsky, *Deutschsprachige Aufsätze II*, éd. K. Michels M. Warnke, Akademie Verlag, Berlin, 1998. N.d. T.].

3. [L'usage est de conserver en français le terme forgé par Aloïs Riegl, plutôt que de recourir à un approximatif et problématique équivalent (« vouloir » ou « intention artistique »); ce choix est d'autant plus justifié que le terme sera largement défini dans la suite du texte. Sur ce point, cf. par exemple la présentation d'Otto Pächt, dans Riegl, *Grammaire historique des arts plastiques*, trad. fr. E. Kaufholz, Paris, Klincksieck, 1978, p. XVI-XIX. N.d. T.].

avons coutume depuis Aloïs Riegl de désigner la somme ou l'unité des forces créatrices qui se manifestent dans un phénomène artistique quelconque [1]. Il s'agissait de démontrer que, sauf à tomber dans un cercle vicieux, ce Kunstwollen ne devait pas être interprété dans une perspective psychologisante comme volonté de l'artiste (ou de l'époque, etc.), et qu'il ne pouvait représenter un objet de connaissance scientifique que s'il était envisagé, non pas comme une « réalité » psycho-logique, mais comme un objet méta-empirique – quelque chose qui « réside » dans le phénomène artistique en tant que son « sens immanent ». En cette qualité, et en cette qualité seulement, le Kunstwollen nous apparaissait pouvoir être appréhendé au moyen de « concepts fondamentaux » valides a priori, c'est-à-dire comme un objet de pensée qui ne se rencontre dans aucune sphère de la réalité (pas même dans la sphère de la réalité *historique*), mais qui présente, pour parler comme Husserl, un caractère « eidétique ».

La partie critique de ces considérations, pour autant que nous avons eu connaissance des réactions suscitées jusqu'ici par l'article en question, semble n'avoir rencontré aucune contradiction; contre la partie positive, en revanche – c'est-à-dire contre l'idée que la science de l'art peut et doit se doter de concepts fondamentaux valides a priori, Alexander Dorner a dernièrement formulé une série d'objections [2]. Celles-ci ne

1. Par « phénomène artistique », nous entendons ici et dans la suite tout objet de la science de l'art qui peut être considéré du point de vue de la critique stylistique comme une unité – que cette unité soit définie en termes de région (style populaire), d'époque (style historique) ou de personne (style individuel), ou encore qu'elle soit représentée par une seule œuvre.

2. A. Dorner, « Die Erkenntnis des Kunstwollens durch die Kunst-geschichte », *Zeitschrift für Ästhetik und allgemeine Kunstwissenschaft*, 26, 1922, p. 216 *sq*.

sont en rien parvenues à ébranler notre position, car elles reposent en partie sur une fondamentale incompréhension de nos vues [1], en partie sur une conception, à notre avis, erronée de la relation entre connaissance a priori et connaissance a posteriori. Elles ont en tout cas montré la nécessité de développer quelque peu les réflexions purement programmatiques présentées dans ce travail ancien, et de discuter plus précisément d'une part la nature *théorique*, d'autre part la signification *pratique et méthodologique* de ces concepts fondamentaux de la science de l'art – et par là *la relation entre théorie de l'art et histoire de l'art.*

A.

I. Par « concepts fondamentaux » de la science de l'art, dont il nous faudra d'abord dire comment ils sont acquis et quelle validité ils possèdent, *nous entendons des couples de concepts* (qu'il ne peut s'agir que de couples de concepts, et pourquoi, c'est ce qui ressortira des considérations suivantes) *dont la relation antithétique constitue l'expression conceptuelle des « problèmes fondamentaux », donnés a priori, de la création artistique.*

On a coutume de parler, en considérant les œuvres d'art, de « problèmes artistiques », dont on croit pouvoir admettre que l'œuvre constitue la « solution ». De tels problèmes (par exemple « tendance longitudinale et tendance centralisatrice », « colonne et mur », « figure individuelle et construction d'ensemble ») se présentent toujours sous la forme d'une *opposition*, entre les pôles de laquelle l'œuvre d'art crée d'une manière ou d'une autre une *balance*. C'est précisément dans la nature particulière de cette balance que réside la spécificité

---

1. Pour ne pas surcharger le présent exposé, nous réservons pour une digression séparée (cf. *infra*, p. 268-270) l'éclaircissement de ces malentendus.

artistique d'une œuvre particulière ou d'un groupe particulier d'œuvres d'art, par où l'œuvre se forge « son » monde, fondamentalement indépendant de la réalité empirique. Or tous ces problèmes artistiques (et c'est justement la raison pour laquelle ils ne peuvent être formulés que sous forme d'antithèses) sont implicitement inclus ou contenus dans un seul grand problème originel qui présente lui aussi la forme d'une antithèse et qui, dans la mesure où il découle nécessairement des conditions de la création artistique comme telle, est posé a priori. Ce problème ne se laisse peut-être pas mieux circonscrire que par les termes de « plénitude » [1] et de « forme » [2].

L'art, de quelque manière qu'on le définisse et dans quelque domaine qu'on le considère, remplit sa tâche spécifique *en donnant forme à la sensibilité*. Cela signifie que les productions de l'art *conservent* la « plénitude » propre à la perception sensible, tout en la soumettant à un certain ordre. Elles s'efforcent en ce sens d'endiguer la plénitude sensible – autrement dit, toute œuvre d'art doit d'une manière ou d'une autre *tenir la balance entre la « plénitude » et la « forme »*, qui sont les deux pôles de cette opposition fondamentale. Cette nécessaire balance entre deux principes opposés ne peut s'effectuer que si, à la nécessité a priori d'une antithèse, répond la possibilité non moins a priori d'une synthèse : la « plénitude » et la « forme » – qui, par elles-mêmes, se font face

1. [Le mot, correspondant étymologiquement au terme « Fülle » qu'emploie Panofsky, est à prendre ici au sens quantitatif : abondance ou profusion. Marcel Proust écrit ainsi dans Les jeunes filles en fleurs : « La vraie variété est dans cette plénitude d'éléments réels et inattendus… ». N.d.T.].

2. Je me réfère ici, comme aussi en partie dans la suite, à un travail de mon ami Edgar Wind, qu'on espère voir sortir bientôt sous le titre « Ästhetischer und kunstwissenschaftlicher Gegenstand, ein Beitrag zur Methodologie der Kunstgeschichte » [« L'objet de l'esthétique et l'objet de la science de l'art, une contribution à la méthodologie de l'histoire de l'art »].

comme deux principes dont on ne voit pas comment ils peuvent s'associer – peuvent et doivent en effet réaliser une synthèse dans la mesure où *l'opposition purement ontologique entre « plénitude » et « forme » trouve son corrélat dans* (ou plus exactement : coïncide en dernière instance avec) *l'opposition méthodologique*[1] *entre « temps » et « espace »* – le principe de « plénitude » correspondant au « temps » comme forme de l'intuition, tandis que le principe de « forme » correspond à l'« espace » comme forme de l'intuition. Si l'opposition entre « plénitude » et « forme » constitue *la condition* a priori *de l'existence des problèmes artistiques*, l'action réciproque entre le « temps » et l'« espace » constitue *la condition* a priori *de la possibilité de leur résolution.*

S'il était donc permis de risquer une définition de l'œuvre d'art, ce devrait être à peu près celle-ci : d'un point de vue ontologique, l'œuvre d'art est une confrontation entre la « forme » et la « plénitude » ; d'un point de vue méthodologique[2], elle est une confrontation entre le « temps » et l'« espace ». Seul ce rapport de corrélation explique que d'une part la « plénitude » et la « forme » puissent établir une interaction vivante, et que d'autre part le « temps » et l'« espace » puissent s'unir en une figure individuelle sensible.

Cette double problématique (qui ne constitue en vérité que le double aspect d'une même problématique) commande,

1. Qui ne concerne donc pas l'ousia de deux principes ou substances opposés, mais le methodos de leur synthèse.

2. Nous évitons ici encore le mot en soi plausible de « génétique », qui ne désigne pas, comme devrait le faire un terme correspondant strictement à « ontologique », les conditions transcendantales, mais les « conditions » empiriques (et notamment historiques) de la création artistique. Répétons jusqu'à la superfluité que nous ne nous intéressons qu'aux premières, non aux dernières.

comme nous l'avons dit, la création artistique en général, c'est-à-dire indépendamment du fait que celle-ci tire son matériau sensible de l'«intuition» visuelle ou acoustique. Dans les conditions particulières de l'intuition visuelle, c'est-à-dire dans les conditions qui valent pour les arts plastiques, les «arts décoratifs» et l'architecture, cette problématique générale doit naturellement se traduire dans des oppositions plus *spécifiques*, et ce sont ces oppositions spécifiquement visuelles ou, plus exactement, *ces oppositions de valeurs spécifiquement visuelles que nous pouvons désigner comme les problèmes fondamentaux de la création plastique et architectonique, et dont les formulations conceptuelles fournissent donc les* «concepts fondamentaux de la science de l'art».

Le tableau suivant permettra de clarifier mon propos [1]

Antithèse générale au sein de la sphère *ontologique*	Oppositions spécifiques au sein de la sphère *phénoménale*, en l'occurrence *visuelle*			Antithèse générale au sein de la sphère *méthodo-logique*
	1. Opposition des valeurs élémentaires	2. Opposition des valeurs de figuration	3. Opposition des valeurs de composition	
La «plénitude» s'oppose à la «forme»	Les valeurs «*optiques*» (espace ouvert) s'opposent aux valeurs «*haptiques*» (corps)	Les «valeurs de *profondeur*» s'opposent aux «valeurs de *surface*»	Les «valeurs d'*interpréta-tion*» (fusion) s'opposent aux «valeurs de *juxtapo-sition*» (division)	Le «temps» s'oppose à l'«espace»

1. Nous nous servons ici de la terminologie riegelienne, sans pour autant reprendre à notre compte l'arrière-plan psychologique dont elle est déduite.

II. Ce n'est pas ici le lieu de tenter une déduction méthodologique de ce tableau des problèmes fondamentaux de l'art – qui, d'après ce qui vient d'être dit, est aussi un tableau des concepts fondamentaux de la science de l'art –, ni d'en démontrer l'exhaustivité et l'utilité. C'est seulement pour éviter de nouveaux malentendus que nous ajoutons les points suivants :

1. Le couple conceptuel de la *première* colonne (valeurs optiques et valeurs haptiques) renvoie à une région des objets d'intuition que nous pouvons appeler la couche des *valeurs élémentaires* : il désigne les valeurs dont la mise en balance rend *possible* l'émergence d'une unité dotée d'une forme visible (« figure »). Le couple conceptuel de la *seconde* colonne (valeurs de profondeur et valeurs de surface) renvoie à une région ultérieure des objets d'intuition, que nous pouvons appeler la couche des *valeurs de figuration* : il désigne les valeurs dont la mise en balance produit *effectivement* une unité dotée d'une forme visible (d'une figure). Enfin, le couple conceptuel de la *troisième* colonne (valeurs d'interpénétration et valeurs de juxtaposition) renvoie à une région supérieure des objets d'intuition, que nous pouvons appeler la couche des *valeurs de composition* : il désigne les valeurs dont la mise en balance rassemble une pluralité d'unités dotées d'une forme visible (qu'il s'agisse des éléments d'un organisme déterminé, des parties d'un groupe déterminé ou des composantes d'une totalité artistique déterminée), pour les *joindre en une unité de degré supérieur.*

2. Le problème fondamental de la confrontation entre valeurs optiques et valeurs haptiques, tel qu'il se traduit dans le *premier* couple de concepts, peut être compris comme l'expression spécifiquement visuelle de l'opposition entre « plénitude » et « forme ». Car si la réalisation d'une valeur *purement*

optique devait aboutir à l'éviction de toute « forme »,
c'est-à-dire à un phénomène lumineux parfaitement amorphe,
à l'inverse, la réalisation d'une valeur purement haptique
conduirait à l'éviction de toute « plénitude » sensible, c'est-à-
dire à une figure géométrique parfaitement abstraite[1]. Le problème fondamental de la confrontation entre valeurs d'interpénétration et valeurs de juxtaposition, tel qu'il se traduit dans
le *troisième* couple de concepts, peut être compris comme
l'expression spécifiquement visuelle de l'opposition entre
« temps » et « espace ». Car si l'on ne peut concevoir une fusion
intégrale de plusieurs unités que dans l'élément du « temps »,
qui se moque de toute division, à l'inverse, un isolement
mutuel vraiment rigoureux entre plusieurs unités ne se laisse
concevoir que dans l'élément de l'« espace », que ne traverse
aucun mouvement, de sorte que l'antithèse exprimée par le
troisième couple de concepts aurait tout aussi bien pu être
décrite par le couple « *repos et mouvement* » (être et devenir), si
le concept de « mouvement » ou de « devenir » ne comportait
pas la représentation d'un événement spatio-temporel, plutôt
que purement temporel. Enfin, le problème fondamental de la
confrontation entre valeurs de profondeur et valeurs de surface, tel qu'il se traduit dans le couple conceptuel *médian*, peut
être compris *aussi bien* à partir de l'opposition entre « plénitude » et « forme », qu'à partir de l'opposition entre « temps » et
« espace », dans la mesure où un rapport déterminé entre profondeur et surface présuppose un rapport déterminé entre
valeurs optiques et valeurs haptiques et un rapport déterminé
entre fusion et division, entre mouvement et repos. On sait par

1. *Cf.* à nouveau Wind, « Ästhetischer und kunstwissenschaftlicher
Gegenstand… » (*cf.* note 2, p. 238).

exemple que la différence entre l'art du relief de l'Égypte ancienne et celui de la Grèce classique, sur le plan des valeurs de figuration, tient à ce que le premier recourt à des reliefs plats (parfois même traités en creux), et renonce pour une grande part aux raccourcis, de sorte que les valeurs de profondeur se trouvent autant que possible écartées au bénéfice des valeurs de surface ; l'art grec classique, à l'inverse, recherche un relief mesuré[1] et use de raccourcis tout aussi mesurés, de manière à établir une balance moyenne entre les valeurs de profondeur et les valeurs de surface. Mais on voit aussitôt qu'une telle solution du problème « surface et profondeur », en quelque sens qu'elle s'opère, implique inévitablement une solution *correspondante*, aussi bien pour le problème « valeurs optiques et valeurs haptiques », que pour le problème « valeurs d'interpénétration (fusion, mouvement) et valeurs de juxtaposition (isolement, repos) ». En effet, le mouvement d'une forme individuelle, donc aussi la mise en relation entre plusieurs formes individuelles, n'est possible que si cette forme individuelle est en mesure de passer de la deuxième à la troisième dimension de l'espace (car même un déplacement parallèle à la surface de l'image reste inconcevable, a fortiori un pivotement ou une inclinaison, tant que la forme ne peut se « détacher » du fond) : dans cette mesure, trancher le problème surface et profondeur *en faveur de la première* signifie nécessairement, *en même temps*, trancher le problème « repos et mouvement », « isolement et fusion », *en faveur du repos et de l'isolement*, et inversement. Et puisqu'une réalisation des valeurs optiques n'est possible que si la pure surface sans

---

1. À cet approfondissement réel du relief correspond l'approfondissement apparent de la peinture : le modelé de la skiagraphia.

ombres est rompue par des saillies et des creux, trancher le problème surface et profondeur *en faveur de la première* signifie nécessairement, *en même temps*, trancher le problème « valeurs optiques et valeurs haptiques » *en faveur des valeurs haptiques*, et inversement. Tandis que les deux autres problèmes fondamentaux se laissent ramener soit à l'antithèse espace-temps, soit à l'antithèse plénitude-forme, le problème fondamental « valeurs de profondeur et valeurs de surface » peut effectivement être abordé d'un côté comme de l'autre, et c'est seulement ce rôle de médiateur du second problème fondamental qui nous permet de comprendre qu'au sein d'un certain « style », les trois problèmes fondamentaux peuvent et doivent être résolus « dans le même sens ». Même quand on a reconnu que les trois problèmes fondamentaux ne sont que les spécifications d'une seule opposition originelle, il ne serait pas facile de mettre en évidence une relation concrète entre, d'un côté, les valeurs optiques et les valeurs haptiques et, de l'autre côté, le repos et le mouvement, si justement une certaine décision concernant le problème « surface et profondeur » n'impliquait pas aussi une décision concernant les deux autres problèmes.

3. Ce qui vient d'être dit suffit à montrer combien on se trompe en pensant, comme presque partout, que les concepts fondamentaux de la science de l'art auraient pour ambition ou pour mission de « saisir en une formule », directement et en tant que telle, la caractéristique stylistique d'une œuvre d'art ou d'une époque artistique. Ce qu'ils essayent de saisir en une formule, dans la mesure où ils méritent vraiment d'être appelés des concepts fondamentaux, ce n'est pas du tout comment les problèmes artistiques sont résolus, mais comment ils sont *posés* : au vrai, ils ne sont rien moins que des étiquettes qu'on pourrait en quelque manière coller sur les objets concrets. Leur

caractère nécessairement antithétique désigne non pas une *différence stylistique* qui apparaîtrait *au sein* du monde phénoménal entre deux phénomènes observables, mais une *polarité* existant *au-delà* du monde phénoménal entre deux principes déterminables sur un plan théorique. On ne peut donc jamais reprocher à ces concepts fondamentaux, parce qu'ils sont nécessairement formulés sur le mode antithétique, de ne pas rendre justice à la richesse d'une réalité artistique qui ne se laisse pas réduire à des dualismes. Car les concepts que nous avons brièvement énumérés plus haut – valeurs optiques et haptiques, valeurs de profondeur et de surface, d'interpénétration et de juxtaposition? ces concepts ne se rapportent nullement à des *oppositions* qui pourraient se rencontrer comme telles au sein de la réalité artistique, mais à des oppositions que la réalité artistique commence par mettre en *balance*, d'une manière ou d'une autre : une valeur *purement* haptique, comme nous l'avons dit, ne pourrait se réaliser que dans une figure géométrique abstraite, une valeur *purement* optique que dans un phénomène lumineux amorphe, et une surface absolue est *in concreto* aussi impossible qu'une profondeur absolue; une pure « interpénétration » serait un temps sans espace, une pure « juxtaposition » un espace atemporel. *Si donc il ne fait pas de doute que les concepts fondamentaux de la science de l'art ne peuvent se présenter que sous la forme d'antithèses absolues, il n'est pas moins certain qu'ils ne visent nullement à « caractériser » les œuvres d'art elles-mêmes – et s'il ne fait pas de doute que les concepts caractérisants utilisés par l'histoire de l'art ne se rapportent qu'aux œuvres d'art elles-mêmes, il n'est pas moins certain qu'ils ne procèdent pas par oppositions absolues, mais en quelque sorte sur une échelle fluctuante* : les premiers désignent les pôles d'une polarité donnée a priori, qui ne se rencontre pas comme telle dans le monde phénoménal

– les seconds désignent la balance réalisée a posteriori entre les extrémités de cette polarité, et pour laquelle il n'existe pas deux, mais une infinité de possibilités différentes. Si donc les concepts absolument opposés « haptique », « optique », etc., ont seulement pour contenu la formulation, et non la résolution d'un problème artistique fondamental, inversement les concepts « *pictural* », « *plastique* », etc., qui se rapportent à la résolution, et non à la formulation des problèmes en question, n'introduisent pas une *opposition absolue*, mais seulement une différence *graduelle*. Par le terme « plastique », nous désignons en effet une balance moyenne entre valeurs optiques et valeurs haptiques, par le terme « pictural » une mise en balance *qui refoule les valeurs haptiques au profit des valeurs optiques*, tandis que l'expression par laquelle nous pourrions caractériser l'art hautement non-pictural des anciens Égyptiens (peut-être « stéréomé-trique-cristallin ») suggérerait au contraire une mise en balance *qui refoule les valeurs optiques au profit des valeurs haptiques*. Les concepts « pictural », « plastique » et « stéréométrique-cristallin » ne désignent donc aucunement des oppositions absolues, mais différents degrés d'une échelle, dont le point zéro est à chaque fois marqué par le terme « *plastique* ». « À chaque fois », car si les extrémités *théoriques* de cette échelle, auxquelles aucune réalité ne peut atteindre, se trouvent en quelque sorte à l'infini, tout en étant une fois pour toutes *définies* par l'opposition entre valeurs « haptiques » et valeurs « optiques », leurs extrémités *historiques* se trouvent dans le fini, et doivent donc *se décaler* en fonction des limites assignées au cercle de l'objet considéré – de sorte qu'une même œuvre d'art pourrait être décrite comme « picturale » relativement à l'art du XVIe siècle, et comme « plastique » à l'aune de l'art du XVIe siècle, parce que *l'ensemble* de l'échelle de valeurs s'est entre-temps déplacé

vers le pôle « optique ». Il est donc clair – déjà sur un plan purement théorique – qu'entre une solution profondément non-
picturale dans l'esprit de l'art égyptien ancien et une solution
profondément picturale dans l'esprit de l'impressionnisme
moderne, une infinité de degrés intermédiaires sont possibles
(de même, naturellement, qu'on peut concevoir au-delà du
style égyptien ancien une solution qui refoulerait encore
davantage les valeurs optiques, au-delà de l'impressionnisme
moderne une solution qui refoulerait encore davantage les
valeurs haptiques), et qu'en outre les historiens d'art, selon le
système de référence adopté, peuvent aussi bien appliquer des
termes différents au même phénomène, que les mêmes termes
à des phénomènes différents[1]. Mais il est non moins clair que
cette variabilité des degrés de l'échelle ne prouve rien contre
la constance de ses *pôles*, et ne démontre qu'une chose : que
les concepts caractérisants ne sont pas des concepts fondamentaux, et que les concepts fondamentaux ne sont pas des
concepts caractérisants.

De même que les expressions « stéréométrique-cristallin »,
« plastique », « pictural » (ainsi que toutes celles qui les

1. Dans une présentation qui ne traiterait que du Trecento italien, Giotto
pourrait être caractérisé comme l'artisan d'un style « plastique », tandis qu'une
étude d'ensemble de la première Renaissance situerait l'apogée des tendances
« plastiques » dans l'art plus tardif de Mantegna ; inversement, une présentation
de l'enluminure carolingienne devrait caractériser le manuscrit d'Ada conservé
à Trèves comme relativement « plastique », en comparaison avec l'Évangile de
Godeskalk. On voit ici que l'histoire de l'art, dont on déplore souvent l'indigence conceptuelle, doit en effet toujours travailler avec les mêmes formules,
parce que ce sont des dénominations indispensables pour certaines possibilités
typiques de résolution des problèmes fondamentaux, mais qu'elles peuvent
en pratique, selon le système de référence choisi, signifier des choses très
différentes – ce qui ne fait qu'attester la validité a priori des problèmes
artistiques fondamentaux.

complètent ou les différencient[1]) décrivent les différentes solutions du *premier* problème fondamental, de même des expressions comme « surface », « balance moyenne de la surface et de la profondeur », « profondeur » (au sens de la perspective) décrivent les différentes solutions du *second* problème, de même encore les expressions comme « repos immobile », « balance moyenne entre repos et mouvement » (approche organique-»eurythmique») et « dépassement du repos par le mouvement » – autrement dit : isolement, liaison, unification – décrivent les différentes solutions du *troisième* problème fondamental – étant entendu que ce que nous venons de dire de la première triade conceptuelle (« stéréométrique-cristallin », « plastique », « pictural ») vaut aussi pour la mise en œuvre de ces deux nouvelles triades.

Nous n'avons parlé jusqu'à présent que des concepts qui caractérisent la manifestation *non-chromatique* des valeurs artistiques. Or les concepts par lesquels l'histoire de l'art essaye de caractériser le « *style chromatique* » de ces valeurs ne désignent rien d'autre que de nouvelles solutions apportées aux mêmes problèmes artistiques fondamentaux, lesquels (étant justement des problèmes fondamentaux) se situent tout à fait au-delà de la distinction entre qualités chromatiques et qualités non chromatiques, mais reçoivent néanmoins leur solution dans le traitement des couleurs, non moins que dans la composition des corps ou de l'espace. Nous désignons par le terme « *polychromie* » le maniement de la couleur par lequel le problème « valeurs de juxtaposition et valeurs d'interpénétra-

1. Car les triades conceptuelles que nous évoquons ici ne désignent que la solution médiane et les deux solutions (relativement) extrêmes ; on peut dans tous les cas en fixant une « échelle historique » maximale – se référer au modèle des styles égyptien ancien, grec classique et impressionniste moderne.

tion» (division et fusion) *est tranché en faveur de la juxta-position – c'est-à-dire de la division*?, le problème «valeurs de surface et valeurs de profondeur» *en faveur des valeurs de surface*, le problème «valeurs haptiques et valeurs optiques» *en faveur des valeurs haptiques.* Par le terme de «colorisme», dont le cas extrême est le «tonalisme [*Tonigkeit*][1]», nous désignons au contraire le maniement de la couleur par lequel le problème «valeurs de juxtaposition et valeurs d'interpéné-tration» («division et fusion») est tranché *en faveur de l'inter-pénétration*, c'est-à-dire de la fusion, le problème «valeurs de surface et valeurs de profondeur» *en faveur des valeurs de profondeur*, et le problème «valeurs haptiques et valeurs opti-ques» *en faveur des valeurs optiques. Le traitement rigoureu-sement «polychrome» des couleurs*, dans la mesure où il résout les problèmes fondamentaux dans le sens correspon-dant, constitue donc le corrélat nécessaire d'une *composition des corps et de l'espace visant l'isolement, la surface, la struc-ture cristalline*, tandis qu'un traitement «coloriste», a fortiori «tonaliste» des couleurs, se trouve non moins nécessairement associé à une *composition des corps et de l'espace visant l'unification, la profondeur et la picturalité*[2].

---

1. Aucune expression particulière n'a été forgée jusqu'à présent pour désigner la solution médiane entre «polychromie» et «colorisme» (qui serait quelque chose comme un «accord harmonique sans rupture de couleurs»), pas plus que pour la solution médiane entre «surface» et «profondeur».

2. Que la phénoménalité chromatique de l'œuvre d'art se trouve caracté-risée par une seule série conceptuelle, et non par les trois auxquelles nous avons rapporté sa phénoménalité non-chromatique, cela pourrait s'expliquer par le fait que – étendant à la sphère de l'intuition artistique un présupposé de l'intui-tion extra-artistique, d'une manière qui n'est sans doute pas tout à fait licite – nous avons coutume de considérer la «couleur» comme quelque chose qui vient s'ajouter aux «corps», comme une propriété qui leur serait simplement atta-

4. Le caractère absolument antithétique des concepts *fondamentaux* que la *théorie* de l'art a pour tâche d'établir et de développer (afin de formuler les problèmes) n'implique donc nullement qu'il faille attribuer un caractère semblable aux concepts *caractérisants* avec lesquels travaille l'histoire de l'art (pour décrire les différents styles) : loin de diviser l'univers des phénomènes artistiques en deux camps opposés, entre lesquels une foule de phénomènes resteraient inassignables, les concepts fondamentaux désignent simplement la polarité de deux sphères de valeurs qui s'opposent par-delà ce monde phénoménal, et qui se confrontent dans l'œuvre d'art des manières les plus diverses[1] ; car ce n'est pas *au moyen* des concepts fondamentaux, c'est seulement *à partir des concepts*

chée, et que nous la considérons donc aussi dans l'œuvre d'art, non pas comme un facteur « élémentaire » et « figuratif », mais comme un facteur « compositionnel », qui ne ferait en quelque sorte qu'illustrer le monde en soi déjà « achevé » du non-chromatique. De fait, les expressions « polychromie » et « colorisme » ou « tonalisme », uniquement forgées pour désigner une « attitude chromatique générale », ne peuvent être rapportées dans leur sens immédiat qu'aux différentes tentatives de résolution du troisième problème fondamental (« valeurs de juxtaposition et valeurs d'interpénétration », « division et fusion »), ce qui naturellement n'exclut pas que les choix qu'elles incarnent s'appliquent effectivement aux trois problèmes fondamentaux.

1. Les catégories de Wölfflin, en revanche, s'exposent bel et bien à une telle objection, car elles ne visent pas à poser des problèmes, mais à formuler des solutions ; en ce sens, elles introduisent dans le monde empirique de la réalité historique l'antithèse théorique de valeurs méta-empiriques, et adoptent ainsi une position intermédiaire, attaquable des deux côtés : considérées comme des concepts fondamentaux de la science de l'art, elles ne satisfont pas à l'exigence d'être légitimées a priori et de posséder leur objet par-delà le monde phénoménal – considérées comme des concepts caractérisants de l'histoire de l'art, elles ne satisfont pas à l'exigence de traduire la diversité des phénomènes artistiques concrets, qu'elles réduisent à un système d'oppositions absolues – d'ailleurs non dépourvu de contradictions internes.

fondamentaux que se laissent appréhender les contenus du monde historique réel. De tels concepts ne prétendent pas classer les phénomènes à la manière d'une «*Grammaire générale et raisonnée*[1]» : leur tâche est seulement, s'il nous est permis de nous répéter, *d'amener les phénomènes à la parole*, à la manière d'un «réactif»[2] légitimé a priori. Dans la mesure où ils se bornent à exprimer le problème posé, sans vouloir en formuler les solutions possibles, ils déterminent en quelque sorte seulement les *questions* que nous devons adresser aux objets, pas les *réponses* individuelles et toujours imprévisibles que ceux-ci peuvent nous donner[3].

Or ces questions ne sont formulées par les concepts fondamentaux esquissés plus haut que dans la mesure où ce sont, au sens le plus strict, des questions générales : elles peuvent être adressées à absolument toutes les œuvres picturales ou architectoniques, parce qu'elles trouvent leur réponse dans absolument toutes les œuvres picturales ou architectoniques. Mais il ne souffre aucun doute qu'il existe, outre les problèmes artistiques *fondamentaux* auxquels toutes les œuvres d'art de cette sorte doivent se confronter, des pro-

---

1. [En français dans le texte. N.d. T.]

2. Reagens. *Cf.* E. Panofsky, «Der Begriff des Kunstwollens».

3. C'est marquer la différence essentielle entre la théorie de l'art telle que nous la concevons, et les disciplines qu'on appelle l'esthétique et la psychologie de l'art : dans la mesure où la théorie de l'art se borne à mettre à jour les problèmes fondamentaux précédemment décrits, elle ne pose pas encore la question de l'esthétique philosophique, qui cherche à établir les conditions et les présupposés qui rendent l'œuvre d'art possible a priori, encore moins celle de l'esthétique normative, qui prétend établir les lois auxquelles l'œuvre d'art doit se conformer; la psychologie de l'art, de son côté s'interroge sur les circonstances dans lesquelles l'œuvre d'art – ou l'impression produite par l'œuvre d'art – devient «réelle».

blèmes artistiques *particuliers*, qui ne trouvent leur solution que dans un certain groupe d'œuvres, voire souvent dans une seule œuvre. La théorie de l'art doit aussi saisir en une formule ces « *problèmes particuliers* » et les mettre en relation avec les problèmes fondamentaux, en adjoignant aux « *concepts fondamentaux* » de la science de l'art des « *concepts spéciaux* », et en les ordonnant, ou mieux : en les subordonnant systématiquement aux premiers. Cette subordination des concepts spéciaux aux concepts fondamentaux de la science de l'art, c'est-à-dire la construction de la science de l'art comme un système conceptuel cohérent et articulé, cette subordination est possible parce que les problèmes artistiques particuliers doivent être considérés, relativement aux problèmes fondamentaux, comme des problèmes seulement *dérivés*, et que donc les « concepts spéciaux » qui leur correspondent ont, relativement aux concepts fondamentaux, la signification de concepts seulement dérivés. Les problèmes artistiques particuliers se forment en effet, selon un schéma presque hégélien, lorsque les *solutions* des *problèmes artistiques fondamentaux*, valables universellement, deviennent au cours de l'évolution historique les *pôles* d'un problème artistique *particulier*, et qu'ensuite les solutions de ce problème particulier deviennent à leur tour les pôles d'un problème particulier de « deuxième rang », encore plus spécifique que le premier, et ainsi de suite à l'infini. Pour prendre un exemple emprunté au domaine de l'architecture, la figure que nous désignons comme « colonne », tout comme la figure que nous appelons « mur », représentent chacune une solution très spécifique des problèmes artistiques fondamentaux. Or s'il arrive, dans des conditions historiques particulières (comme par exemple dans l'Antiquité tardive ou dans l'art de la Renaissance), que le mur et la colonne nouent une relation organique dans un seul et même édifice, alors surgit un

« nouveau » problème artistique, qui doit être considéré relativement aux problèmes fondamentaux comme un problème particulier[1], mais qui peut engendrer d'autres problèmes particuliers, dans la mesure où ses différentes solutions (par exemple la solution « baroque » ou « néoclassique ») vont à leur tour se confronter les unes aux autres. D'une manière tout à fait analogue et dans des conditions tout à fait analogues, deux solutions différentes des problèmes picturaux fondamentaux, par exemple la superposition en relief et la dispersion en perspective, peuvent se rencontrer pour former les pôles d'une nouvelle opposition, qui à son tour se décomposera en une multitude de sous-problèmes.

Ainsi, mais il n'est naturellement pas question d'en faire ici la démonstration détaillée, tous les problèmes artistiques particuliers peuvent être systématiquement reliés entre eux, et finalement – si particuliers, voire si singuliers soient-ils en eux-mêmes – ramenés aux problèmes fondamentaux. On tirerait de cette manière du « tableau des concepts fondamentaux de la science de l'art » un système conceptuel cohérent et porteur de sens, susceptible de se ramifier dans les concepts spéciaux les plus fins.

Comment se présenterait, comment s'appliquerait en pratique un tel système conceptuel – c'est ce qu'il n'est pas possible, mais pas non plus nécessaire d'exposer ici : ce qui était contesté, et qui est désormais établi, nous semble-t-il, c'est simplement la *possibilité* de trouver des concepts qui

---

1. Sur cette naissance en quelque sorte « dialectique » des problèmes particuliers de premier et de second rang, *cf.* Wind, « Ästhetischer und kunstwissenschaftlicher Gegenstand… » (*cf.* note 2, p. 238).

puissent à bon droit être considérés comme des «concepts fondamentaux» de la science de l'art, parce que

premièrement, ils présentent une validité a priori, et sont donc également appropriés et nécessaire à la connaissance de tous les phénomènes artistiques,

deuxièmement, ils n'ont pas trait à des réalités non-intuitives, mais à des phénomènes intuitifs,

troisièmement, ils entretiennent une relation systématique entre eux, ainsi qu'avec les concepts spéciaux qui leur sont subordonnés. Car les trois problèmes artistiques fondamentaux, dont les trois concepts fondamentaux constituent la formulation, ne représentent quant à eux que les manifestations de cette unique grande opposition qui premièrement est une opposition a priori, deuxièmement appartient à la sphère intuitive, et troisièmement se traduit pareillement dans les trois problèmes fondamentaux[1].

1. Pour illustrer la prétendue incohérence d'éventuels concepts fondamentaux, Dorner a composé les couples conceptuels «objectiviste-subjectiviste», «réaliste-idéaliste» et «formel-matériel». À quoi il faut objecter que le couple «formel-matériel» n'est absolument pas coordonnable aux deux autres, puisqu'il ne désigne pas, comme ceux-ci, l'opposition de deux principes de représentation qui marqueraient une différence de style entre plusieurs phénomènes artistiques, mais signale la frontière entre deux sphères (logiquement) distinctes au sein d'un seul et même phénomène artistique !

En ce qui concerne l'opposition encore en usage entre «art formaliste» (l'art pour l'art) et «art du contenu», il faut dire que ces concepts devraient être bannis de la science de l'art. Car le rapport entre la forme et le contenu ne constitue pas un problème artistique qui (comme par exemple le problème de la surface et de la profondeur) pourrait être résolu dans un sens ou dans l'autre. La situation est plutôt la suivante : soit un certain «contenu» est entré dans la «forme» (il constitue alors et alors seulement un contenu de l'œuvre d'art, et il n'y a plus lieu de se demander s'il est plus ou moins essentiel que la «forme»), soit il n'est pas entré dans la «forme» (et il est alors un contenu à côté de l'œuvre d'art, et ne peut influencer son style). Du reste, il y a aussi pour la sphère du

5. Si les concepts fondamentaux de la science de l'art sont donc en toute certitude fondés a priori, et valent donc indépendamment de toute expérience, cela ne veut naturellement pas dire qu'ils peuvent être trouvés indépendamment de toute expérience, c'est-à-dire par les seules voies de l'intellect : autant, du point de vue de la théorie de la connaissance, ils trouvent leur origine en dehors de l'expérience, autant, d'un point de vue pratique et méthodologique, ils ne peuvent être découverts et développés que dans l'expérience. Car puisque les problèmes artistiques fondamentaux, dont les concepts fondamentaux de la science de l'art constituent la formulation, traduisent déjà dans une sphère spécifiquement *sensible*, l'opposition a priori entre « plénitude » et « forme », « espace » et « temps », la connaissance de ces problèmes fondamentaux présuppose l'impression reçue du phénomène empirique (visuel); et ce qui vaut pour la connaissance des problèmes fondamentaux vaut peut-être plus encore pour la connaissance des problèmes particuliers : les problèmes artistiques ne peuvent être connus *qu'à partir de leurs solutions*, c'est-à-dire à partir des œuvres d'art, et si les concepts qui permettent de formuler ces problèmes prétendent valoir a priori, cela ne signifie pas qu'ils peuvent être *trouvés* a priori, mais seulement qu'ils peuvent être *légitimés* a priori. Inversement, il serait bien sûr erroné de vouloir invoquer la découverte a posteriori des concepts de la science de l'art pour contester leur validité a

contenu un « problème fondamental », dont les pôles peuvent être caractérisés, du côté de la « forme », par le terme « définissabilité » (validité universelle) et, du côté de la plénitude, « indéfinissabilité » (unicité). Les solutions (qui sont nécessairement accordées à celles des problèmes fondamentaux de la « forme ») tendent soit vers la pure « communication », soit vers la pure « expression des sentiments », sans naturellement jamais atteindre tout à fait ces extrêmes.

priori. Aussi certain que le théorème de Pythagore a d'abord été découvert par une intuition a posteriori, mais a pu et a dû être fondé ensuite par une intuition a priori, les concepts fondamentaux et les concepts spéciaux de la science de l'art naissent de l'expérience, mais valent avant et par-delà toute expérience – et c'est précisément ce qui permet de comprendre que si, d'un côté, la formation des concepts de la théorie de l'art n'est pas possible sans l'expérience acquise dans le domaine de l'histoire de l'art, qui fournit constamment de nouveaux matériaux concrets à la pensée, elle ne peut pas, d'un autre côté, être le moins du monde ébranlée (sa propre cohérence interne étant acquise) par cette expérience : autrement dit, le système conceptuel de la science de l'art, pour autant qu'il est *découvert et développé* a posteriori, renvoie aux résultats de la recherche empirique, mais, dans la mesure où il vaut a priori, il subsiste indépendamment de ces résultats, et ne peut absolument pas entrer en conflit avec eux. *Soit* une découverte ou une observation nouvelles peuvent prouver que l'un des problèmes artistiques déjà connus et légitimés a priori a été résolu dans un cas particulier autrement qu'il ne l'avait été jusque-là, que donc l'une des questions déjà formulées sur le plan conceptuel (et la théorie de l'art n'a pas d'autre ambition que de formuler des questions) avait reçu dans ce cas une réponse fausse – si par exemple l'on découvrait inopinément une peinture de paysage datant du Vᵉ siècle avant Jésus Christ, il faudrait corriger la conception auparavant défendue par l'histoire de l'art, sans pour autant remettre en cause le système conceptuel construit par la théorie de l'art. *Soit* la découverte ou l'observation nouvelle peuvent prouver qu'un problème artistique particulier n'a pas été reconnu comme tel jusque-là, que donc les questions formulées en termes conceptuels avaient négligé une caractéristique essentielle de certains objets – s'il apparaissait par exemple un édifice d'une forme tout à fait inhabituelle, ou si une œuvre d'art déjà connue, observée sous un angle nouveau, révélait au chercheur un nouveau problème, alors le problème en question devrait recevoir sa formulation et être mis en relation avec les problèmes déjà connus, ce qui entraînerait certes un élargissement, mais pas une remise en cause du système conceptuel formé par la théorie de l'art.

B.

S'il est ainsi clairement établi que le développement d'un système conceptuel par lequel la science de l'art, rayonnant à partir d'un ensemble de notions fondamentales, se ramifie jusque dans les concepts spéciaux les plus fins, s'il est établi qu'un tel développement est à tous égards *possible*, il reste encore à se demander s'il est *nécessaire*.

On pourrait en effet demander si l'introduction et l'élaboration de tels « concepts de la théorie de l'art » n'est pas un simple badinage logique, un « exercice de pensée » sans objet, entièrement dénué de signification pour l'étude historique des œuvres réelles. À cette question il convient à notre avis de répondre par la négative.

Car c'est justement parce qu'elles abordent le problème de deux côtés totalement différents, mais chacune d'un seul côté, que la construction conceptuelle de la théorie de l'art et l'étude pratique des faits historiques entretiennent une *relation réciproque*, à la fois singulière et indissoluble. On caractérisera cette relation en disant que les *concepts* visés par la théorie de l'art ne deviennent les *instruments* d'une connaissance véritablement scientifique que lorsqu'ils *procèdent* de l'observation concrète des *matériaux* fournis par l'histoire de l'art, tout comme inversement les *constats* que doit dresser l'*histoire* de l'art ne deviennent des contenus d'une connaissance véritablement scientifique que lorsqu'ils sont articulés aux problèmes artistiques formulés par la *théorie* de l'art, de sorte que la tâche *ultime* de la science de l'art, qui est d'appréhender le *Kunstwollen*, ne peut être résolue que par la *collaboration* de l'approche historique et de l'approche théorique.

Nous nous sommes déjà arrêtés sur l'un des aspects de cette relation de réciprocité; nous pouvons sans plus de difficulté mettre l'autre en lumière.

I. Personne n'a encore jamais contesté qu'à l'histoire de l'art, si athéorique soit-elle, il incombe deux tâches : en tant qu'*histoire* de l'art, elle doit classer et rapporter les unes aux autres les œuvres du passé d'un point de vue historique, c'est-à-dire selon le lieu et le temps. En tant qu'histoire de *l'art*, elle doit caractériser le « style » de ces œuvres. L'accomplissement de cette seconde tâche (qui dans tous les cas doit précéder l'accomplissement de la première, puisque la « place » historique d'une œuvre ne peut être déterminée qu'une fois identifiée sa particularité artistique[1]) suppose l'usage de concepts qui caractérisent d'une manière plus ou moins générale les particularités stylistiques des œuvres considérées. Même une présentation comme *L'Histoire de l'art allemand* de Georg Dehio[2], qui se donne si consciemment et si légitimement comme « historique », est inévitablement amenée à travailler avec des termes comme « pictural » et « plastique », « en profondeur » et « en surface », « calme » et « agité », « style spatial » et « style corporel ». L'empirisme historique

1. La simple élucidation de la date et du lieu de fabrication, à l'aide par exemple de documents ou d'après les circonstances de sa découverte, peut faciliter la classification historique, mais elle n'y suffit pas par elle-même.

2. G. Dehio, *Geschichte der deutschen Kunst*, t. 1, Berlin-Leipzig, Walter de Gruyter, 1919. Voir l'introduction programmatique, t. I, p. 5 *sq*.

lui-même admet que l'emploi de tels concepts stylistiques n'est pas seulement courant, mais réellement nécessaire dans le travail de l'histoire de l'art : il refuse seulement de s'interroger sur leur origine et sur leur légitimation. Ils sont pour lui des « concepts actuellement disponibles », qui nous permettent d'appréhender « les propriétés sensibles des différentes œuvres d'art »[1].

1. On peut élever des objections à cette thèse de deux côtés. D'un côté, les concepts qui sont vraiment capables de caractériser le *style de l'œuvre* visent tout autre chose que ses « *propriétés sensibles* » ; de l'autre côté, les concepts qui décrivent vraiment les « *propriétés sensibles* » de l'œuvre sont encore loin de pouvoir caractériser son *style*, ils ne font que préparer une telle caractérisation stylistique.

a) Les « propriétés sensibles » que nous découvrons dans une œuvre ne sont absolument rien d'autre que de *pures qualités* des perceptions optiques – des qualités que nous avons coutume (car il s'agit encore, à strictement parler, d'un présupposé qui ne se laisse pas justifier par la perception sensible comme telle) de diviser en « chromatiques » et « non chromatiques ». Pour appréhender ces pures qualités en mots et en concepts, l'historien d'art a deux possibilités, qui ont en commun de n'offrir qu'un mode médiat de caractérisation : soit il peut caractériser les propriétés sensibles de l'œuvre concernée en renvoyant à d'autres *perceptions sensibles*, supposées connues (ainsi, quand il décrit l'aspect d'une peau « semblable à du cuir » ou « fripée », qu'il parle d'un pli « en boucle », d'une draperie « bruissante », d'une couleur « gris souris » ou « jaune

---

1. A. Dorner, « Die Erkenntnis des Kunstwollens durch die Kunstgeschichte ».

de cadmium »); soit il peut caractériser les « propriétés sensibles » de l'œuvre considérée en essayant de décrire le sentiment qu'elles suscitent en lui (il parlera par exemple de l'« agitation passionnée » des lignes, d'un coloris « grave » ou « joyeux »). On discerne aisément les limites de l'un et l'autre de ces procédés. En ce qui concerne le mode de la caractérisation, les « propriétés sensibles » de l'œuvre d'art ne peuvent jamais être définies d'une manière exacte et suffisante, dans la mesure où un énoncé général de nature verbale et conceptuelle ne peut jamais rendre justice à un contenu individuel, purement qualitatif[1]; même la description la plus vivante et la plus inspirée d'un jeu de lignes ou d'une composition de couleurs n'est au fond que l'indication toujours inadéquate d'un état de fait dont la propriété essentielle ultime – et à vrai dire unique – est précisément d'être « celui-ci ». En pratique, l'histoire de l'art – capitulant à bon droit devant le caractère inexprimable de cet état de fait – a coutume de renoncer dans la majorité des cas à qualifier en quelque manière ces « propriétés sensibles », pour se contenter d'expressions qui ne sont en vérité qu'une

1. À l'objection qu'en théorie il est possible dans tous les cas – en pratique seulement dans quelques-uns ? de déterminer d'une manière exacte et suffisante les propriétés non chromatiques (par des termes mathématiques comme « circulaire » ou « elliptique »), il faut répondre que l'on renvoie par là soit au cercle concret ou à l'ellipse concrète comme à des objets de la perception sensible – et alors la détermination « circulaire », etc. n'est pas essentiellement différente de déterminations comme « en boucle » ou « soyeux », etc. ?, soit au cercle abstrait et à l'ellipse abstraite comme à des figures mathématiques (de sorte qu'il faudrait dire, en toute rigueur, au lieu de « circulaire » : « de la forme d'une courbe dont tous les points sont également éloignés d'un point déterminé ») – et alors le phénomène à décrire se trouve dépouillé de sa nature qualitative spécifique (exactement comme si on le décrivait par des mesures numériques), et ce ne sont plus des « propriétés sensibles » réelles que l'on décrit, mais seulement les schémas qui fondent idéellement ces propriétés sensibles.

périphrase de ce « celui-ci » : « le dessin des mains (ou le drapé des vêtements) conserve le même esprit » ou « le traitement des cheveux varie[1] ». Mais en ce qui concerne l'*objet* caractérisé (et c'est là un point encore plus important du point de vue méthodologique), les « propriétés sensibles » ne se confondent nullement avec ses « critères stylistiques » : à strictement parler, une caractérisation qui ne vise que les « propriétés sensibles » de l'œuvre d'art n'a pas le moindre droit de faire une distinction fondamentale entre les lignes effectivement tracées par la main de l'artiste, et celles qui résultent du craquèlement du vernis ; et même si on lui conférait ce droit à titre expérimental, même si elle était donc capable d'extraire de la plénitude des propriétés sensibles celles qui sont artistiquement significatives, l'observation de ces propriétés ne pourrait conduire à la connaissance de *critères stylistiques*, tant qu'on ne serait pas en droit de présupposer, *premièrement*, qu'au sein de certaines séries de « propriétés sensibles » inté-

---

1. On voit d'ici l'inutilité de tous les efforts pour dresser « un tableau de toutes les couleurs possibles », auquel l'historien d'art pourrait se reporter pour décrire une œuvre. Une telle tentative – qui serait sans doute réalisable à des fins techniques – promettrait autant ou aussi peu de succès dans notre domaine qu'un « tableau de toutes les formes possibles ». Car un « jaune de cadmium » ne peut être déterminé – dans la mesure où il s'agit d'une œuvre d'art – que comme ce « jaune de cadmium »-ci, posé par tel coup de pinceau, à tel endroit du tableau, à côté de telle touche de gris ou de bleu-vert ; et cette propriété unique qui est la sienne n'est pas plus facile, mais pas non plus moins facile à saisir avec des mots, que la qualité (tout aussi unique) d'une certaine composition de lignes ou de surfaces. Tout le « problème de la désignation des couleurs » n'a finalement de réalité que dans la mesure où les procédés de reproduction mécaniques sont encore moins parvenus jusqu'ici à rendre justice à la phénoménalité chromatique des œuvres d'art qu'à leur phénoménalité non-chromatique : la langue parvient à caractériser les ultimes particularités de la première aussi bien, ou aussi mal, que celles de la seconde.

rieurement liées les unes aux autres (nous appellerons de telles séries des « *complexes* phénoménaux »), se réalisent certains *principes de mise en forme artistique*, et que *deuxièmement* règne dans ces principes cette unité non contradictoire sans laquelle nous ne pouvons absolument pas parler de « style ». [Se dispenser de cette double présupposition, par une approche qui ne vise qu'à caractériser et à enregistrer les « propriétés sensibles » des œuvres d'art, sans se donner la possibilité ni d'ordonner ses observations en séries homogènes et finalement en une unité, ni a fortiori d'en déduire de quelconques principes régissant le phénomène, c'est manifestement une position qui n'est ni permise, ni féconde[1]]. Les concepts qui ne veulent et ne font effectivement qu'établir les « propriétés sensibles » des œuvres d'art, visent des états de fait qui premièrement ne peuvent être que suggérés, mais pas suffisamment déterminés, et dans lesquels deuxièmement (abstraction faite de cette restriction modale) ne peuvent être définis *les critères stylistiques eux-mêmes*, mais seulement *les substrats susceptibles d'être transformés en critères stylistiques*. Si l'histoire de l'art, qui a pour tâche de caractériser le style d'un certain phénomène artistique, ne disposait que de tels concepts, capables seulement de saisir les propriétés sensibles des œuvres d'art – des concepts que nous pourrions peut-être, pour les différencier des concepts proprement « *caractérisants* », appeler des « concepts indicatifs » ou « *démonstratifs* »?, elle serait dès le départ vouée à l'échec ; elle se tiendrait devant les phénomènes artistiques comme devant des objets naturels quelconques, c'est-à-dire qu'alignant sans rime ni raison des

---

1. [Cette phrase est manifestement tronquée dans l'original. Nous conjecturons ici une construction possible. N.d. T.]

centaines et des milliers d'observations particulières, elle produirait pour finir soit une paraphrase quasi poétique d'expériences sensibles, soit (si elle subsumait après coup ces observations singulières à un système surajouté, par exemple selon les rubriques : humains, animaux, plantes, choses) une sorte de description personnelle de l'œuvre d'art, mais en aucun cas une caractérisation du style artistique.

b) Par bonheur, l'histoire de l'art ne dispose pas seulement de ces concepts purement « démonstratifs », qui peuvent certes (dans les limites des possibilités langagières) caractériser les propriétés sensibles des œuvres d'art, mais pas leurs critères stylistiques ; elle dispose aussi d'autres concepts qui (exactement à l'inverse des précédents) sont effectivement capables d'appréhender les critères stylistiques, et qui en cela *vont bien au-delà de la simple caractérisation de leurs propriétés sensibles* : des concepts (pour ne prendre d'abord en considération que les plus généraux) comme « pictural » et « plastique », « profondeur » et « surface », « corporel » et « spatial », « style d'être et style de devenir », « coloriste » et « polychrome ». Il va désormais sans dire que de tels concepts ont une tout autre signification que de fixer les propriétés sensibles des œuvres d'art. La représentation artistique d'un lion ou d'un paysage de montagne, au plan de sa pure phénoménalité sensible, possède tout aussi peu que le lion et le paysage de montagne eux-mêmes la « propriété » d'être picturale, coloriste, axée sur l'espace et la profondeur : quand nous la caractérisons par de tels concepts, nous n'*appréhendons* ou ne *caractérisons* plus ses propriétés sensibles, nous en donnons déjà une *interprétation* – nous les interprétons, pour autant que nous ordonnons les contenus particuliers de la perception, en soi purement qualitatifs et sans aucun lien entre eux, en complexes phénoménaux structurés, et que nous attribuons à de tels complexes une certaine fonction,

un effet « dans le sens » de la picturalité, de la profondeur, etc. ;
et c'est seulement parce que nous les considérons comme
l'expression de certains principes de mise en forme artistique –
qui, à leur tour, ne se côtoient pas là par hasard, qui sont liés
entre eux par un principe stylistique supérieur – que nous
acquérons le droit d'en parler comme de critères stylistiques.
Ce qui vaut pour les principes de mise en forme les plus généraux, tels qu'ils sont fixés dans des concepts comme « plastique », « pictural », etc., vaut exactement de la même manière
pour les principes spéciaux : nous observons le « drapé » ou les
« proportions du corps », non pour prendre note des « propriétés sensibles » de l'œuvre, et peut-être les rassembler
ex post dans une rubrique « costumes » ou « personnages »,
mais parce que nous présupposons que dans les phénomènes
observés se réalise un *principe du traitement du vêtement* ou un
principe de représentation de personnages, et que tous ces
principes particuliers de mise en forme traduisent un principe
stylistique unique d'ordre supérieur.

De fait, et pour ne donner qu'un exemple, comment
pourrions-nous autrement établir sur le plan conceptuel que
deux artistes différents ont prêté la main à l'exécution d'une
même œuvre, alors qu'une telle collaboration saute généralement aux yeux du connaisseur ? L'historien d'art ne devrait-il
pas accepter la disparité résultant d'une telle circonstance, la
différence qu'elle introduit entre deux « propriétés sensibles »
(par exemple dans les types de visage), comme une donnée
d'évidence absolument non problématique, comparable au fait
que le vêtement d'un des personnages est jaune, et celui de
l'autre rouge ? Notre science n'a le droit de considérer *la
disparité de deux « propriétés sensibles »* comme une *différence stylistique* que si elle fait cette double présupposition,
qu'un certain « *complexe phénoménal* » manifeste un certain

«*principe de mise en forme*», et que tous ces «*princi-pes de mise en forme*» sont à leur tour liés en une *unité* non contradictoire.

Ce qui est vrai de la connaissance des *différences* stylistiques vaut naturellement aussi pour la connaissance des *correspondances* stylistiques : l'historien d'art qui, dans un ensemble d'œuvres plus ou moins vaste, doit reconnaître certaines pièces identiques ou apparentées pour les regrouper par unités stylistiques, ne peut pas davantage effectuer ce travail de classification (consistant à rapprocher plus qu'à séparer), sans présupposer qu'il découvre dans les œuvres apparentées une égalité ou une similitude des «principes de mise en forme», et par là (ceux-ci étant à leur tour conçus comme liés entre eux en unités non contradictoires), une éga-lité ou une similitude des «principes stylistiques» supérieurs. Le chercheur qui formerait ses groupes sur la base des «pro-priétés sensibles» des œuvres d'art – sur ces propriétés prises en elles-mêmes, et non comme manifestations de certains prin-cipes présupposés en amont – ne pourrait jamais être sûr d'avoir rassemblé des œuvres vraiment identiques ou simi-laires par le style, et il arriverait aisément que ses groupes réunissent des objets qui n'ont en commun que la grandeur, le matériau, la couleur ou encore d'autres propriétés sensibles.

2. Répétons-le, les conceptualisations «habituelles» de l'histoire de l'art présentent déjà *deux couches* distinctes : une couche *inférieure* de concepts purement indicatifs ou *démonstratifs*, qui appréhendent et désignent seulement les propriétés sensibles des œuvres d'art, et une couche *supérieure* de concepts qui *caractérisent* réellement leur style, qui *inter-prètent* ces propriétés sensibles comme des critères stylisti-ques, en déchiffrant certains complexes de propriétés sensibles comme la réalisation de certains principes de mise en forme, et

ces principes à leur tour comme autant de différenciations d'un principe stylistique unitaire.

Mais qu'est-ce qui donne à l'histoire de l'art le droit de procéder de cette manière « interprétative », alors que toute interprétation, si elle ne doit pas être totalement arbitraire, présuppose l'existence de *critères* fixes et légitimes, auxquels l'objet à interpréter peut être rapporté ? Après tout ce qui précède, la réponse coule presque de source : c'est aux *problèmes artistiques* formulés dans les concepts généraux et dans les concepts spéciaux de la science de l'art que sont rapportées les propriétés sensibles des œuvres d'art. Ils représentent ces critères sur lesquels l'observation peut s'orienter, quand elle regroupe les propriétés sensibles en complexes phénoménaux qu'elle interprète dans le sens de critères stylistiques, et c'est seulement en nous réglant sur ces problèmes artistiques que nous pouvons effectuer ces regroupements et ces interprétations. Un jugement stylistique comme celui-ci : « Dans cette œuvre, la forme est traitée sur le mode pictural (ou au contraire plastique), la couleur est traitée sur le mode tonal (ou au contraire polychrome) » signifie en réalité : « Dans cette œuvre, l'un des problèmes artistiques fondamentaux est résolu – ou tous les problèmes artistiques fondamentaux sont résolus – dans tel ou tel sens », et c'est seulement ainsi que, *premièrement*, un certain complexe phénoménal, comme par exemple la « matière » particulière des surfaces ou l'« homogénéisation » particulière du coloris, peut être *appréhendé* au moyen de concepts démonstratifs (l'apparence « fripée » de la peau ou l'« adjonction de gris dans toutes les couleurs locales »), et que, *deuxièmement*, cette « matière » ou cette « homogénéisation » peuvent être *interprétés sub specie* des problèmes fondamentaux. *C'est seulement quand l'observation des propriétés sensibles, qu'elles soient chromatiques ou non-chromatiques, traverse pour ainsi dire la sphère des problèmes, ou plutôt se trouve réfléchie par celle-ci, qu'apparaissent les concepts qui permettent réellement de caractériser un style*, et dont la tâche spécifique consiste à mettre en rapport les propriétés sensibles des œuvres avec les problèmes artistiques. Et tout comme le jugement : « Dans cette œuvre, la forme est traitée sur le mode pictural » signifie à proprement parler que dans l'œuvre en question le *problème fondamental* « valeurs haptiques et valeurs optiques » est tranché en faveur des valeurs optiques, de même le jugement : « Dans cette œuvre d'art, le drapé est traité dans un style ornemental » signifie à proprement parler que dans l'œuvre en question, le problème particulier, ou plutôt les problèmes particuliers du traitement du vêtement – par exemple « forme propre du vêtement et forme du corps », « mouvement propre du vêtement et mouvement du corps » – sont tranchés en faveur de la forme propre et du mouvement propre du vêtement, et qu'en outre (puisque tous les problèmes artistiques particuliers sont implicitement contenus dans les problèmes fondamentaux, la résolution d'un problème particulier préjuge de la résolution du problème fondamental correspondant), le problème fondamental « surface et profondeur » a été tranché en faveur de la surface.

C'est à partir de là seulement que l'on comprend le bien-fondé de la double présupposition de la caractérisation stylistique : que dans certains complexes de phénomènes perceptibles par les sens se manifeste un principe de mise en forme artistique, et que les principes de mise en forme artistique sont à leur tour dominés par un principe stylistique unique d'ordre supérieur ; c'est seulement si nous pouvons considérer ces complexes phénoménaux comme les solutions de problèmes artistiques, que nous sommes autorisés à y voir des réalisations

de tels *principes de mise en forme*, c'est-à-dire des témoins
d'une *certaine prise de position à l'égard des problèmes
artistiques généraux et spéciaux*, et c'est seulement si nous
pouvons considérer ces problèmes fondamentaux et spéciaux
comme les manifestations d'un unique problème originel, que
nous sommes autorisés à discerner au sein ou au-dessus de tous
les principes de mise en forme un principe stylistique unitaire,
c'est-à-dire *une certaine prise de position à l'égard de ce
problème originel*. Et c'est à partir de là seulement que l'on
comprend pourquoi et dans quel cas nous avons effectivement
le droit de conclure d'une disparité dans les propriétés sensibles à une différence de style, et inversement, d'une égalité ou
d'une similitude dans les propriétés sensibles à une identité ou
à une affinité de style : nous sommes en droit d'opérer la première inférence, parce que (et à la condition que) la différence
des propriétés sensibles témoigne *de prises de position différentes à l'égard d'un seul et même problème artistique* (relativement auquel un sujet artistique unique ne pourrait prendre
position que d'une seule manière); nous sommes en droit
d'opérer la seconde inférence, parce que (et à la condition que)
l'égalité ou la similitude des propriétés sensibles témoigne
*de prises de position identiques ou apparentées à l'égard
d'un seul et même problème artistique* (relativement auquel
des sujets artistiques *différents*, ou de *natures* différentes, ne
pourraient prendre position que de *différentes* manières).

Toute véritable caractérisation stylistique, dans le choix et
dans l'ordonnance de ses observations, non moins que dans
les concepts qu'elle en tire, se réfère nécessairement – qu'elle
le veuille ou non, qu'elle le sache ou non – aux contenus de
cette sphère de problèmes que nous avons tenté de caractériser
dans la première partie de notre article : une caractérisation

stylistique qui nie cette référence, soit la nie à tort, soit se désigne à tort comme une caractérisation stylistique[1].

Mais ces problèmes et leur relation mutuelle – et nous voici parvenus au point où tendait toute notre réflexion, *l'historien de l'art n'est nullement en mesure de les reconnaître par lui-même* : lui qui n'a affaire qu'aux phénomènes empiriques, il se trouve en quelque sorte dans la situation opposée à celle du théoricien de l'art qui s'efforce de développer des concepts fondamentaux, puis de les différencier en concepts spéciaux. Si celui-ci, comme nous le disions précédemment, ne peut déterminer que la *formulation*, mais pas les *solutions* des problèmes artistiques, le premier ne dispose à l'inverse que des *solutions* des problèmes artistiques (sous la forme des œuvres concrètes), sans être par lui-même en mesure de les formuler. Les phénomènes empiriques et réels qu'observe l'*histoire* de l'art au sens strict, ne révèlent rien de quelconques « problèmes » – les problèmes ne sont pas *donnés* dans les phénomènes, ils sont *présupposés derrière* ceux-ci, et ne sont donc accessibles qu'à une approche qui relève non de l'*histoire* de l'art, mais de la *théorie* de l'art : seule la « spéculation conceptuelle non sensible » de cette théorie est capable de fixer les buts sur lesquels s'oriente à chaque pas la recherche empirique ; elle seule a la possibilité et la mission d'identifier les problèmes

---

1. On ne peut objecter sur ce point que les problèmes artistiques n'étaient pas connus aux penseurs des décennies ou des siècles précédents, ou qu'ils pourraient se trouver récusés par les penseurs des décennies ou des siècles à venir : même un Vasari, quand il cherche vraiment à caractériser le style d'une œuvre d'art (par exemple quand il souligne le « rilievo » d'une peinture particulière), se réfère inconsciemment à l'un de ces problèmes artistiques auxquels toute caractérisation stylistique doit renvoyer – en l'occurrence, au problème fondamental « surface et profondeur ».

artistiques supposés connus par l'histoire de l'art, pour leur donner une formulation conceptuelle dans les concepts fondamentaux et spéciaux de la science de l'art.

II. Nous avons donc établi que l'histoire de l'art comme pure science d'objet, dans la mesure où elle veut connaître le « style » des objets artistiques, présuppose déjà dans ses analyses stylistiques, et jusque dans ses descriptions apparemment libres de tout présupposé, la connaissance des problèmes artistiques fondamentaux et spéciaux, elle suppose donc déjà acquis les concepts fondamentaux et spéciaux de la science de l'art – alors même que le chercheur ne connaît pas ces problèmes et ces concepts comme tels, alors même qu'il ne sait rien de leur existence. Cependant, l'histoire de l'art n'est une pure science d'objet qu'aussi longtemps qu'elle accepte vraiment ce présupposé comme un « présupposé », c'est-à-dire aussi longtemps qu'elle *s'oriente* sur les problèmes étudiés par la théorie de l'art, mais ne *réfléchit* pas à ces problèmes. Car à l'instant où elle le ferait, à l'instant donc où les résultats de la réflexion de la théorie de l'art ne dicteraient plus de l'extérieur le choix des observations et les conceptualisations de la recherche, mais s'imposeraient immédiatement et en tant que tels dans le cours de ses pensées, l'histoire de l'art cesserait de présenter et d'interpréter *un état de fait matériellement donné*, pour *présenter et interpréter un rapport idéel entre la formulation d'un problème et sa résolution*, c'est-à-dire qu'elle cesserait d'être une pure science d'objet et, d'une discipline historique au sens étroit du terme, deviendrait ce que nous pourrions appeler une « *science transcendantale de l'art* », ou, plus modestement et peut-être plus exactement une discipline « *interprétative* » au sens propre. La recherche peut renoncer à cette transformation tant qu'elle se cantonne dans une simple morphologie stylistique – mais elle doit s'y résoudre dès l'instant où elle veut passer de la connaissance des *symptômes* stylistiques (du « style au sens extérieur ») à la connaissance de l'*essence* du style (du « style au sens intérieur », autrement dit au *Kunstwollen*). Car puisque les « principes de mise en forme » qui se manifestent dans une œuvre d'art ne sont rien d'autre que la manière dont l'auteur prend position, dans un sens ou dans l'autre, relativement aux problèmes artistiques fondamentaux et particuliers, et puisque le « principe stylistique supérieur » n'est rien d'autre que la manière dont l'auteur prend position, dans un sens ou dans l'autre, relativement au problème artistique originel, les principes de mises en forme *comme tels* et le principe stylistique supérieur comme tel ne peuvent être connus que lorsque leur connaissance se fonde sur une *confrontation explicite des solutions avec les problèmes*. L'histoire de l'art comme pure science d'objet, qui ne fait que s'orienter sur les problèmes artistiques, sans réfléchir sur eux, n'est donc capable de connaître que les *critères stylistiques* et leur *agrégat*, pas les *principes de mise en forme* et leur *unité*. Cette dernière connaissance n'est accessible qu'à cette approche qui connaît vraiment les problèmes artistiques que l'histoire de l'art au sens étroit se borne à supposer connus, à cette approche qui, réfléchissant sur les problèmes artistiques avec l'aide des concepts fondamentaux et spécifiques dégagés par la théorie de l'art, peut *dégager explicitement et systématiquement* la relation entre la formulation du problème et sa solution. Tandis que l'histoire de l'art comme pure science d'objet se contentera (et doit se contenter) de caractériser le complexe phénoménal « a » par un terme stylistique particulier T, et de décrire l'œuvre d'art dans son ensemble par l'addition de tels termes : T +T1, etc., cette autre approche « interprétative » devra montrer expressément que, *premièrement*, dans le complexe phénoménal « a » le problème artistique « x » et dans le complexe phénoménal « b » le problème artistique « y » sont résolus dans un certain sens (donnant à connaître la position de l'auteur relativement aux problèmes artistiques fondamentaux et particuliers, c'est-à-dire aux principes de mises en forme), et que, *deuxièmement*, toutes ces solutions sont mises en œuvre « *dans un seul et même sens* », c'est-à-dire que « a » se rapporte à « x » exactement comme « b » à « y » et « c » à « z » (donnant à connaître la position de l'auteur relativement au problème artistique original, c'est-à-dire au principe stylistique supérieur[1]). Par là, et seulement par là, le regard scientifique accède au « style au sens intérieur » ou au *Kunstwollen*, qui ne peut être compris ni comme une somme de propriétés sensibles, ni comme un agrégat de critères stylistiques, mais exclusivement comme l'unité à l'intérieur ou au-dessus des principes de mise en forme, et dont la connaissance ne présuppose pas seulement la référence tacite aux résultats de la théorie de l'art, mais aussi la capacité à travailler en liaison directe avec celle-ci.

1. Puisqu'une œuvre d'art concrète ne peut jamais, comme nous l'avons montré plus haut, traiter directement du « problème artistique original » en tant que tel, qu'elle ne peut le résoudre qu'indirectement, pour autant que les problèmes fondamentaux et les problèmes particuliers (selon le domaine sensible dont relève l'œuvre considérée) sont tous implicitement contenus dans le « problème original » – l'examen scientifique d'une œuvre d'art concrète ne peut non plus révéler directement la position de l'auteur relativement au problème artistique original, mais seulement de manière indirecte, en identifiant dans les solutions des problèmes fondamentaux et spécifiques un même procédé de résolution, en démontrant par exemple que dans un certain cas, tous les problèmes, tant sur le plan chromatique que sur le plan non chromatique, sont résolus dans le sens d'une balance moyenne entre les pôles des problèmes respectifs, ce qui démontre indirectement que, dans ce cas, le problème artistique original a lui aussi reçu une solution dans le sens d'une balance moyenne.

Une fois que le « sens immanent » du phénomène donné est saisi dans le *Kunstwollen*, rien n'empêche plus de mettre le « sens » ainsi manifesté dans les phénomènes plastiques en *parallèle* avec le « sens » des phénomènes musicaux, poétiques et enfin extra-artistiques. Car (et c'est la raison pour laquelle toutes les sciences de l'esprit s'accordent, selon leur structure et leur problématique interne, avec la science de l'art [1]) absolument *toutes* les créations *spirituelles*, les doctrines philosophiques et religieuses, non moins que les règles juridiques et les systèmes linguistiques peuvent et doivent être compris comme les solutions de « problèmes » philosophiques, religieux, juridiques ou linguistiques ; et de même que la

---

1. De même que la science de l'art ne peut interpréter la signification stylistique des objets qui lui sont « donnés » qu'en les rapportant à des problèmes artistiques posés a priori, de même les autres sciences de l'esprit, en particulier l'histoire de la philosophie et de la religion, ne peuvent appréhender les caractéristiques essentielles et enfin le sens des phénomènes empiriquement observables qu'en les rapprochant des problèmes analogues dans le champ de la philosophie, de la religion, etc. – des problèmes qui sont également posés a priori, et que seule une réflexion théorique systématique peut, ici comme là, parvenir à découvrir. La division de notre discipline dans les trois spécialités que sont la théorie de l'art, l'histoire de l'art comme science d'objet et l'approche interprétative qui articule les deux précédentes, a donc son pendant dans tous les domaines des sciences de l'esprit. On peut renvoyer à ce propos, pour prendre l'exemple le moins évident, à l'étude des phénomènes juridiques : l' « histoire du droit » comme pure science d'objet aura à définir dans le temps et dans l'espace une certaine prescription de droit public, et à en discuter le contenu matériel, par où elle présuppose déjà nécessairement les problèmes juridiques fondamentaux comme par exemple le problème « individu et communauté » ? sans quoi elle ne pourrait pas travailler avec des concepts comme « l'État », « le citoyen », « l'obligation », etc. ?, mais elle n'aura pas à réfléchir sur ces problèmes. C'est seulement une « histoire interprétative du droit » qui aura à montrer comment la prescription en question se situe relativement à ces concepts juridiques fondamentaux ; enfin la « théorie du droit », et elle seule, est en mesure de reconnaître ces problèmes fondamentaux en tant que tels et de leur donner une formulation.

science de l'art établit qu'un phénomène artistique donné résout « dans un seul et même sens » tous les problèmes *artistiques*, de même une science générale de l'esprit peut tenter de démontrer qu'au sein d'une « culture » donnée (qui peut être délimitée en termes d'époque, de région ou finalement de personnes) tous les problèmes *spirituels* – y compris, le cas échéant, les problèmes artistiques – sont résolus « dans un seul et même sens ». S'il ne faut pas méconnaître les dangers qui, dans la pratique, guettent une telle méthode de mise en parallèle, peut-être un peu trop répandue de nos jours (car la volonté de découvrir des analogies conduit aisément à interpréter les phénomènes d'une manière arbitraire, voire forcée[1]), il est incontestable qu'elle est parfaitement possible et justifiée sur un plan purement théorique.

C.

Les concepts fondamentaux et spéciaux à l'aide desquels la théorie de l'art *formule* ses problèmes sont donc aussi

---

1. Ce procédé de parallélisation (pratiqué par des gens comme Schnaase, Riegl et Dvorak) consistant à rapprocher plusieurs phénomènes – par exemple la « contre-Réforme » et le « style baroque » – comme des solutions analogues de leurs problèmes respectifs, et donc comme l'expression d'un seul et même « Kunstwollen » (si l'on peut s'exprimer ainsi), apparaît malgré tout moins dangereux que le procédé « étiologique », qui voudrait déduire les phénomènes les uns des autres selon un rapport de causalité, de sorte qu'on peut voir un auteur imputer le style baroque à la Contre-Réforme, tandis que le second explique au contraire celle-ci par celui-là, et qu'un troisième conteste toute relation entre les deux. *Cf.* le travail de Karl Mannheim (« Beiträge zur Theorie der Weltanschauungsinterpretation », *Jahrbuch für Kunstgeschichte*, 1, 15, 1923, p. 236-274), dont je n'ai pris connaissance qu'après la mise sous presse du présent article.

les concepts *directeurs* de l'histoire empirique de l'art et les concepts *de travail* de cette approche « interprétative » qui vise la connaissance du *Kunstwollen*. C'est pourquoi la théorie de l'art n'a pas seulement intérêt à voir la recherche empirique progresser toujours plus vigoureusement et élargir le cercle de ses observations, sans lesquelles les concepts de la première, pour parler comme Kant, restent « *vides* » : la recherche empirique, de son côté, a également intérêt à voir la théorie de l'art se développer d'une manière toujours plus rigoureuse et toujours plus libre de préjugés, car ses observations, sans les concepts de cette dernière, restent « *aveugles* » ; finalement, l'une et l'autre devront se rejoindre (de préférence dans la même personne) pour œuvrer en commun.

Un coup d'œil sur l'évolution de notre discipline suffit à confirmer cette relation de réciprocité entre les deux approches : le chercheur chez qui la question de l'histoire du style a été consciemment posée pour la première fois, Johann Joachim Winckelmann, s'est trouvé dans l'obligation (laissons de côté sa relation avec l'esthétique allemande et anglaise) d'orienter son histoire de l'art antique d'après des points de vue théorico-systématiques, dont la discussion interrompt constamment, d'une manière en apparence seulement arbitraire, le cours de son exposé historique ; et ce n'est pas un hasard si le même Rumohr que nous honorons à juste titre comme le fondateur de l'« histoire de l'art comme science spécialisée », est aussi le premier à avoir imaginé un système des problèmes artistiques (dans cette remarquable partie introductive de ses *Recherches italiennes* pour laquelle il a délibérément choisi le titre « Pour une économie de l'art », et que nous ne devons pas considérer comme un appendice superflu, mais comme le corrélat nécessaire de son enquête historique). L'historien d'art, qui n'a pas toujours besoin de se forger lui-même ses concepts, peut aujourd'hui renoncer à entreprendre une telle construction théorique ; cela n'exclut pourtant pas qu'il se réfère, consciemment ou inconsciemment, à des résultats de cet ordre, et que dans le présent aussi la démarche et les conceptualisations de l'histoire empirique de l'art sont déterminés par des considérations portant sur la *théorie de l'art*.

Il serait en un sens bien commode, et cela nous dispenserait d'emblée de toute discussion méthodologique, si vraiment la théorie de l'art et l'histoire de l'art n'avaient « rien à voir l'une avec l'autre ». Mais, en vérité, elles dépendent l'une de l'autre, et cette relation de réciprocité n'a rien de fortuit, elle découle nécessairement du fait que l'œuvre d'art – comme toutes les réalisations de l'esprit créateur de formes – possède par nature la double propriété *d'être d'une part conditionnée de facto par des circonstances de temps et de lieu, et de constituer d'autre part, sur un plan idéel, la solution intemporelle et pour ainsi dire absolue de problèmes donnés a priori – de naître dans le courant du devenir historique, et de pénétrer néanmoins dans la sphère de la validité supra-historique.* C'est pourquoi le phénomène historique, s'il doit vraiment être compris dans son intégralité et dans son *unicité*, élève de toute nécessité cette double revendication : d'un côté, être compris en tant que *conditionné*, c'est-à-dire placé dans la succession historique des causes et des effets ; de l'autre côté, être compris en tant qu'*inconditionné*, c'est-à-dire *détaché* de la succession historique des causes et des effets, pour être reçu, par-delà toute relativité historique, comme la solution sans temps ni lieu de problèmes sans temps ni lieu. En cela réside la problématique particulière, mais aussi l'attrait particulier de toute recherche dans le domaine des sciences de l'esprit : « Deux faiblesses, dit Léonard à propos de l'arche en architecture, constituent ensemble une force. »

Qu'on nous permette, pour finir, de résumer nos résultats dans les thèses suivantes :

1. La théorie de l'art développe un système de concepts fondamentaux et de concepts spéciaux subordonnés aux premiers, qui a pour seule finalité de formuler les problèmes artistiques – des problèmes qui se subdivisent à leur tour en problèmes fondamentaux et problèmes particuliers, et qui tous découlent d'un unique problème originel.

2. L'histoire de l'art, comme pure science d'objet, désigne par des concepts indicatifs et *démonstratifs* les propriétés sensibles des œuvres, et détermine par des concepts interprétatifs et *caractérisants* le « style au sens extérieur », comme un agrégat de « critères stylistiques ». Mais déjà cette caractérisation purement morphologique du style doit se baser, consciemment ou inconsciemment, sur des problèmes artistiques qu'elle ne peut connaître et formuler conceptuellement qu'avec l'aide de la théorie de l'art.

3. L'»histoire interprétative de l'art», qui vise la connaissance du *Kunstwollen*, associe intimement la théorie de l'art à une histoire purement empirique de l'art et se construit sur les résultats de l'une et de l'autre. Dans cette mesure, elle met explicitement et systématiquement en évidence la relation que l'histoire de l'art, en tant que science d'objet, ne peut que présupposer entre les « propriétés sensibles » des œuvres et les problèmes artistiques ; par là, elle ne prend plus pour objet une réalité historique, mais le rapport entre la formulation des problèmes et leur résolution, tel qu'il se traduit dans cette réalité historique.

Dans la relation entre les complexes de phénomènes et les problèmes artistiques fondamentaux et spéciaux, l'histoire interprétative de l'art appréhende certains « principes de mise en forme » ; dans la relation entre l'ensemble des complexes de phénomènes et le problème artistique originel – c'est-à-dire dans un « principe stylistique supérieur » réunissant les principes particuliers de mise en forme – elle appréhende le *Kunstwollen*.

TROISIÈME PARTIE

EXPÉRIENCE

EXPÉRIENCE

La dimension d'expérience est une caractéristique du vivant et de l'humain tout particulièrement. L'expérience est ce que nous vivons au présent, et au quotidien, sans y penser, ou sans y repenser. Que l'expérience ait à faire avec notre vie la plus quotidienne a force d'évidence, au point que c'en est presque un truisme, elle est de l'ordre de ce qui n'est pas l'aspect le plus aventureux de la vie. Qu'a-t-elle à voir avec l'esthétique? Comment se distingue-t-elle de la dimension cognitive qui, selon nous, est décisive dans la constitution historique et théorique de l'esthétique et comment l'artistique s'intrique-t-il à l'esthétique autour de l'expérience?

Partons de ce qui dans l'expérience est le registre du vécu propre à notre vie. La vie serait donc une suite d'expériences, et l'expérience le régime de ce qui survient, arrive, notre inscription dans une temporalité de l'événement, sans que cet événement soit de l'ordre d'un surgissement, d'un imprévu qui produirait surprise, étonnement, émerveillement, ou peur. Ainsi nous faisons des expériences. Dans le langage ordinaire, qui balance entre faire des expériences et avoir de l'expérience, l'expérience est aussi ce qui a lieu dans un laboratoire, elle renvoie aux sciences de la nature : cette construction technique et savante d'un processus opératoire qui apporte en cas de réussite une intelligibilité plus grande d'un problème, la vérification d'une hypothèse ou d'une théorie, la garantie par la mise à l'épreuve que notre connaissance d'un phénomène touche juste. Vie et connaissance se croisent donc autour de l'expérience, sagesse et vérité en sont les horizons.

L'acquis d'un savoir, de savoirs, ou d'un peu de sagesse, l'assurance d'une continuité qui offre à l'identité comme à la compréhension un peu de solidité, vont de pair avec l'expérimentation. Pour avoir de l'expérience, en détenir, en posséder il faut accumuler et conserver, après avoir pratiqué l'exploration, essayé des voies non frayées. Faire pour avoir, agir pour être. Il y a là une, ou des temporalités de l'expérience, constitutives des rapports que nous entretenons avec nous-mêmes, autrui et le monde. Expérience vécue, *Erlebnis*, l'expérience est aussi, ou devient, *Erfahrung*, savoir du monde, et de nous même, résultat d'une « formation », d'une *Bildung* qui trouve son accomplissement dans une activité raisonnable et raisonnée dans le monde. L'*Erfahrung* exige qu'il y ait eu *Experiment*, expérimentation, car le régime de l'essai est celui qu'empruntent les chemins de la connaissance scientifique comme ceux de la création artistique. Le genre littéraire du roman de formation, typique de la littérature germanique, correspond parfaitement à cette triple articulation qui fait de l'expérience un tout, un *Zusammenhang*. Ce qui vaut pour l'individu vaut aussi pour les formes artistiques. L'expérience offre l'avantage de proposer un réservoir de conduites, de traditions, de maximes qu'elle a en quelque sorte condensé en viatique. Ce viatique permet de continuer l'expérimentation sans que soit perdu de vue l'élargissement de l'expérience comme *Erfahrung*. L'histoire des arts, comme la critique et les poétiques se nourrissent d'une expérience qui donne à saisir comment les histoires des techniques, et des savoirs-faire, du métier, comme des styles et des formes fournissent les réserves à partir desquelles s'invente le nouveau. L'expérience comme

Erfahrung confronte l'individu à une strate plus universelle, plus « commune », elle fonde le nouveau dans la tradition, ou pour renvoyer à un autre lexique, le génie dans le goût.

L'idée de forme, entendue comme *morphè* et non comme *eidos*, de morphogenèse, est l'opérateur qui relie entre elles les positions de l'esthétique que nous avons développées et déclinées à travers les textes ici réunis. Nous avons souligné à plusieurs reprises l'importance de la dimension constructive – ou constructionniste – dans les deux parties précédentes : la connaissance sensible est le fondement et le point de départ de notre, de nos version(s) du monde, en tant qu'activité d'objectivation du subjectif. La perception est un acte qui engage nos structures, nos catégories, nos concepts. Il n'y a pas plus d'œil innocent qu'il n'y a, dans une perspective kantienne, de contenu pur. Forme et contenu sont déjà unis indissolublement dans l'acte de percevoir. « Le thème non kantien de la multiplicité des mondes – Nelson Goodman le souligne lui-même – est intimement lié au thème kantien de la vacuité de la notion de pur contenu »[1], car, depuis Kant, nous ne pouvons plus voir le monde comme un substrat homogène, comme une substance qui unifie nos représentations, nos concepts, nos schémas. Quelques lignes plus loin, Goodman poursuit : « Berkeley, Kant, Cassirer, Gombrich, Bruner, et bien d'autres, ont critiqué de façon décisive la perception sans concept, le donné pur, l'immédiateté absolue, l'œil innocent, la substance comme substrat. [...] Parler de contenu non structuré, d'un donné non conceptualisé, d'un substrat sans propriété, échoue de soi ; car le langage impose des structures, conceptualise et assigne des propriétés. Alors que concevoir sans percevoir est simplement

---

1. N. Goodman, *Manières de faire des mondes*, *op. cit.*, p. 21. Voir Kant, *Critique de la raison pure*, *op. cit.*, en particulier l'*Analytique transcendantale*.

vide, percevoir sans concevoir est *aveugle* »[1]. Si perception et conception vont de pair, fonctionnent en tandem, leurs actions respectives et combinées engagent une construction du monde de la part d'un sujet à travers des symbolisations : le langage, la connaissance, l'art. L'art – ou mieux, l'activité artistique – est construction d'objets, ou plutôt construction de la réalité parce qu'elle produit une objectalité qui, encore une fois, a son origine dans le subjectif. C'est pourquoi l'activité artistique pourrait bien être conçue comme la symbolisation par excellence.

Quelle place a le sujet, qu'en est-il de la part du sujet dans l'expérience, que signifie subjectif ici ? Nous avons vu comment connaissance et art consistent en une externalisation du sujet dont la visée est une humanisation et une objectivation du monde qui est en réalité une production d'objectalité constituant le monde, un monde, des mondes. Peut-on dire qu'à l'inverse et de manière complémentaire l'expérience et exemplairement l'expérience esthétique est une internalisation dont dépend la construction du sujet ? Est-ce le caractère vécu de l'expérience qui assoit le subjectif et lui assure une nature et une fonction esthétique ? La question peut légitimement être posée à condition de penser le vécu comme un revécu, ce qui est, comme nous l'avions évoqué dans l'introduction générale au volume, le propre de l'*Erlebnis*, cette notion que Dilthey et l'histoire littéraire ont élaborée à partir de Goethe pour fonder ce que Dilthey nomme une poétique mais qui est de fait une esthétique. Mi-poétique, mi-historique, l'*Erlebnis* est un mixte, une structure qui articule de l'hétérogène de manière à produire du sens. « Un fait de notre vie ne vaut pas dans la

---

1. N. Goodman, *Manières de faire des mondes, op. cit.*, p. 22.

mesure où il est vrai mais dans la mesure où il a quelque chose à
signifier », disait Goethe dans l'une de ses ultimes conversations avec Eckermann (30 mars 1831). Et la signification a
quelque chose à voir avec l'expression. L'expérience vécue
n'est donc pas le vécu, elle n'est pas le flux des événements
dans leur indistinction et leur successivité inéluctable, qui les
rend insignifiants – à la fois dépourvus de sens et inintéres-
sants. L'*Erlebnis* cristallise la vie dans un précipité, par sa
consistance toute neuve, il invente une forme et produit du
sens, il est mise en forme du vécu, ressaisissement de la vie
dans une forme. C'est d'ailleurs pourquoi il a pu avoir ce rôle
dans l'histoire des arts et l'esthétique. Cette notion dessinait les
contours de l'activité de symbolisation et associait la vie, la vie
« significative », la part « symbolique » de toute vie mais exemplairement de la vie des artistes aux « formes symboliques »
dont Cassirer écrira la philosophie. Le « revécu » du vécu que
désigne l'*Erlebnis* doit, si l'on évite le piège biographiste,
enclencher le passage à l'*Erfahrung*, une expérience qui cesse
alors d'être individuelle et s'universalise.

Si l'art se trouve au cœur de l'esthétique, c'est parce que
les œuvres dans leur singularité radicale offrent – à nos capacités interprétatives et critiques – l'occasion de saisir le processus par lequel la forme accomplie qui est la leur réalise de
l'universel. Que nous recevions cet universel sensiblement,
dans une appropriation sensorielle, par laquelle nous apprenons à voir, entendre, toucher, goûter, nous renvoie alors à
l'intelligibilité du sensible, à ce que le sensible est lui-même
intelligible et une source d'intelligibilité. L'expérience esthétique consiste dans le moment où nous nous *sentons* une forme
vivante parmi des formes vivantes. L'apprentissage de la
forme, des formes, du symbolique est sensoriel, c'est le biais
cénesthésique de l'expérience esthétique, celui que, pour en
donner un exemple artistique, la *Cinquième Rêverie* de Jean-

Jacques Rousseau emploie. L'expérience esthétique est celle qui nous fait saisir comment « dans l'art s'inventent des formes d'appréhension toujours nouvelles » ou comment ce que l'on pourrait appeler la beauté, loin de tout canon historique ou social, « a trouvé sa forme »[1]. Cette forme, ces formes, nous renvoient et nous permettent d'accéder à une *communauté sensible*, à un nous qui est celui de l'intersubjectivité, d'une intersubjectivité transhistorique.

Il revient à Kant de proposer un terme aux débats qui ont agité le siècle sur les mérites et les dangers du luxe, les capacités d'éducation du genre humain par l'exercice du goût, et le processus même de ce néologisme des Lumières, la civilisation[2]. « Un homme abandonné sur une île déserte – écrit Kant – ne tenterait pour lui-même d'orner ni sa hutte, ni lui-même ou de chercher des fleurs, encore moins de les planter pour s'en parer; ce n'est que dans la société qu'il lui vient à l'esprit de n'être pas simplement homme, mais d'être aussi à sa manière un homme raffiné (c'est le début de la civilisation); on considère ainsi en effet celui qui tend et est habile à communiquer son plaisir aux autres et qu'un objet ne peut satisfaire,

---

1. Voir H. Wölfflin, « Principes fondamentaux de l'histoire de l'art ». Une révision, dans *Réflexions sur l'histoire de l'art*, trad. fr. R. Rochlitz, Paris, Flammarion, 1997, p. 46-54.
2. Pour la querelle sur le luxe voir Voltaire, *Lettres philosophiques*, Paris, Garnier, 1988; Voltaire, *Dictionnaire philosophique*, Paris, Garnier, 1967 (article *Luxe*); Voltaire, « Le Mondain et La Défense du Mondain », dans A. Morizé, *L'Apologie du luxe au XVIIIe siècle et Le mondain de Voltaire*, Genève, Slatkine reprints, 1970, p. 133-158; J.-J. Rousseau, *Discours sur l'origine de l'inégalité, Discours sur les sciences et les arts*, Garnier-Flammarion, 1992 (en particulier le premier des *Discours sur les sciences et les arts*); J. Starobinski, « Le mot civilisation », dans *Le remède dans le mal. Critique et légitimation de l'artifice à l'âge des Lumières*, Paris, Gallimard, 1989, p. 11-59.

lorsqu'il ne peut en ressentir la satisfaction en commun avec d'autres »[1]. La voie esthétique est celle d'une éducation de l'homme à son humanité par le biais de l'expérience d'une communauté : *sentir* une forme signifie trouver en soi une forme propre pour partager ce sentiment. Les formes que le sujet s'approprie constituent à la fois le sujet même et l'espace qu'il peut partager avec les autres. Sans formes il n'y a pas de moi, il n'y a pas de nous.

Nous retrouvons, à peine transposées, les trois maximes du sens commun – « 1. Penser par soi-même ; 2. Penser en se mettant à la place de tout autre ; 3. Toujours penser en accord avec soi-même »[2] – qui deviennent principes de la vie, du vivant parmi les vivants. Ce sentir commun comporte une *conformation* par laquelle je retrouve en moi l'altérité du nous. L'idée d'un sens commun implique selon Kant que nous fassions abstraction « de l'attrait et de l'émotion » et prêtions notre attention « aux caractéristiques formelles » de la représentation de la matière. Il s'agit de passer de la simple sensation au *sens*, d'abstraire ce qui peut être partagé des sensations singulières. Il n'y a pas d'expérience sans une forme de symbolisation, le langage étant celle qui nous est première.

Dans une forme symbolique, au sens où Cassirer emploie cette expression, nous pouvons distinguer les informations de la forme, mais nous ne pouvons séparer le contenu de la forme. Une activité formatrice est signifiante en soi, car c'est dans l'activité même de construction des formes que nous saisissons les manières dont un individu dans son contexte culturel représente le monde. Dans l'introduction du premier volume

---

1. E. Kant, *Critique de la faculté de juger, op. cit.*, § 41, p. 190.
2. *Ibid.*, § 40, p. 186.

de la *Philosophie des formes symboliques* consacré au langage,
Cassirer écrit : « Le contenu constitutif de l'esprit ne se dévoile
que par son extériorisation ; la forme idéelle ne peut être
connue que par et dans l'ensemble des signes sensibles
qu'elle utilise pour s'exprimer. Si l'on pouvait parvenir à une
vue systématique des différentes directions de ce mode de
l'expression, et à déceler ses traits typiques et communs, ainsi
que les gradations particulières et les différences internes de
ceux-ci, on accomplirait alors pour l'ensemble de la création
spirituelle l'idéal de la "caractéristique universelle" tel que
Leibniz l'a formulé pour la connaissance. Nous serions alors en
possession d'une espèce de grammaire de la fonction symbolique en tant que telle, qui embrasserait et déterminerait
d'une façon générale l'ensemble des expressions et des
idiomes particuliers tels que nous les rencontrons dans le
langage et dans l'art, dans le mythe et dans la religion »[1]. La
valeur d'une forme, son contenu spirituel, se reconnaît dans
l'*action*, dans l'*opération*, dans le devenir sensible de cette
forme ; et dans la dimension primaire et originale de cet acte,
dans son fonctionnement, se trouvent les universaux, avec
lesquels on parvient à constituer une grammaire de la *fonction*
de symbolisation, c'est-à-dire de la mise en forme du réel.

Esquissée ainsi, cette opération, semble être une
prérogative des "grandes" formes symboliques, religion,
science, art. Notre compréhension de ces formes – plus généralement des formes – tient à ce qu'elles appartiennent à notre
expérience vécue. Nous avons une expérience esthétique de
l'art car nous avons une expérience esthétique de l'ordinaire. Il

---

1. E. Cassirer, *La Philosophie des formes symboliques*, vol. 1 : *Le langage*
(1923), trad. par O. Hansen-Løve et J. Lacoste, Paris, Minuit, 1972, p. 28.

existe une circularité essentielle entre activité artistique et expérience esthétique des formes.

L'expérience est une activité formatrice, au sens où, à travers une symbolisation, nous tentons d'objectiver un vécu, de construire une relation entre nous, en tant que formes vivantes, et le monde des autres formes. Pour accepter cette affirmation comme un présupposé heuristique, nous sommes dans l'obligation de poser une question fondamentale : jusqu'à quel point la construction d'une expérience esthétique – c'est-à-dire sensible et symbolique – conditionne-t-elle les structures mêmes de notre connaissance ? Jusqu'à quel point notre représentation du monde précède-t-elle notre connaissance ? Cette question est centrale dans la réflexion que Ernst Cassirer engage, en particulier dans le troisième tome de la *Philosophie des formes symboliques*, la *Phénoménologie de la Connaissance* sur une révision de la notion kantienne d'*a priori*. Cassirer introduit là un terme qui peut nous aider à saisir la *fonction* de l'expérience esthétique : la prégnance symbolique, qu'il définit ainsi : « Par "prégnance symbolique" on doit entendre par là la façon dont un vécu de perception, en tant que vécu sensible, renferme en même temps un certain *sens* non-intuitif qu'il amène à une représentation (*Darstellung*) immédiate et concrète »[1]. Il y a donc déjà dans la perception (dans le sensible) un "sens" qui précède le sujet et objet et qui les constitue. Comme l'a écrit Krois, dans son introduction aux *Écrits sur l'art* de Cassirer : « Pour Cassirer il n'y a pas de "performance constitutive d'un sujet connaissant", comme

---

1. E. Cassirer, *Philosophie des formes symboliques*, vol. 3 : *La phénoménologie de la connaissance* (1929), trad. fr. Cl. Fronty, Paris, Minuit, 1972, p. 229.

dans la phénoménologie husserlienne, car il n'y a rien de tel qu'un sujet antérieur au symbolisme. C'est en ceci que réside la modification radicale que Cassirer apporte au modèle épistémologique de la philosophie. Au lieu de commencer par le sujet, Cassirer commence par le symbolisme et le symbolisme existe toujours dans un medium »[1]. En ce sens, les formes transcendantales de l'intuition doivent, elles aussi, être repensées en tant que résultats d'un processus de symbolisation. L'article de Cassirer que nous présentons ici, illustre cette direction de recherche du philosophe. Dès les premières lignes, le problème de l'espace et du temps est posé en termes de signification : « L'espace et le temps occupent déjà, pris simplement comme *objets* de connaissance, une place particulière et remarquable : dans l'édifice architectonique de la connaissance, ils forment les deux piliers fondamentaux qui supportent l'ensemble et en assurent la cohésion. Mais leur signification plus profonde ne s'épuise pas dans cette performance objective qui est la leur. La caractéristique purement ontologique, objective, de ce que *sont* l'espace et le temps ne pénètre pas encore le cœur de ce qu'ils *signifient* pour l'édification de la connaissance »[2]. L'espace et le temps ne sont pas des formes vides, mais des formes qui se modèlent à des contenus variables. Ils ne sont pas des substances – dira Cassirer, à l'instar de Leibniz – mais des "relations réelles", des fonctions, qui donnent la direction de notre construction du réel. La synthèse que Cassirer, dans cet article, donne de son approche est claire : « Et c'est ici qu'apparaît le point décisif de notre

---

1. John M. Krois, « Introduction. L'art, une forme symbolique », dans E. Cassirer, *Écrits sur l'art*, édition et postface par Fabien Capeillères, Paris, Cerf, 1995, p. 7-26, p. 17.

2. *Infra*, p. 297.

étude : à savoir qu'il n'y a pas une intuition générale, strictement fixée, de l'espace, mais que l'espace ne reçoit son contenu déterminé et son agencement particulier que de l'*ordre du sens* au sein duquel à chaque fois il se configure. Selon qu'il est pensé comme ordre mythique, comme ordre esthétique ou comme ordre théorique, la "forme" de l'espace elle aussi change, et ce changement ne concerne pas seulement des traits singuliers et subordonnés, mais il se rapporte à sa totalité, à sa structure principielle. L'espace n'a pas une structure strictement donnée, fixée une fois pour toutes ; il n'acquiert cette structure qu'au moyen de l'organisation générale du sens [*Sinnzusammenhang*] au sein de laquelle s'accomplit son édification »[1]. Dans cette perspective, le rôle joué par l'espace esthétique est crucial, car c'est dans cet espace que l'homme donne une *forme* au monde. Dans l'espace esthétique l'homme n'est plus *face* au monde, mais *dans* le monde : il établit sa présence à travers des formes concrètes de spatialisation (en opposition à l'abstraction de l'espace géométrique). Espace mythique et espace esthétique « sont des modes parfaitement *concrets* de la spatialité. L'espace esthétique lui aussi est un authentique "espace vital" édifié non pas comme l'espace théorique, à partir de la force de la pensée pure, mais à partir des forces du sentiment pur et de l'imagination »[2].

Le troisième chapitre de *L'Art comme expérience* de Dewey offre une articulation limpide de deux points que nous venons d'évoquer. En premier lieu, l'expérience esthétique est considérée comme exemplaire pour la compréhension de l'expérience en général. En second lieu, la relation entre

1. *Infra*, p. 309-310.
2. *Infra*, p. 314.

l'homme et son environnement – cette relation dynamique dans laquelle les formes émergent, relation du vivant au vivant – est pensée comme la condition de l'expérience. Entre expérience esthétique et expérience ordinaire, il y a aux yeux de Dewey une profonde continuité : toute expérience authentique, c'est-à-dire toute expérience d'échange actif avec le monde vivant, nous donne la possibilité de saisir la nature de l'expérience esthétique ; et, en retour, l'expérience esthétique – en particulier, l'expérience esthétique de l'art – en tant qu'intensification de la vie, nous permet de découvrir ce qui est porteur de sens dans le monde qui nous entoure. Toute expérience n'est pas *une* expérience : « L'expérience, lorsqu'elle atteint le degré auquel elle *est* véritablement expérience, est une forme de vitalité plus intense. Au lieu de signifier l'enfermement dans nos propres sentiments et sensations, elle signifie un commerce actif et alerte avec le monde »[1]. Dans le pragmatisme de Dewey, l'expérience est avant tout *expérimentation* de la relation toujours changeante entre nous et le réel. Cette expérimentation nous permet de saisir un schéma caractérisant la nature de l'expérience, le passage de *toute* expérience à *une* expérience : « Le tracé du schéma commun est déterminé par le fait que toute expérience est le résultat de l'interaction entre un être vivant et un aspect quelconque du monde dans lequel il vit »[2]. La dimension esthétique n'est pas le dépassement transcendant de l'expérience, elle est son développement, sa *prise de sens*. Ce développement est garanti, selon Dewey, par les émotions, "quand elles ont un sens", c'est-à-dire quand

---

1. J. Dewey, *L'art comme expérience*, présentation R. Shusterman, postface S. Buettner, trad. fr. J.-P. Cometti, Ch. Domino, F. Gaspari, Paris, Gallimard, 2010, p. 54-55.
2. *Infra*, p. 336.

elles orientent notre expérience vers une incorporation, une transformation, une organisation et réorganisation du vivant. « Dans toute expérience complète il y a forme parce qu'il y a organisation dynamique »[1] et cette organisation – au mieux, cette réorganisation – dépend d'un processus d'assimilation du monde du vivant, de digestion, d'incubation, qui culmine dans l'expérience esthétique, le moment où ce processus devient une *forme* propre à nous. Si, en aval, l'expérience esthétique reste profondément liée à l'expérience ordinaire, en amont, nous trouvons une continuité similaire entre esthétique et artistique : « Comme le terme "artistique" fait principalement référence à l'acte de production et que l'adjectif "esthétique" se rapporte à l'acte de perception et de plaisir, l'absence d'un terme qui désigne simultanément les deux processus est malencontreuse. Cela a parfois pour effet de les dissocier et de présenter l'art comme un élément superposé au matériau esthétique, ou bien, à l'opposé, cela conduit à supposer que, puisque l'art est un processus de création, la perception d'une œuvre d'art et le plaisir qu'elle procure n'ont rien en commun avec l'acte de création »[2].

La Cinquième Promenade des *Rêveries du promeneur solitaire* de Jean-Jacques Rousseau narre une expérience esthétique et est un des sommets de la littérature française. N'était-ce pas Kant déjà dont nous n'avons guère l'habitude de partager ni les émotions esthétiques ni les découvertes artistiques, qui, dans les *Remarques sur les Observations sur le beau et le Sublime* disait : « il me faut lire et relire Rousseau jusqu'à ce que la beauté de l'expression ne me trouble plus ».

1. *Infra*, p. 354.
2. *Infra*, p. 340.

L'esthétique et l'artistique sont conjoints dans les pages qui suivent. Il n'y est bien entendu jamais question d'œuvre d'art, c'est la prose elle-même du texte qui est une réussite artistique. Rousseau donne à la pensée un rythme, une tonalité. L'expérience racontée tire son sens d'une remémoration qui est aussi un trajet accompli. Vécue, elle devient expérience parce qu'elle se fait revécue dans l'art d'écrire qui lui donne la couleur de l'existence. Précipité de temps, elle se donne dans un espace qui devient un élément de la géographie des lieux de mémoire réels ou imaginaires de la géographie rousseauiste. Chez Rousseau, l'anecdote autobiographique bascule dans l'universel singulier. « je forme une entreprise qui n'eut jamais d'exemple et dont l'exécution n'aura point d'imitateur. Je veux montrer à mes semblables un homme dans toute la vérité de la nature et cet homme ce sera moi », écrit-il au livre I des *Confessions*.

Dans l'œuvre de Rousseau, les *Rêveries*, texte testamentaire, occupent une place d'exception, et la Cinquième en est le cœur. Le sujet dans sa solitude tardive, ultime, dépasse ses combats, il finit par se déprendre de lui-même dans ce qui n'est pas lui. La douleur et l'acrimonie sont comme assourdies. L'oubli du monde des hommes est autorisé par l'intrication à une nature offerte mais délicieusement close. L'expérience a un lieu et un temps. Le lieu en est l'île de la Motte, « située pour le bonheur d'un homme qui aime à se circonscrire »[1]. Quant au temps, Rousseau le décrit ainsi, à la première personne : « j'eus le plaisir de ne rien déballer, laissant mes caisses et mes malles comme elles étaient arrivées et vivant dans l'habitation où je comptais achever mes jours comme dans une auberge dont

---

1. J.-J. Rousseau, *Les Rêveries du promeneur solitaire, Cinquième promenade, infra*, p. 357.

j'aurais dû partir le lendemain »[1]. Telles sont les conditions de possibilité de l'expérience à venir, le cadre d'un tableau, les réquisits d'une expérimentation qui autoriseront le bonheur remémoré – ou la remémoration du bonheur du « pur sentiment d'exister » dans un régime du sans concept et sans finalité. Pour y parvenir, il y a quelques autres préalables, mesures d'hygiène mentale, de discipline corporelle : tenir à l'écart les « tristes paperasses » et la « bouquinerie », « herboriser », marcher, écarter la méditation et laisser venir la rêverie. Rousseau, le promeneur des Rêveries, met en place un regard à la fois émerveillé, et conscient d'opérer une médiation, en quête d'une objectivation. « Rien n'est plus singulier que les ravissements, les extases que j'éprouvais à chaque observation que je faisais sur la structure et l'organisation végétale »[2]. Il s'agit, selon les termes de l'auteur, d'une *assimilation* du réel dans la construction du sujet, qui n'est pas sans rappeler l'idée de *conformation* que nous avons employée pour caractériser l'expérience. « En sortant d'une longue et douce rêverie, en me voyant entouré de verdure, de fleurs, d'oiseaux et laissant errer mes yeux au loin sur les romanesques rivages qui bordaient une vaste étendue d'eau claire et cristalline, j'assimilais à mes fictions tous ces aimables objets, et me trouvant enfin ramené par degrés à moi-même et à ce qui m'entourait, je ne pouvais marquer le point de séparation des fictions aux réalités, tant tout concourait également à me rendre chère la vie recueillie et solitaire que je menais dans ce beau séjour »[3]. La continuité ainsi construite entre réalité et fiction est l'acmè d'une quête de soi. L'unité du sujet est en quelque sorte sauvée grâce au pouvoir d'*assimi-*

1. *Ibid.*, *infra*, p. 360.
2. *Ibid.*, *infra*, p. 361.
3. *Ibid.*, *infra*, p. 367.

lation que la circonscription a activé. Sorte de symphonie cénesthésique, perfection sensible elle-même, la Cinquième Promenade apparaît comme exemplaire du régime esthétique dans la mesure même où l'homme se concentre sur son sentir. La beauté du monde, et le bonheur d'un sujet ne font signe vers aucune transcendance. Il en va d'une présence à soi qu'offre la surconcordance des rythmes externes et internes. L'*Erlebnis* de Rousseau[1] devient par la plénitude artistique atteinte ici un exercice spirituel esthétique pour chacun des lecteurs de ces pages; les trois significations de l'expérience que nous avions distinguées, *Erlebnis*, *Erfahrung* et *Experiment*, sont ici étroitement retissées. Les sentiments et les sensations sont purifiés et accèdent à un unisson qui est une résolution des tensions, dans une circonscription des attentes qui resserre le temps dans l'espace abrité de l'expérience réinventée. L'artistique restitue ainsi l'esthétique et nous renvoie au propos de l'ensemble de ce volume, à ce qui fonde l'esthétique : le sentir.

Danièle Cohn et Giuseppe Di Liberti

---

1. Voir W. Dilthey, « L'imagination du poète, Éléments d'une poétique », dans *Écrits d'Esthétique*, *op. cit.*, p. 57-173.

Ernst Cassirer

ESPACE MYTHIQUE, ESPACE ESTHÉTIQUE ET ESPACE THÉORIQUE [*]

Lorsqu'on examine la situation occupée par le problème de l'espace et du temps dans l'ensemble de la connaissance théorique et que l'on considère le rôle joué par ce problème dans le développement historique et systématique des questions fondamentales de la connaissance, alors apparaît aussitôt un trait caractéristique et décisif de son essence. L'espace et le temps occupent déjà, pris simplement comme *objets* de connaissance, une place particulière et remarquable : dans l'édifice architectonique de la connaissance, ils forment les deux piliers fondamentaux qui supportent l'ensemble et en assurent la cohésion. Mais leur signification plus profonde ne s'épuise pas dans cette performance objective qui est la leur. La caractéristique purement ontologique, objective, de ce que *sont* l'espace et le temps ne pénètre pas encore le cœur de ce qu'ils *signifient* pour l'édification de la connaissance. La

---

[*] E. Cassirer, « Espace mythique, espace esthétique et espace théorique », dans *Écrits sur l'art*, trad. par Ch. Berner, Paris, Cerf, 1995, p. 100-116.

signification spécifique de l'interrogation sur la quiddité [*Was*] de l'espace et du temps semble bien plutôt résider dans la nouvelle *direction* que la connaissance acquiert progressivement grâce à cette question. Elle saisit ici seulement que l'authentique tournant vers l'extérieur ne peut être accompli et pourquoi il ne peut être accompli que par un tournant correspondant vers l'intérieur – ici elle apprend à reconnaître que l'horizon de l'objectivité ne s'ouvre véritablement que lorsque le regard de l'esprit n'est pas dirigé simplement en avant vers le monde des objets, mais lorsqu'il est tourné en arrière, vers la « nature » propre et la fonction propre de la connaissance elle-même. Plus la question de l'essence de l'espace et du temps est posée de manière claire, tranchée et consciente au sein de l'histoire du problème de la connaissance, plus il est clair que cette essence ne flotte pas comme quelque chose d'énigmatique, en dernier ressort inconnu, *devant* la connaissance, mais que cette essence est achevée et fondée dans l'être propre de la connaissance, quelle que soit la manière dont il faut la déterminer. Ainsi, plus la connaissance pénètre la structure de l'espace et du temps, plus elle retourne avec certitude en elle-même – ne saisissant qu'en eux, comme corrélats et opposés objectifs, ses propres présuppositions fondamentales et son principe spécifique. La connaissance veut embrasser l'être dans toute son étendue, elle veut le mesurer selon son infinité spatiale et temporelle – mais elle finit par apprendre que cette tâche de mesure ne peut être résolue que si elle a auparavant établi et assuré les mesures pour elle-même.

Le discernement intuitif acquis ici dans le cadre de la connaissance théorique se confirme et s'étend dès que nous envisageons d'autres formes fondamentales de configuration spirituelle. Ici aussi se manifeste la signification primaire, absolument centrale, qui revient à la question de la forme de l'espace et du temps. Le contour de tout monde *particulier* de formes ne peut être tracé avec assurance, la loi qui le régit ne se laisse mettre en évidence et saisir conceptuellement que lorsque cette question fondamentale générale est éclaircie. Au sein de ce cercle, il n'est pas nécessaire d'exposer dans le détail à quel point cette problématique précisément a déterminé, tout particulièrement en Allemagne, l'orientation fondamentale de l'esthétique plus moderne et la science générale de l'art. Adolf Hildebrand, par exemple, a posé, en ce sens « le problème de la forme » dans des analyses célèbres et fondamentales. La question de l'essence de la forme ne peut, comme il l'a souligné, être éclaircie qu'après qu'est posée et éclaircie la question préalable de l'essence de l'espace et de la présentation spatiale. « Point n'est besoin de justifier plus précisément, lit-on dès le début de l'étude de Hildebrand, que notre relation au monde extérieur, dans la mesure où celui-ci existe pour notre regard, repose en premier ressort sur la connaissance et la représentation de l'espace et de la forme. Sans celles-ci une orientation dans le monde extérieur est à proprement parler impossible. Nous devons donc appréhender la représentation spatiale en général et la représentation de la forme, comme étant celle de l'espace limité en particulier, comme le contenu essentiel ou la réalité essentielle des choses. Si nous confrontons l'objet ou sa représentation spatiale à l'apparition changeante que nous pouvons en avoir, alors toutes les apparitions ne signifient que des images d'expression de notre représentation spatiale, et la valeur de l'apparition se mesurera à la force de la faculté d'expression qu'elle a comme image de la représentation spatiale »[1]. Il était inévitable que se posât ici aussi, derrière la question de la structure de l'espace pictural, plastique et architectonique, l'autre question, englobante, du principe de la configuration artistique en général et que, partant de là, s'offrirent de nouvelles possibilités pour sa formulation et sa solution. Si nous développons plus avant l'analogie entre le problème relevant de la théorie de la connaissance et le problème esthétique, alors l'espoir que le problème de l'espace puisse précisément devenir le point de départ d'une nouvelle *autoréflexion* de l'esthétique est peut-être justifié : une réflexion qui ne rend pas seulement visible son *ob-jet* particulier, mais qui peut encore éclairer l'esthétique sur ses propres *possibilités* immanentes, sur la saisie de la loi spécifique de la forme sous laquelle l'art est placé.

Mais avant d'entrer dans le détail de la discussion, j'aimerais encore tenter de donner une orientation tout à fait *générale*. Si l'on cherche à fixer le développement du problème de l'espace du point de vue de la théorie de la connaissance dans une formule, on pourrait dire que l'une des tendances fondamentales de ce développement et l'un de ses résultats essentiels est qu'au moyen du discernement intuitif de la nature et de la constitution de l'espace, la connaissance de la *priorité du concept d'ordre par rapport au concept d'être* est conquise et progressivement affermie. Le concept de l'être forme non seulement le commencement et le point de départ historique de la philosophie scientifique, mais il semble encore embrasser systématiquement la totalité de ses questions et réponses possibles. Ce primat du concept d'être est, selon la conviction

1. A. Hildebrand, *Das Problem der Form in der bildenden Kunst*, Strasbourg. 1893. p, 1.

des auteurs de la philosophie scientifique et des créateurs de la logique, déjà fondé dans la pure forme de l'énoncé. Le caractère formel de la prédication à lui seul contient avec nécessité que ce à quoi la prédication s'applique et ce à quoi elle tend doit être posé et déterminé comme un étant. Tout acte de juger exige comme *terminus*, comme point de départ et fondement, l'être sur lequel est porté un jugement ; toute capacité « logique » au sens plus étroit, toute capacité de penser et de dire exige que ce qui est pensé et que ce qui est dit soit. C'est ainsi que Parménide déjà formulait cette identité : « Car tu ne trouveras pas la pensée sans l'étant dans lequel elle est déterminée »[1]. Dans la logique et dans la métaphysique aristotéliciennes, ce lien est encore plus étroit et solide qu'à présent, de sorte que l'être, la « substance », accède expressément au sommet de toutes les catégories comme ce qui tout d'abord rend possible et conditionne le κατεγορεῖν, l'énoncer lui-même. Toute position d'une propriété et d'une relation, toute détermination comme « ceci » ou « cela ». comme « ici » ou « maintenant », doit toujours présupposer la détermination fondamentale de l'être et se rattacher à ce présupposé. Mais ce point de départ si simple, si naturel et allant de soi, de toute considération logique devient difficile et problématique dès que l'on approche avec lui la « logique de l'espace ». Car, doit-on alors se demander, quel est l'être qui revient à l'espace ? Il semble inévitable que nous devions lui attribuer un être quelconque, car comment pourrions-nous même en *parler*, si

---

1. Parménide, B VIII (35). [Jean-Paul Dumont traduit ainsi ce fragment : « On chercherait en vain le penser sans son être. 1 En qui il est un être à l'état proféré » (*Les Présocratiques*, éd. J.-P. Dumont, « Bibliothèque de la Pléiade », Paris, Gallimard, 1988, p. 262).]

nous n'étions pas en mesure de le désigner ou de le déterminer comme étant constitué comme ceci ou comme cela, ainsi et non pas autrement ? Et pourtant, à l'instant où nous nous attachons à cette exigence, un dangereux conflit théorique prend naissance en retour. Car le fait que leur être n'ait pas la même signification que celui des « choses », mais en diffère de manière spécifique, est fondé dans la particularité phénoménologique, dans la simple observation [*Befund*] de l'espace comme dans celle du temps. Si nous persistons néanmoins à ranger les « choses » comme l'espace et le temps sous l'unique genre de l'être, comme concept suprême englobant, alors il en résulte que ce genre même ne signifie plus alors qu'une unité d'apparence. Il comprend dorénavant non seulement du différent, mais encore de l'opposé et du conflictuel. Et la manière de résoudre ce conflit, la possibilité de concilier entre eux le mode d'être de l'espace et du temps eux-mêmes et le mode d'être des *contenus* qui entrent dans ces deux, fait partie des tâches les plus difficiles de la métaphysique. Ce n'est pas ici le lieu de dérouler la dialectique de ce problème ni de suivre la totalité des antinomies auxquelles cette racine a donné naissance au cours de l'histoire de la pensée théorique. Ce n'est pas seulement le développement de la métaphysique, mais également celui de la physique classique qui est placé sous le signe de ces antinomies. Même la dernière, la physique de Newton, n'a pas, malgré la majesté de son projet d'ensemble, réussi à maîtriser cette dernière difficulté métaphysique. Elle aussi doit en fin de compte transformer l'« essence » de l'espace et du temps, qu'elle cherche à connaître, en une énigme ; elle doit, pour le dire avec Kant, en faire deux « non-êtres [*Undinge*] existants » [1]. Placé du point de vue de la catégorie de la chose, de la simple catégorie de la substance et interrogé relativement à ce point de vue, l'être absolu de l'espace se transforme immédiatement en son non-être [*Nicht-Sein*] et, de chose englobant tout et fondant tout, il est plutôt transformé en une non-chose [*Unding*].

Une résolution principielle de ces difficultés n'était possible, dans la philosophie comme dans la science de la nature, que lorsque les deux, suivant des voies différentes, avaient gagné de haute lutte un nouveau concept fondamental et suprême qui se surordonne [*überordnen*] progressivement, toujours plus distinctement et consciemment, à la catégorie métaphysique de la substance. C'est au concept d'*ordre* que revient cette performance. La lutte intellectuelle ainsi posée se manifeste le plus clairement dans la philosophie leibnizienne. Leibniz aussi place tout sous l'unique point de vue de la substance; et toute effectivité métaphysique se résout pour lui dans un concept intégratif, dans une multiplicité infinie de monades, de substances individuelles. Mais comme logicien et mathématicien il suit déjà une autre ligne directrice. Car sa logique et sa *mathesis universalis* ne sont plus exclusivement soumises à la domination du concept de substance, mais les deux se sont pour lui élargies en une vaste théorie de la *relation* [*Relation*]. De même qu'il définit la réalité par la substance, il définit la vérité par le concept de relation [*Relation*]. Le

1. E. Kant, *Critique de la raison pure*, A 39; B 56 [dans *Œuvres*, «Bibliothèque de la Pléiade», t. 1, Paris, Gallimard, 1980, p. 799]; Kant parle, dans cette perspective, des «physiciens mathématiciens» qui doivent «admettre deux non-êtres [...] subsistant pour eux-mêmes (l'espace et le temps)». [On notera que Cassirer écrit *existierende Undinge* alors que le texte porte *für sich bestehende Undinge*].

fondement de la vérité est dans la relation. Et seul ce concept de relation et d'*ordre* lui découvre alors la vraie nature de l'espace et du temps et lui permet d'intégrer sans contradiction ces deux dans le système de la connaissance. Les contradictions résultant du concept newtonien de l'espace absolu et du temps absolu sont écartées par Leibniz en ce qu'au lieu d'en faire des choses, il en fait des ordres. L'espace et le temps ne sont pas des substances, mais bien plutôt des « relations [*Relationen*] réelles »; ils ont leur véritable objectivité dans la « vérité de relations », et non dans une quelconque effectivité absolue. De *ce* point de vue, Leibniz a déjà clairement anticipé la solution, découverte par la physique moderne, du problème de l'espace et du temps. Car pour cette dernière non plus, il n'y a plus d'être de l'espace qui se tiendrait en quelque sorte *à côté* de l'être de la matière, comme une donnée antérieure dans laquelle la matière, comme masse corporelle, entrerait simplement après coup. L'espace cesse d'être une « chose parmi les choses »; le dernier reste d'ob-jectivité physique lui est dérobé. Le monde n'est pas défini comme un ensemble de corps « dans » l'espace, ni comme quelque chose qui arrive [*Geschehen*] « dans » le temps, mais il est pris comme un « système d'événements » [*Ereignis*], d'*events*, comme dit Whitehead[1]. Et dans la détermination de ces événements, dans la légalité de leur ordre, l'espace et le temps rentrent à titre de conditions, de moments essentiels et nécessaires.

Mais il semblerait, Mesdames et Messieurs, que ces considérations m'aient déjà sérieusement écarté du sujet

---

1. Voir Alfred. N. Whitehead, *An Enquiry concerning the Principles of Natural Knowledge*, Cambridge, 1919, et *Process and Reality. An Essay in Cosmology*, Cambridge, 1929. p. 29 *sq.* 101, 11, 326.

véritable qui m'est ici proposé. Car quel rapport, m'objecterez-vous, y a-t-il entre ces transformations de la représentation *théorique* et du fondement théorique de l'espace et les problèmes de l'intuition artistique et de la configuration artistique? Cette configuration n'obéit-elle pas à sa propre loi, indépendante, ne suit-elle pas sa propre voie, non touchée par tous les différends métaphysiques et sans se laisser troubler par toutes les lois de l'interprétation scientifique du monde? Et pourtant, autant nous devons reconnaître cette autonomie et cette autosuffisance, cette «autarcie» particulière de l'esthétique, autant elle ne doit pas être exagérée. Car s'il y a certes dans le royaume de l'esprit des contours tout à fait clairement définis et des figures clairement délimitées les unes au regard des autres, nous devons ici moins que partout ailleurs considérer ces différences, que nous devons retenir, comme des cloisons rigides, moins que partout ailleurs nous devons ici faire de ces différences des césures. À l'univers spirituel s'applique bien plutôt, dans un sens encore plus global et profond, ce principe que la spéculation grecque avait établi comme loi fondamentale du cosmos physique, à savoir le principe de la συμπάθεια τῶν ὅλων[1]. Dans cet univers, chaque corde singulière touchée fait aussitôt vibrer, avec elle et comme elle, l'ensemble; tout changement d'un moment singulier porte déjà en lui, implicitement et tout d'abord insensiblement, une nouvelle forme de l'ensemble. C'est ainsi que le passage du concept d'être au concept d'ordre, tel que nous l'avons montré dans la sphère de la considération théorique, recèle en lui un problème ayant une validité strictement universelle et extrêmement fécond, *une formulation de la question*

1. Voir Plotin, *Ennéades*, IV, 3, 8.

essentielle même dans une perspective purement esthétique.
Si l'on part de la catégorie de l'être, il apparaît qu'en dépit de
l'*application* illimitée dont elle est susceptible, cette catégorie
ne connaît pas de changement et de transfiguration interne dans
cette application même. Car précisément l'identité absolue,
l'unité et l'uniformité en elles-mêmes forment le caractère
logique fondamental de l'être. Il ne saurait changer sa nature
sans se renier et se perdre dans ce changement, sans sombrer
dans son opposé, le non-être. Cette identité inaltérable de
l'être avait déjà été proclamée par son premier découvreur
philosophique, Parménide : « Comme le même dans le même il
demeure reposant en lui-même et demeure immobile en ce
lieu ; car la puissante nécessité le retient dans les liens de la
borne qui l'encercle tout autour »[1]. Par opposition à cette unité
et à cette immobilité du concept d'être, le concept d'ordre est
dès le départ désigné et caractérisé par le moment de la différence, de la multiplicité interne des possibilités de figuration.
De même que l'identité est l'élément vital de l'être, la variété
est en quelque sorte l'élément vital de l'ordre dans lequel seul il
peut subsister et se configurer. De même que le concept d'être
appelle l'unité comme corrélat – *ens et unum convertuntur*,
disait la scolastique –, de même il y a une corrélation analogue
entre la multiplicité et l'ordre. Par conséquent dès que, dans
l'intuition théorique globale de l'effectivité et spécialement
dans la conception et dans l'interprétation théoriques de
l'espace, le centre de gravité de la considération se déplace du

1. Parménide, B VIII (29 *sq.*). [Jean-Paul Dumont traduit ainsi ce
fragment : « Identique à lui-même en lui-même il repose, / Il est là en lui-même
immobile en son lieu ; / Car la Nécessité puissante le retient / Dans les liens
l'enchaînant à sa propre limite » (*Les Présocratiques*, p. 262).]

pôle de l'être vers le pôle de l'ordre, il s'agit toujours là aussi d'une victoire du pluralisme sur le monisme abstrait, de la multiplicité des formes sur l'uniformité. Sous le règne du concept d'ordre les formations spirituelles les plus diverses et les principes de configuration les plus variés peuvent librement et aisément coexister, alors que dans l'être simple, alors que dans l'espace dur, où les choses se heurtent, elles semblent se combattre et s'exclure réciproquement. La pure *fonction* du concept d'ordre est certes également une et identique, quels que soient la matière particulière et le domaine particulier de l'esprit dans lesquels elle déploie ses effets. Il s'agit toujours, pour le dire de façon générale, de limiter l'illimité, de déterminer ce qui est relativement indéterminé. Mais cette tâche universelle de la détermination et de la limitation peut être accomplie selon des points de vue très différents, selon des lignes directrices et des lignes de mire différentes. Lorsque Platon oppose l'apparition et l'idée, la multiplicité et l'unité, l'illimité et la limite, cette opposition est essentiellement pratiquée par lui selon la fonction de la détermination logique ou « théorique » au sens le plus large. La pure fonction de pensée est le moyen essentiel et indispensable pour limiter et enchaîner l'illimité. Elle seule permet le passage du devenir à l'être, du flux de l'apparition au royaume de la forme pure. Toute organisation du divers est ainsi liée à la forme de la synthèse conceptuelle et de la séparation conceptuelle, à une *synopsis* qui est en même temps *diairesis*. Dans cette double direction fondamentale, qui est en même temps la direction fondamentale du logique en général, se meut le travail du dialecticien. De même que le prêtre ne dépèce pas arbitrairement l'animal sacrificiel, mais le décompose conformément à l'art selon ses articulations naturelles, de même le vrai dialecticien connaît et décompose l'être en ses genres et espèces.

Ce type d'organisation, cette διαιρεῖσθαι κατα γένη, ce τέμνειν κατ᾽εἴδη[1] est la tâche essentielle qui lui incombe, et il l'a toujours en vue lorsqu'il pense. Mais cet art de séparer et de relier, de diviser et de rassembler n'est pas, aussi fondamentale et indispensable qu'elle soit pour le concept théorique de monde, l'unique manière dont l'esprit conquiert et configure le monde. Il y a d'autres modes originaires de cette mise en figure où la forme fondamentale de la distinction et de la liaison, de l'organisation et de la vue synthétique a fait ses preuves et où cependant les deux sont soumis à une autre loi dominante et à un autre principe de forme. Le *concept* théorique n'est pas le seul à avoir la force de mener l'indéterminé à la détermination, de transformer le chaos en cosmos. La fonction de l'intuition et de la présentation artistiques elle aussi est dominée par cette force fondamentale et en est essentiellement remplie. En elle aussi vit une manière propre de la séparation qui est en même temps liaison, une manière propre de la liaison qui est en même temps séparation. Mais les deux ne s'accomplissent pas ici dans le *medium* de la pensée ni dans le *medium* du concept théorique, mais dans celui de la pure *figure*. Ce que Goethe dit de la poésie s'applique à toute forme de configuration artistique : elle divise la série de l'événement toujours identique dans le flux « en la vivifiant, de sorte à ce qu'elle se meuve en rythme »[2]. Cette « division vivifiante » ne conduit pas ici, comme au sein de la sphère logique, théorique, à la distinction d'espèces et de genres, à un réseau de concepts purs qui, selon leur degré de généralité, sont sur- ou subordonnés les uns aux autres pour finir par exposer, au moyen de cette hiérarchie de la

1. Voir Platon, *Sophiste*, 253 d. et *Phèdre*, 277 b.
2. J. W. Goethe, *Faust 1*, v. 146 *sq.*

pensée, la hiérarchie de l'être. Elle reste bien plutôt fidèle au principe fondamental de la vie elle-même ; elle laisse surgir des formations individuelles auxquelles l'imagination créatrice dont elles procèdent insuffle le souffle de la vie en les dotant de toute la fraîcheur et de toute l'immédiateté de la vie. Et la même force de l'imagination créatrice est également propre au mythe – bien qu'elle soit là à son tour placée sous une autre loi de la forme et se meut en quelque sorte au sein d'une autre « dimension » de la mise en forme. Car le mythe lui aussi a sa manière propre de pénétrer le chaos, de le vivifier et de l'éclaircir. Il ne s'en tient pas à la confusion de puissances démoniaques isolées engendrées par l'instant et par lui à nouveau englouties. Il permet bien plutôt à ces forces de s'opposer dans la concurrence et le conflit – et fait finalement émerger de ce conflit même l'image d'une unité qui englobe tout être et tout événement, qui domine et enchaîne de la même manière hommes et dieux. Il n'existe pas de système mythologique formé de part en part et pas de grande religion culturelle qui, en suivant une voie ou une autre, ne se serait pas progressivement élevée de commencements tout à fait « primitifs » jusqu'à cette représentation d'un ordre global de l'événement. Dans la sphère indo-germanique, cette intuition est recueillie dans la pensée du *Rita*, cette règle englobant tout à laquelle tout événement se conforme. « Conformément au *Rita*, est-il dit dans un chant du *Rigveda*, les fleuves coulent, conformément à lui l'aube se lève : elle change justement en suivant le sentier de l'ordre ; comme quelqu'un qui sait, elle ne manque pas les directions du ciel » [1].

1. *Rigveda*, 1, 124, 3 ; trad. allemande Hildebrandt, *Lieder des Rigveda*, p. 1 ; pour plus de précisions, voir ma *Philosophie des formes symboliques*, trad. fr. t. II, p. 132 *sq*.

Mais nous ne suivons ici cet enchaînement que dans la mesure où il peut nous servir à nous procurer un regard plus profond sur le déploiement de l'ordre de l'*espace* et la variété des configurations possibles de l'espace. Et c'est ici qu'apparaît le point décisif de notre étude : à savoir qu'il n'y a pas une intuition générale, strictement fixée, de l'espace, mais que l'espace ne reçoit son contenu déterminé et son agencement particulier que de l'*ordre du sens* au sein duquel à chaque fois il se configure. Selon qu'il est pensé comme ordre mythique, comme ordre esthétique ou comme ordre théorique, la « forme » de l'espace elle aussi change, et ce changement ne concerne pas seulement des traits singuliers et subordonnés, mais il se rapporte à sa totalité, à sa structure principielle. L'espace n'a pas une structure strictement donnée, fixée une fois pour toutes ; il n'acquiert cette structure qu'au moyen de l'organisation générale du sens [*Sinnzusammenhang*] au sein de laquelle s'accomplit son édification. La fonction du sens est le moment premier et déterminant, la structure de l'espace le moment secondaire et dépendant. Ce qui relie entre eux tous ces espaces qui ont un caractère différent du sens et une provenance différente du sens, ce qui relie entre eux l'espace mythique, l'espace esthétique et l'espace théorique, c'est uniquement une détermination purement formelle qui trouve son expression la plus précise et la plus prégnante dans la définition leibnizienne de l'espace comme « possibilité de la coexistence » et comme *ordre des coexistences possibles*[1]. Mais cette possibilité purement formelle connaît des modes très différents dans son effectuation, son actualisation et sa

---

1. [En français dans le texte.] Voir G. W. Leibniz, *Hauptschriften*, E. Cassirer (éd.), t. I, p. 134 *sq.* ; t. II, p. 401, 463, 468.

concrétisation. Pour ce qui concerne tout d'abord l'espace mythique, il procède d'un côté de la *forme* caractéristique de la pensée *mythique*, d'un autre côté du sentiment vital spécifique qui habite toutes les formations du mythe et leur confère une coloration particulière. Si le mythe distingue la droite et la gauche, le haut et le bas, s'il distingue les différentes régions du ciel, l'est et l'ouest, le nord et le sud, il n'a pas en cela affaire à des lieux et des places au sens de notre espace empirico-physique, ni à des points et à des directions au sens de notre espace géométrique. Tout lieu et toute direction a bien plutôt une qualité mythique déterminée et en est en quelque sorte chargé. Toute sa teneur, son sens, sa différence spécifique dépendent de cette qualité. Ce qui est cherché ici et fixé, ce ne sont pas des déterminations géométriques ni des « propriétés » physiques ; ce sont des traits magiques déterminés. Le sacré ou le profane, l'accessibilité ou l'inaccessibilité, la bénédiction ou la malédiction, la familiarité ou l'étrangeté, la promesse du bonheur ou le danger menaçant – ce sont là des caractéristiques d'après lesquelles le mythe sépare les lieux dans l'espace les uns par rapport aux autres et d'après lesquelles il distingue les directions dans l'espace. Ici tout lieu est placé dans une atmosphère particulière et forme en quelque sorte autour de lui un propre halo de brume magico-mystique : car il n'est que par le fait que des effets déterminés s'attachent à lui et que de lui procèdent le salut ou le malheur, les forces divines ou démoniaques. L'ensemble de l'espace mythique et avec lui l'ensemble du monde mythique sont organisés et structurés selon ces lignes de force magiques. Dans l'espace de notre expérience, dans notre espace géométrico-physique, tout être a sa place déterminée qui lui est attribuée, de même que les corps célestes ont leur lieu et ont des orbites fixes : la même chose s'applique à l'espace mythique. Il n'y a pas d'être ni d'événement, pas de chose ni de processus, pas d'élément de la nature ni d'action humaine qui ne soient en ce sens spatialement fixés et prédéterminés. Cette forme de l'attachement spatial et la fatidique nécessité particulière qui lui est inhérente sont indéfectibles; impossible d'y échapper. Nous pouvons aujourd'hui encore éprouver immédiatement la violence qui habite cette conception de l'espace dans l'image du monde de certains peuples naturels. Cushing, dans son excellente présentation de l'image du monde des Indiens Zuni, a fait ressortir ce moment de façon décisive[1]. Pour ces tribus, non seulement la conception de l'espace physique, de l'espace des choses naturelles et des événements de la nature, mais encore celle de l'ensemble de l'*espace vital* se configurent selon un modèle mythique fixe. Les différents éléments comme l'air et le feu, l'eau et la terre, les différentes couleurs, les différents genres et espèces d'êtres vivants, de plantes et d'animaux, non seulement appartiennent à un domaine spatial propre, auquel ils sont apparentés et liés au moyen d'une parenté interne, au moyen d'une sympathie magique originelle, mais la même appartenance détermine également l'ordre et l'organisation de la société et pénètre tout agir en commun et toute vie commune. Le cosmos physique et le cosmos social sont conditionnés jusque dans leurs éléments singuliers, jusque dans les plus menus détails, par la distinction mythique des lieux de l'espace et des directions spatiales; les deux ne sont rien d'autre que l'opposé et le reflet de l'intuition de l'espace qui est au fondement. Kant, dans un célèbre écrit précritique, a posé la question du « fondement de la distinction des régions de l'espace »[2]. Si, au lieu de l'espace des mathéma-

---

1. F.H. Cushing, *Outlines of Zuni Creation Myths*, Washington, 1896.

2. « Du premier fondement de la différence des régions de l'espace », 1768, AK II, p. 375-383.

tiques et de la science de la nature, on pose cette même question à l'espace mythique, alors il semblerait que le motif décisif qui est au fondement de toute distinction mythique de lieux et de directions soit à rechercher dans l'enchaînement interne que le sentiment mythique et l'imagination mythique éprouvent entre les déterminations de l'espace et celles de la *lumière*. Ce n'est qu'en séparant l'un de l'autre le jour et la nuit, la lumière et l'obscurité, et en se plongeant dans leur origine, que les déterminations différentes de l'espace se disjoignent pour le sentiment et l'imagination, et elles ne se distinguent plus maintenant selon des caractéristiques purement objectives, empruntées au simple «monde chosal» [*Sachwelt*], mais chacune d'entre elles apparaît dans une autre nuance et coloration, chacune apparaît comme plongée à chaque fois dans un sentiment fondamental propre de l'âme. L'est, au sens où la source de la lumière est en même temps origine de la vie; l'ouest est l'endroit du coucher, de l'horreur, du royaume des morts. Je ne peux pas ici approfondir davantage les détails de cette intuition fondamentale et toute la variété de ses nuances; je me contenterai de faire ressortir une fois encore le trait principal essentiel et décisif concernant notre problème. Ce n'est qu'à partir de la fonction de sens universelle du mythe, et en revenant à elle sans jamais la perdre de vue, que l'on peut rendre compréhensibles la forme de l'espace mythique dans son ensemble ainsi que sa configuration et son organisation dans le détail, qu'on peut saisir son essence et sa particularité.

Si nous nous tournons alors vers la considération de l'espace esthétique, et tout particulièrement vers la considération de l'espace tel qu'il se constitue dans les arts plastiques singuliers, dans la peinture, dans la sculpture et dans l'architecture, alors nous sommes bientôt plongés dans une autre atmosphère. Car nous nous voyons à présent transposés d'un

seul coup dans une sphère nouvelle, dans la sphère de la pure
présentation. Et toute présentation authentique n'est en rien
simple *copie* passive *de la forme* [*Nachbildung*] du monde,
mais elle est un nouveau *rapport* dans lequel l'homme se
pose face au monde. Schiller dit, dans les *Lettres sur
l'éducation esthétique*, que la contemplation, la «réflexion»,
qu'il considère comme la présupposition fondamentale et le
moment fondamental de l'intuition esthétique, est le premier
rapport «libéral» de l'homme à l'univers qui l'entoure.
«Tandis que le désir saisit immédiatement son objet, la
contemplation éloigne d'elle le sien. La nécessité de la nature
qui, lorsque l'homme était à l'état simplement sensible, le
dominait de sa force totale, relâche, quand il est en état de
réflexion, son étreinte; il se produit dans les sens un apaise-
ment momentané; le temps lui-même, l'éternel changement,
s'arrête au moment où se concentrent les rayons dispersés de la
conscience, et une copie de l'infini, la *forme*, se réfléchit sur le
fond éphémère» [1]. A cette particularité et à cette origine de la
forme artistique correspond la particularité de l'*espace* esthétique. On peut comparer ce dernier à l'espace mythique en ce
que les deux, par opposition au schème abstrait projeté par la
géométrie, sont des modes parfaitement *concrets* de la spatialité. L'espace esthétique lui aussi est un authentique «espace
vital» édifié non pas comme l'espace théorique, à partir de la
force de la pensée pure, mais à partir des forces du sentiment
pur et de l'imagination. Or le sentiment et l'imagination
sont ici déjà sur un autre plan et ont en quelque sorte gagné,
comparés au monde du mythe, un nouveau degré de liberté.

---

1. *Lettres sur l'éducation esthétique de l'homme*, 25ᵉ lettre; trad.
R. Leroux, Paris, Aubier, 1943, p. 307-309 (traduction revue). [La citation de
Schiller est abrégée par Cassirer.]

L'espace artistique lui aussi est rempli et pénétré des valeurs d'expression parmi les plus intenses, il est animé et mis en mouvement par les oppositions dynamiques les plus fortes. Mais ce mouvement n'est cependant plus le mouvement vital immédiat qui s'exprime dans les affects mythiques fondamentaux de l'espoir et de la peur, dans l'attirance et la répulsion magiques, dans l'avidité de la saisie du « sacré » et dans l'horreur du contact avec l'interdit et le profane. Car comme contenu de la présentation artistique, l'objet s'est porté à une nouvelle distance, il s'est éloigné du Moi et ce n'est que là qu'il a acquis son être propre indépendant, une nouvelle forme de l'« ob-jectivité ». C'est cette nouvelle ob-jectivité qui caractérise également l'espace esthétique. Le démoniaque du monde mythique est en lui vaincu et rompu. Il n'englobe plus l'homme avec des forces mystérieuses inconnues ; il ne l'enchaîne plus avec des liens magiques, mais il est aussi, grâce à la fonction fondamentale de la *présentation* esthétique, devenu le contenu proprement dit de la *représentation*. L'authentique « représentation » est toujours en même temps opposition [*Gegenüber-Stellung*] ; elle procède du Moi et se déploie à partir de ses forces formatrices. Mais elle reconnaît en même temps un être propre, une essence propre et une loi propre à la formation – elle la laisse *procéder* du Moi afin de la laisser en même temps se *composer* conformément à cette loi et l'intuitionner dans cette constitution objective. Ainsi l'espace esthétique n'est plus comme l'espace mythique une imbrication et un jeu d'alternance de forces qui saisissent l'homme de l'extérieur et le maîtrisent au moyen de leur violence affective – il est bien plutôt le concept intégratif de tous les modes possibles de configuration, chacun révélant un nouvel horizon du monde des ob-jets.

La question de savoir comment cette fonction générale de l'espace esthétique a des effets dans les arts singuliers et comment elle s'y particularise ne sera plus posée ici. Elle constituera, dans le cours de notre congrès, le thème d'études approfondies de connaisseurs bien informés, et je ne me sens moi-même ni autorisé ni capable d'anticiper ces analyses. Que soit simplement permise encore une remarque méthodologique tout à fait générale. Depuis que Lessing, le premier, a établi la proposition fondamentale selon laquelle, pour parvenir à une délimitation véritable des arts singuliers, il faut partir de la nature des signes sensibles dont tout art se sert, ce mode d'approche a toujours à nouveau été effectué avec le plus grand succès. De même que Lessing, conformément à cette proposition fondamentale, a tracé les limites séparant la peinture et la poésie, de même qu'il attribuait à celle-là les « figures et les couleurs dans l'espace » et à celle-ci les « sons articulés dans le temps » comme étant leurs signes caractéristiques, et de même qu'à partir de là il a développé et systématiquement limité le concept intégratif de tous les *ob-jets* possibles de la présentation poétique et picturale [1], Herder a transposé le même principe dans la musique et la sculpture. La division selon les divers sens et champs sensibles engendre immédiatement, selon lui, la délimitation naturelle et l'organisation naturelle des arts singuliers. « Nous avons un sens qui saisit des parties hors de lui, dans la juxtaposition ; un autre qui les saisit dans la succession et un troisième qui les saisit les unes dans les autres. Regard, ouïe et sentiment ». Et de cette tripartition peuvent être immédiatement déduites la diversité des arts, les limites de

---

1. G. E. Lessing, *Laokoon : Oder über die Grenzen der Mahlerey und Poesie*, 1766, chap. XVI *sq.*

l'art poétique et de la musique, de la musique et de la peinture, de la peinture et de la sculpture [1]. Cette voie a aussi toujours été réempruntée dans des études plus récentes sur la nature esthétique de l'espace – on a en particulier renvoyé aux différences fondamentales entre l'espace « optique » et l'espace « tactile », l'espace du sens visuel et l'espace du toucher, pour clarifier le principe de configuration et le champ des tâches authentiques des arts singuliers. La fertilité de ces recherches ne doit en rien être contestée – et cependant elles ne suffisent pas, à mon sens, pour dégager le noyau proprement dit du problème qui est ici fondamental. Car les différences du pur *mode* de présentation, du mode particulier de configuration qui est vivant en chaque art, ne peuvent jamais être saisies complètement ni pénétrées par le simple matériau de la présentation. Si Lessing a placé en exergue à son *Laocoon* la devise de Plutarque : ὕλη και τρόποις μιμήσεως διαφέρουσιν, nous devons, ce me semble, déplacer le centre de gravité du premier moment vers le second, de la ὕλη vers le τρόπος. Pour le dire dans le langage de la phénoménologie moderne, dans la terminologie de Husserl, ce qui est décisif ici, ce n'est pas le moment hylétique, mais le moment noétique, ce n'est pas la ὕλη sensuelle, mais la μορφή intentionnelle. Il est hors de question de développer systématiquement ou de fonder systématiquement ici cette conception. Pour finir, je veux simplement encore essayer de l'expliciter à l'aide d'un exemple. Si nous nous arrêtons au domaine d'un art singulier, qui est donc, selon Lessing, attaché à un champ particulier de signes sensibles, chaque art à lui seul englobe de très différents τρόποι, des voies très différentes et des possibilités de configuration spatiale et

---

1. Voir J. G. Herder, « La Plastique », in *Werke* (Suphan), t. VIII, p. 14 *sq.*

temporelle très différentes. Si nous regardons par exemple l'art poétique : le poème lyrique, le poème épique et l'œuvre dramatique se meuvent et se forment chacun dans une sphère temporelle propre et selon un rythme temporel [*Zeitschritt*] qui à chaque fois leur est propre. Dans son analyse du concept de temps, qui est un tournant historique et un sommet historique de la saisie et de l'interprétation phénoménologiques, Augustin a dit qu'il n'y avait pas au fond trois temps différents, le passé, le présent et l'avenir. Il n'existe bien plutôt que trois aspects différents du temps, qui tous sont contenus dans le seul présent. Il y a le présent du passé, le présent du présent et le présent de l'avenir : nous appelons le premier la mémoire, le second l'intuition et le troisième l'attente[1]. Le temps poétique se divise lui aussi selon ces trois modes du temps – la mémoire, l'intuition et l'attente – et, conformément à cette tripartition les genres, les γένη de la poésie (l'épopée, la poésie lyrique, l'art dramatique) peuvent être déterminés et délimités les uns par rapport aux autres. Chacun d'entre eux est pour ainsi dire placé sous un autre « signe » du temps et chacun donne au temps une nuance particulière, le fait apparaître comme plongé dans une « couleur » particulière. L'épopée enveloppe tout ce qu'elle saisit dans la forme pure de la mémoire et ainsi dans le voile du passé ; le poème lyrique se meut dans la présence immédiate du sentiment et en laisse procéder le présent, la présence de l'intuition ; le drame n'existe et ne vit que dans le mouvement vers l'avenir, dans la tension passionnelle qui anticipe le futur et se presse vers l'avenir. Le poète lyrique se tient au fond toujours dans l'aujourd'hui, dans le pur point du

---

1. Voir Saint Augustin, *Confessions*, livre XI, chap. XIII-XXVIII.

« maintenant », même lorsqu'il se tourne vers ce qui n'est « pas maintenant », ce qui n'est « pas encore » et ce qui n'est « plus ».

> Tu ne dois pas fuir devant le jour.
> Car le jour vers lequel tu te hâtes,
> N'est pas meilleur que le jour d'aujourd'hui.
> Mais si content tu séjournes
> Là où j'écarte le monde
> Pour ramener le monde à moi,
> Tu es avec moi immédiatement sauvé ;
> Ce jour est ce jour, demain demain,
> Et ce qui suit et ce qui est passé
> Ni ne ravit ni ne reste pris[1].

Ainsi parle l'authentique grand poète lyrique, Goethe ; mais ce *pathos* caractéristique du temps n'est pas le *pathos* de l'épopée ou de l'œuvre dramatique. L'épopée se plonge dans l'événement comme dans une chose qui a purement été, et elle doit en quelque sorte « rester prise » dans ce passé afin de pouvoir le configurer conformément à la loi de sa forme – l'œuvre dramatique, même là où, comme drame historique, elle semble traiter du passé, est, pour le dire avec Shakespeare, « au milieu du torrent, de la tempête et de l'ouragan de la passion »[2] et gagne à partir de lui sa dynamique temporelle, sa force d'arrachement et de ravissement. Dans cet exemple, il apparaît clairement comment, dans chaque art et abstraction faite de l'étoffe sensible avec laquelle il opère, abstraction faite des moyens de présentation, une direction particulière et un sens particulier de la présentation sont à chaque fois vivants et

---

1. J. W. Goethe, *Le Divan : Souleika Nameh, le livre de Souleika,* « Invitation ».

2. *Hamlet,* acte III, scène II, v. 7 *sq.* [trad. Y. Bonnefoy, Paris, Gallimard, 1978, p. 112.]

efficaces -et comment ce sens génère la forme de son intuition de l'espace et celle de son intuition du temps.

Mesdames et Messieurs, laissez-moi conclure par là ces considérations. Un élargissement essentiel était encore prévu concernant le thème que je m'étais proposé à l'origine : une analyse de l'espace « théorique », du pur espace mesurable de la mathématique et de la physique mathématique, devait encore venir se joindre à l'analyse de l'espace mythique et de l'espace esthétique. Mais vous comprendrez et excuserez que je préfère passer entièrement sous silence ce problème, qui est au cœur des recherches sur les fondements de la physique moderne dans la perspective d'une critique de la connaissance, plutôt que de le discuter encore en quelques minutes. Permettez-moi, pour cet aspect de la question, de renvoyer aux analyses détaillées que j'ai présentées en un autre lieu, dans le troisième tome de ma *Philosophie des formes symboliques*[1]. Dans le conflit des devoirs entre les exigences du contenu de la tâche qui m'était impartie et les règles strictes de notre congrès, j'ai préféré porter préjudice à mon thème plutôt que de porter atteinte au congrès et aux conférenciers à venir – d'autant plus que, comme premier orateur de notre réunion, je me sens tout particulièrement attaché à ses règles et ne voudrais pas générer le danger du mauvais exemple. Les considérations que je vous ai présentées ici ne pouvaient de toute façon pas avoir pour sens d'épuiser d'une quelconque manière le problème que je me suis posé. Elles devaient être simplement une première ouverture aux travaux de notre colloque. Elles devaient tenter de dresser une sorte de cadre dans lequel peuvent se mouvoir

---

1. *La Philosophie des formes symboliques*, t. 3 : *La Phénoménologie de la connaissance*, 2e partie, chap. III : « L'espace ».

l'étude et la discussion. Je puis avec assurance attendre l'emplissement de ce cadre des conférences qui vont suivre, où des connaisseurs éprouvés parleront des problèmes les plus particuliers de leurs domaines spécifiques. Aussi je vous prie, Mesdames et Messieurs, de ne voir dans mon exposé que la tentative d'une première orientation et d'une délimitation provisoire. Jamais la pensée théorique, en particulier la pensée philosophique, ne peut renoncer à de telles limitations : mais elle doit bien sûr, ce faisant, rester toujours consciente du fait que les limites [*Schranken*] posées par la pensée ne doivent pas se figer en bornes fixes, qu'elles doivent rester des limites mobiles afin de saisir en elles la plénitude et le mouvement des apparitions. Seul a ici de la valeur ce pas double de la pensée, cette alternance de la position et de la suppression de la limite, ainsi désignée par Rückert en ces vers, extraits de la *Sagesse du brahmane*, que j'aimerais citer pour finir :

> Qui, par la pensée, pose des limites qui ne sont pas effectivement données,
> Et qui ensuite, par la pensée, les supprime, celui-là a compris le monde.
> De même que la géométrie saisit l'espace dans ses filets de lignes,
> De même la pensée se saisit elle-même dans des lois,
> Le monde est présenté à notre intuition à travers des cartes géographiques,
> À présent nous devons encore attendre les cartes célestes de l'esprit,
> Pendant ce temps, au risque de perdre le chemin qui nous guide,

L'esprit traverse son domaine comme on se promène à travers champs[1].

Mesdames et Messieurs, permettez-moi d'exprimer le désir et l'espoir que notre travail en commun, soulagé de toute contrainte, se développe et se produise librement, mais qu'il n'en contienne pas moins une direction claire et ferme, qu'il nous conduise un pas de plus en direction de ces «cartes célestes de l'esprit» que nous attendons et dont nous sommes, aujourd'hui encore, privés.

1. F. Rückert, «Weisheit des Brahmanen», in *Werke*, E. Hertel (éd.), 8ᵉ section, Pantheon II, Berlin-Leipzig, s.d. (1910), p. 34.

John Dewey

L'ART COMME EXPÉRIENCE [*]

Chapitre III

Vivre une expérience

Il y a constamment expérience, car l'interaction de l'être vivant et de son environnement fait partie du processus même de l'existence. Dans des conditions de résistance et de conflit, des aspects et des éléments du moi et du monde impliqués dans cette interaction enrichissent l'expérience d'émotions et d'idées, de sorte qu'une intention consciente en émerge. Il arrive souvent, toutefois, que l'expérience vécue soit rudimentaire. Il est des choses dont on fait l'expérience, mais pas de manière à composer une expérience. Il y a dévoiement et dispersion ; il n'y a pas adéquation entre, d'une part, ce que nous observons et ce que nous pensons, et, d'autre part, ce que nous désirons et ce que nous obtenons. Nous nous attelons à la tâche puis l'abandonnons ; nous commençons puis nous nous arrê-

[*] J. Dewey, *L'art comme expérience*, chapitre III, traduction coordonnée par J.-P. Cometti, Paris, Gallimard, 2010, p. 80-114.

tons, non pas parce que l'expérience est arrivée au terme visé lorsqu'elle avait été entreprise mais à cause d'interruptions diverses ou d'une léthargie intérieure.

À la différence de ce type d'expérience, nous vivons *une* expérience lorsque le matériau qui fait l'objet de l'expérience va jusqu'au bout de sa réalisation. C'est à ce moment-là seulement que l'expérience est intégrée dans un flux global, tout en se distinguant d'autres expériences. Il peut s'agir d'un travail quelconque que l'on termine de façon satisfaisante; d'un problème que l'on résout; d'un jeu que l'on poursuit jusqu'au bout; d'une situation quelle qu'elle soit (dégustation d'un repas, jeu d'échecs, conversation, rédaction d'un ouvrage, ou participation à une campagne électorale) qui est conclue si harmonieusement que son tenue est un parachèvement et non une cessation. Une telle expérience forme un tout; elle possède en propre des caractéristiques qui l'individualisent et se suffit à elle-même. Il s'agit là d'*une* expérience.

Les philosophes, même les philosophes empiriques, ont évoqué pour la plupart l'expérience en général. La langue courante, toutefois, fait référence à des expériences dont chacune est singulière, et comporte son propre commencement et sa propre fin. En effet, la vie n'est pas une marche ou un flot uniformes et ininterrompus. Elle est comparable à une série d'histoires, comportant chacune une intrigue, un début et une progression vers le dénouement, chacune étant caractérisée par un rythme distinctif et marquée par une qualité unique qui l'imprègne dans son entier. Tout mécanique que soit un escalier vu dans son ensemble, il n'en reste pas moins constitué d'une série de marches distinctes et ne permet pas de progression uniforme; de la même façon, un plan incliné se distingue du reste au moins de par son dénivelé.

L'expérience dans ce sens vital est définie par ces situations et ces épisodes que nous qualifions spontanément d'«expériences réelles»; ces choses dont nous disons en nous les remémorant, «ça, c'était une expérience». On peut faire référence à quelque chose d'extrêmement important (une dispute avec une personne qui était auparavant un ami intime, une catastrophe évitée finalement de justesse) ou bien à quelque chose qui était en comparaison insignifiant et dont l'insignifiance même illustre d'autant mieux ce que c'est que de vivre une expérience. On dira par exemple à propos d'un repas dans un restaurant parisien «C'était vraiment une expérience». Il tranche dans notre souvenir comme un mémorial durable de ce que peut être la bonne chère. On parlera aussi de cette tempête que l'on a essuyée en traversant l'Atlantique, tempête que l'on a vécue, tellement elle était déchaînée, comme un condensé de tout ce qu'une tempête peut être, formant un tout, se détachant du reste car distincte des précédentes et des suivantes.

Dans de telles expériences, les différentes parties se succèdent en douceur, sans heurt ni espaces vides. Parallèlement, l'identité propre de chaque partie n'est pas sacrifiée. À la différence d'un étang, une rivière s'écoule. Mais son cours confère un intérêt particulier à chaque portion successive, intérêt plus grand que celui suscité par les portions homogènes d'un étang. Dans une expérience, il y a mouvement d'un point à un autre. Comme une partie amène à une autre et comme Une autre encore poursuit la portion précédente, chacune y gagne en individualité. Le tout qui perdure est diversifié par les phases successives qui créent son chatoiement.

À cause de cette confluence continue, il n'y a ni blancs, ni jonctions mécaniques, ni centres inopérants quand nous vivons une expérience. Il y a des pauses, des lieux de repos, mais ils ponctuent et définissent la nature du mouvement. Ils résument ce qui a été vécu et préviennent la dissipation et l'évaporation stérile de cette expérience. Une accélération continue provoque l'essoufflement et empêche les parties de se différencier. Dans une œuvre d'art, les différents actes, épisodes ou occurrences se mêlent et se fondent pour aboutir à une unité, sans pour autant disparaître ni perdre leur propre caractère lors de ce processus ; comme dans une conversation amicale où il y a échange et fusion continuels, mais où chaque locuteur non seulement conserve son propre caractère mais encore l'affirme plus nettement qu'à son habitude.

Une expérience a une unité qui la désigne en propre : ce repas-*là*, cette tempête-là, cette rupture-là d'une amitié. L'existence de cette unité est constituée par une seule *caractéristique* qui imprègne l'expérience entière en dépit de la variation des parties qui la constituent. Cette unité n'est ni émotionnelle, ni pratique, ni intellectuelle, car ces termes désignent des distinctions que la réflexion peut faire à l'intérieur de cette unité. Dans le discours *à propos* d'une expérience, nous devons utiliser ces adjectifs qui sont propres à l'interprétation. En repensant à une expérience *après qu*'elle s'est produite, il se peut que nous jugions qu'une propriété plutôt qu'une autre était suffisamment dominante pour caractériser l'expérience dans son ensemble. Il est des questionnements ou des spéculations absorbantes dont un scientifique et un philosophe se souviendront comme d'« expériences » au sens fort. En dernier ressort elles sont intellectuelles. Mais lorsqu'elles se sont produites, elles étaient aussi émotionnelles ; elles visaient un but et procédaient d'un acte de volition. Cependant l'expérience n'était pas une somme de ces différents caractères qui en fait se perdaient en elle en tant que traits distinctifs. Aucun penseur ne peut se consacrer à la réflexion s'il n'est attiré et gratifié par des expériences complètes et totales qui ont une valeur intrinsèque. Sans celles-ci, il ne saurait jamais ce que c'est que de penser réellement et serait complètement désemparé lorsqu'il lui faudrait distinguer entre pensée authentique et simulacre de pensée. La pensée procède par enchaînement d'idées, mais les idées s'enchaînent seulement parce qu'elles sont bien plus que ce que la psychologie analytique appelle des idées. Ce sont des phases, qui se différencient sur un plan émotionnel et pratique, d'une qualité sous-jacente qui se développe ; ce sont des variations qui fluctuent ; elles ne sont pas séparées et indépendantes comme les idées et impressions de Locke et de Hume, mais sont des nuances subtiles d'une teinte qui progresse et se propage.

Nous disons, à propos d'une expérience dans le domaine de la pensée, que nous arrivons à une conclusion ou que nous tirons des conclusions. La formulation théorique de ce processus est souvent faite en termes tels qu'ils dissimulent bel et bien l'équivalence entre « conclusion » et phase d'achèvement couronnant toute expérience complète. Ces formulations semblent induites par l'ordre successif d'apparition sur la page imprimée des propositions isolées qui constituent les prémisses, suivies de la proposition qui constitue la conclusion. L'impression produite est qu'il y a tout d'abord deux entités indépendantes sous une forme définitive qui sont ensuite manipulées de façon à donner jour à une troisième. En fait, dans une expérience dans le domaine de la pensée, les prémisses émergent seulement alors que la conclusion devient manifeste. Dans ce type d'expérience, comme dans celle qui consiste à regarder une tempête gagner en violence et se calmer progressivement, il y a mouvement continu des composantes. Comme l'océan agité par la tempête, il y a une série de vagues ; des suggestions qui se détachent et s'effondrent avec fracas, ou sont portées vers l'avant par une vague favorable. Si l'on parvient à une conclusion, celle-ci est le fruit d'un mouvement d'anticipation et de cumul, mouvement qui culmine finalement dans son achèvement. Une «conclusion» n'est pas quelque chose d'isolé et d'indépendant; c'est le couronnement d'un mouvement.

Par conséquent *une* expérience dans le domaine de la pensée a une dimension esthétique particulière. Elle diffère de ces expériences reconnues comme esthétiques, mais seulement de par le matériau qu'elle utilise. Le matériau des beaux-arts est une somme de qualités concrètes; celui de l'expérience qui a une conclusion intellectuelle se compose de signes ou de symboles qui, sans avoir de qualité intrinsèque propre, représentent des choses qui, lors d'une autre expérience, peuvent être appréciées sur un plan qualitatif. La différence est de taille. C'est une des raisons pour lesquelles l'art strictement intellectuel ne connaîtra jamais la popularité de la musique. Néanmoins, l'expérience en elle-même possède une qualité émotionnelle satisfaisante due à son intégration et à son accomplissement internes, qui sont le fruit d'un mouvement ordonné et organisé. Cette structure artistique peut être immédiatement perceptible. C'est dans cette mesure qu'elle est esthétique. Ce qui est encore plus important, c'est que, non seulement cette qualité est un motif important pour entreprendre une recherche intellectuelle et la mener en toute honnêteté, mais également qu'aucune activité intellectuelle n'est un événement intégral (ou *une* expérience) à moins d'être parachevée par cette qualité. Sans elle, la pensée reste inaboutie. En bref, l'esthétique ne peut être dissociée de l'expérience intellectuelle puisque cette dernière doit être marquée du sceau de l'esthétique pour être complète.

La même constatation vaut pour une activité qui est principalement pratique, c'est-à-dire qui se compose d'actes visibles. Il est possible d'être efficace dans le domaine de l'action sans avoir pour autant une expérience consciente. L'activité est trop automatique pour que l'on garde présents à l'esprit son objet et sa visée. Elle arrive à son terme, mais ce terme ne représente pas une clôture ou un couronnement conscients. Les obstacles sont surmontés grâce à un savoir-faire expert, mais ils ne nourrissent en rien l'expérience. On trouve également, à l'opposé, ces personnes qui, incertaines, tergiversent dans leurs actions et qui sont aussi indécises que ces personnages de la littérature classique, en proie à d'insolubles dilemmes. Entre ces deux extrêmes, absence de but et efficacité mécanique, se situent des modes d'action qui, composés d'actes successifs, s'enrichissent d'un sens croissant, sens qui perdure et croît jusqu'à atteindre une fin ressentie comme la réalisation d'un processus. Des hommes politiques et des généraux qui réussissent et deviennent hommes d'État comme César et Napoléon sont dans une certaine mesure des hommes de spectacle. Il ne s'agit pas en soi d'art, mais c'est, je pense, un signe que l'intérêt n'est pas exclusivement, peut-être pas principalement, contenu dans le résultat en tant que tel (comme pour la simple efficacité), mais dans le résultat en tant qu'aboutissement d'un processus. L'accomplissement d'une expérience présente un intérêt indéniable. Cette expérience peut être nocive pour l'humanité et son couronnement indésirable. Il n'en reste pas moins qu'elle a une qualité esthétique.

L'identification que faisaient les Grecs entre bonne conduite et conduite caractérisée par la proportion, la grâce et l'harmonie (le *kalon-agathon*) est un exemple plus évident encore de la présence d'une qualité esthétique dans l'action morale. Lorsque l'action est morale seulement en apparence, elle a un grand défaut, qui est d'être an-esthétique. Au lieu de donner l'exemple d'actions empreintes de grandeur, elle prend la forme de concessions morcelées et accordées à contrecœur aux exigences du devoir. Toutefois, ces exemples ne doivent pas masquer le fait que toute activité pratique, dans la mesure où elle est intégrée et progresse par son seul désir d'accomplissement, possède une dimension esthétique.

On peut, sur un plan général, illustrer cette assertion, si l'on imagine qu'une pierre qui dévale une colline vit une expérience. L'activité est indéniablement suffisamment « pratique ». La pierre part d'un endroit précis et suit une trajectoire, aussi régulière que le lui permet le terrain, à destination d'un endroit et d'un état où elle sera au repos. En outre, postulons, par un effort d'imagination, qu'elle désire ardemment connaître le résultat final, qu'elle s'intéresse aux choses qu'elle rencontre en chemin (paramètres qui accélèrent et retardent son mouvement dans la mesure où ils ont un impact sur la fin), que ses actions ou ses sentiments par rapport à ces éléments varient selon la fonction d'opposant ou d'adjuvant qu'elle leur attribue, et que l'immobilisation finale est reliée à tout ce qui s'est produit auparavant et apparaît comme le point culminant d'un mouvement continu. Alors la pierre vivrait une expérience, et qui plus est, une expérience douée d'une qualité esthétique.

Si nous passons de ce cas imaginaire à notre propre expérience, nous nous rendrons compte qu'elle est en grande partie plus proche de ce qui arrive à la vraie pierre que de tout ce qui remplit les conditions que l'imagination vient d'énoncer. Car, pour une grande partie de notre expérience, nous ne nous préoccupons pas du lien qui relie un incident à ce qui le précède et à ce qui le suit. Aucun intérêt ne préside attentivement au rejet ou à la sélection de ce qui va être organisé pour former l'expérience qui se développe. Les choses se produisent, mais elles ne sont ni véritablement incluses, ni catégoriquement exclues; nous voguons à la dérive. Nous cédons au gré de pressions extérieures ou nous pratiquons l'esquive et le compromis. Il y a des débuts et des fins mais pas d'authentiques initiations ou clôtures. Une chose en remplace une autre, mais il n'y a pas assimilation et poursuite du processus. Il y a expérience, mais si informe et décousue qu'elle ne constitue pas *une* expérience. Il n'est pas besoin d'ajouter que de telles expériences sont an-esthétiques.

Ainsi, le non-esthétique se situe entre deux limites. À un extrême, on trouve une succession décousue qui ne commence à aucun endroit en particulier et ne se termine (au sens de prendre fin) à aucun endroit en particulier. À l'autre, il y a stagnation et resserrement provoqués par le regroupement de parties ayant seulement un lien mécanique entre elles. On rencontre si communément ces deux types d'expériences qu'inconsciemment elles en viennent à être considérées comme des normes de toute expérience. Puis, lorsque la dimension esthétique intervient, celle-ci fait un tel contraste avec l'image que l'on s'est forgée de l'expérience qu'il est impossible de combiner ses qualités particulières avec les caractéristiques de cette image et, par suite, la dimension esthétique se voit attribuer une place et un statut extérieurs. Les remarques préalables à propos de l'expérience essentiellement intellectuelle et pratique visent à montrer que l'on n'est pas confronté à un tel contraste lorsqu'on vit une expérience, car, pour posséder une dimension esthétique, celle-ci doit au contraire constituer une unité.

Les ennemis de l'esthétique ne sont ni la nature intellectuelle ni la nature pratique de l'expérience. Ce sont la routine, le flou quant aux orientations, l'acceptation docile de

la convention dans les domaines pratique et intellectuel.
L'abstinence rigide, la soumission imposée et la rigueur, tout
comme à l'opposé la dissipation, l'incohérence et la complaisance sans but, sont autant de déviations qui font obstacle à
l'unité de l'expérience. Ce sont peut-être des considérations de
ce genre qui ont amené Aristote à parler d'« un moyen terme
proportionnel » pour désigner avec exactitude ce qui caractérise à la fois la vertu et l'esthétique. Sur un plan formel, sa
précision était justifiée. Ces mots de « moyen terme » et
« proportion » ne sont toutefois pas transparents ; ils ne doivent
pas non plus être pris dans leur sens mathématique d'origine :
ils désignent en fait des propriétés caractéristiques d'une expérience dont le mouvement progresse vers son couronnement.

J'ai souligné le fait que chaque expérience complète se
dirige vers un terme, une conclusion, puisqu'elle cesse seulement quand les énergies qui l'animent ont accompli la tâche
qui leur incombe. Cette clôture d'un circuit d'énergie est à
l'opposé de la suspension, ou encore de la *stase*. Maturation et
fixation sont des processus antinomiques. La lutte et le conflit
peuvent être appréciés en tant que tels, en dépit de la souffrance
qu'ils provoquent, quand ils sont vécus comme des moyens de
faire avancer une expérience, des parties intégrantes de cette
expérience, dans la mesure où ils l'entraînent vers l'avant, et
qu'ils ne se contentent pas d'être là uniquement. Il y a dans
toute expérience, comme nous allons le voir, une part de
passion, de souffrance au sens large du terme. Sinon, il n'y
aurait pas intégration de ce qui a précédé. Car « l'intégration »
dans toute expérience vitale ne consiste pas uniquement à
ajouter quelque chose à la somme de ce que nous savions déjà.
Elle implique un processus de reconstruction qui peut s'avérer
douloureux. Le caractère plaisant ou au contraire douloureux
de la phase nécessaire de passion dépend de conditions parti-

culières. Il n'est aucunement lié à la qualité esthétique globale, sinon qu'il y a peu d'expériences esthétiques intenses qui soient entièrement jubilatoires. On ne peut certainement pas les qualifier d'amusantes, et, quand elles s'imposent à nous, elles entraînent une souffrance qui n'est pas, néanmoins, incompatible avec le plaisir que procure la perception complète et en est, en fait, une composante.

J'ai parlé de la qualité esthétique qui donne à l'expérience sa complétude et son unité comme étant de nature émotionnelle. Cette remarque peut poser problème. Nous sommes enclins à nous représenter les émotions comme des choses aussi simples et homogènes que sont les mots qui les désignent. La joie, le chagrin, l'espoir, la peur, la colère, la curiosité sont envisagés comme si chacune de ces émotions était en soi une sorte d'entité qui, lorsqu'elle apparaît, est déjà entièrement constituée, une entité dont la durée, courte ou longue, est sans rapport avec sa nature, pas plus que ne le sont son développement et son évolution. En fait, les émotions (quand elles ont un sens) sont des attributs d'une expérience complexe qui progresse et évolue. Je précise, quand « *elles ont un sens* », car autrement elles ne sont que les explosions incontrôlées d'un jeune enfant perturbé. Toutes, autant qu'elles sont, les émotions sont liées à un drame et elles changent lorsque ce drame évolue. On dit parfois que les gens ont un coup de foudre. Mais le coup de foudre ne se limite pas au moment où il se produit. Que serait l'amour s'il était comprimé en un instant qui ne laisse pas de place à la tendresse et à la sollicitude ? La nature profonde de l'émotion peut être perçue lorsqu'on assiste à une représentation de théâtre ou lorsqu'on lit un roman. Elle accompagne la progression de l'intrigue ; et une intrigue nécessite une scène, un espace pour se construire ainsi que du temps pour se dérouler. L'expérience est émotionnelle mais elle n'est pas faite d'une série d'émotions séparées.

De la même façon, les émotions sont attachées aux événements et aux objets dans leur évolution. Elles n'ont pas, mis à part les cas pathologiques, d'existence autonome. Et même une émotion « sans objet » nécessite quelque chose en dehors d'elle-même à quoi se rattacher ; c'est pourquoi elle ne tarde pas à créer un contexte illusoire, faute de quelque chose de réel. L'émotion a sans conteste partie liée avec le moi. Toutefois, elle appartient à un moi impliqué dans la progression des événements vers un aboutissement que l'on désire ou que l'on craint. Nous sursautons instantanément quand quelque chose nous fait peur, tout comme nous rougissons immédiatement quand nous avons honte. Mais la peur ainsi que la honte ne sont pas dans ce cas des états émotionnels. En soi, ces émotions ne sont que des réflexes automatiques. Pour devenir émotionnelles, elles doivent devenir partie intégrante d'une situation globale et durable qui implique un souci des objets et de leur aboutissement. Le sursaut causé par l'effroi ne devient peur émotionnelle que lorsqu'on découvre ou que l'on pense qu'il existe un objet menaçant qui nous contraint à faire face ou bien à fuir. Le sang qui monte au visage ne devient une émotion provoquée par la honte qu'à partir du moment où une personne établit un lien mental entre une action qu'elle a accomplie et la réaction défavorable qu'une autre personne a eue à son égard.

On transporte physiquement des matériaux en provenance de l'autre bout du monde, matériaux qui sont physiquement amenés à agir et réagir les uns avec les autres, lors de la construction d'un nouvel objet. Le miracle de l'esprit, c'est que quelque chose de semblable se produit pour l'expérience en l'absence de transport et d'assemblage physiques. C'est l'émotion qui est à la fois élément moteur et élément de cohésion. Elle sélectionne ce qui s'accorde et colore ce qu'elle a sélectionné de sa teinte propre, donnant ainsi une unité qualitative à des matériaux extérieurement disparates et dissemblables. Quand l'unité obtenue correspond à celle que l'on a déjà décrite, l'expérience acquiert un caractère esthétique même si elle n'est pas essentiellement esthétique.

Deux hommes se rencontrent ; l'un d'eux postule pour un emploi, tandis que l'autre détient le pouvoir de décision quant à son embauche. L'entretien peut être mécanique et consister en une série de questions types, amenant des réponses tout aussi prévisibles. Il n'y a pas, dans ce cas, d'expérience au cours de laquelle les deux hommes se rencontrent ni aucun élément qui ne soit une répétition, sous forme d'accord ou de refus, de quelque chose qui s'est déjà maintes fois produit. On n'attache guère d'importance particulière à cette situation, comme si elle n'était qu'un vulgaire exercice de comptabilité. Pourtant il peut se produire une interaction qui permette à une nouvelle expérience de se développer. Où devons-nous chercher le compte rendu d'une telle expérience ? Certainement pas dans des livres de comptes ni dans un traité d'économie ou de sociologie, ou encore de psychologie humaine, mais dans le théâtre ou les romans. Sa nature et sa signification peuvent seulement être exprimées par l'art, parce qu'il y a une unité d'expérience qui peut uniquement être exprimée en tant qu'expérience. L'*expérience* est celle d'une situation chargée de suspense qui progresse vers son propre achèvement par le biais d'une série d'incidents variés et reliés entre eux. L'émotion primaire de la part du postulant peut être au départ de l'espoir ou bien du désespoir et, à la fin, de l'allégresse ou bien de la déception. Ces émotions donnent une unité à l'expérience. Mais, en même temps qu'avance l'entretien, des émotions secondaires se développent, comme les variations de l'émotion primaire sous-jacente. Il est même possible pour chaque attitude, chaque geste, chaque phrase et quasiment chaque mot d'exprimer une émotion qui soit plus qu'une simple fluctuation de l'émotion principale; c'est-à-dire d'exprimer un changement de nuance et de teinte dans sa qualité. L'employeur voit à la lumière de ses propres réactions émotionnelles le caractère du candidat. Il le projette en imagination dans le travail pour lequel il postule et juge de sa compétence en fonction de la façon dont s'assemblent les éléments de la scène qui se heurtent ou au contraire s'ajustent. Soit la présence et le comportement du postulant s'harmonisent avec ses propres désirs et attitudes, soit ils entrent en conflit et l'ensemble jure. De tels facteurs, par essence de nature esthétique, constituent les forces qui conduisent les divers éléments de l'entretien jusqu'à une issue décisive. Ils interviennent dans la résolution de toute situation où prévalent incertitude et attente, quelle que soit la nature dominante de cette situation.

Il y a donc des schémas communs dans des expériences variées, si différentes soient-elles les unes des autres dans le détail de leur sujet. Il y a des conditions à remplir sans lesquelles une expérience ne peut voir le jour. Le tracé du schéma commun est déterminé par le fait que toute expérience est le résultat de l'interaction entre un être vivant et un aspect quelconque du monde dans lequel il vit. Imaginons un homme en train de faire quelque chose; disons par exemple qu'il soulève une pierre. Par conséquent, il éprouve ou endure quelque chose : le poids, la tension, la texture de la surface de l'objet soulevé. Les propriétés qui ont ainsi été éprouvées sont déterminantes pour la suite des opérations. Soit la pierre est trop lourde ou trop anguleuse et trop friable, soit les propriétés établies par l'expérience démontrent qu'elle convient à l'utilisation qui lui est destinée. Ce processus continue jusqu'à ce qu'une adaptation mutuelle du moi et de l'objet se produise et que cette expérience spécifique prenne fin. Ce qui est vrai dans le cas de cet exemple simple est également vrai, quant à la forme, de toute expérience. Le sujet qui opère peut être un penseur dans son cabinet de travail et l'environnement avec lequel il est en contact peut être composé d'idées à la place d'une pierre. Mais l'interaction des deux n'en constitue pas moins une expérience complète vécue, et la clôture qui la parachève établit une harmonie sensible.

Une expérience possède une certaine forme et une certaine structure, car elle ne se limite pas à agir et à éprouver en alternance, mais se construit sur une relation entre ces deux phases. Mettre sa main dans le feu qui la brûle, ce n'est pas nécessairement vivre une expérience. L'action et sa conséquence doivent être reliées sur le plan de la perception. C'est cette relation qui crée du sens et l'objectif de toute intelligence est de l'appréhender. C'est à l'étendue et au contenu des relations que l'on mesure le contenu signifiant d'une expérience. L'expérience d'un enfant peut être intense, mais, à cause du manque de références provenant d'une expérience passée, les relations entre agir et éprouver sont à peine appréhendées, et l'expérience reste par conséquent superficielle et limitée. Personne n'arrive jamais à une maturité telle qu'elle permette de percevoir tous les liens qui sont impliqués. Un certain M. Hinton a un jour écrit une histoire intitulée *The Unlearner* (celui qui désapprend). Elle assimile la durée infinie de la vie après la mort à une répétition sans fin des incidents survenus lors du court séjour sur terre et à une découverte perpétuelle des relations existant entre eux.

L'expérience est limitée par tout ce qui entrave la perception des relations entre éprouver et agir. Elle peut être gênée par une hypertrophie de l'agir ou par une hypertrophie de la réceptivité, en d'autres termes, de la phase où l'on éprouve. Le déséquilibre, qu'il soit situé d'un côté ou de l'autre, brouille la perception des relations et conduit à une expérience incomplète et déformée, dont la signification est maigre ou erronée. L'ardeur à agir, la soif d'action, en particulier dans l'environnement humain, caractérisé par son impétuosité, dans lequel nous vivons, cette soif d'action, donc, fait que, pour bon nombre de personnes, l'expérience demeure incroyablement indigente et superficielle. On ne laisse pas à une seule expérience une chance d'arriver à son terme car on s'empresse d'en commencer une autre. L'expérience (ou ce que l'on désigne par ce terme) devient si dispersée et si hétéroclite qu'elle ne mérite plus guère cette appellation. La résistance est traitée comme obstruction à éliminer, non pas comme une invitation à la réflexion. L'individu en vient à rechercher, inconsciemment plus que par choix délibéré, des situations qui lui permettent de faire le plus de choses possible en un laps de temps le plus bref possible.

On empêche aussi les expériences de parvenir à maturation par excès de réceptivité. Ce que l'on privilégie dans ce cas, c'est simplement le fait d'éprouver telle ou telle chose, sans aucunement se préoccuper de signification. L'accumulation systématique d'impressions est assimilée à de la « vie » même si aucune ne peut prétendre être davantage qu'un simple frémissement ou une sensation éphémère. Il se peut que l'homme sentimental et rêveur ait plus de fantasmes et d'impressions qui lui traversent l'esprit que l'homme qui est animé par la soif d'action. Mais son expérience est également déformée, car rien ne s'enracine dans l'esprit quand il n'y a pas d'équilibre entre agir et recevoir. Il est besoin d'une action décisive pour établir le contact avec les réalités du monde et pour relier les impressions aux faits afin de tester la valeur de ces impressions et de les organiser.

Dans la mesure où la perception de la relation entre ce qui est fait et ce qui est éprouvé constitue le travail de l'intelligence, et dans la mesure où la progression du travail de l'artiste est soumise à son appréhension du lien entre ce qu'il a déjà fait et ce qu'il va faire, l'opinion selon laquelle l'artiste ne pense pas avec autant d'intensité et de perspicacité qu'un chercheur scientifique est absurde. Un peintre doit consciemment éprouver l'effet de chaque coup de pinceau sans quoi Il n aura pas conscience de ce qu'il fait et du sens dans lequel s'oriente son œuvre. En outre, il doit considérer un à un chaque lien entre phase d'action et phase de réception, en relation avec l'ensemble qu'il désire produire. Appréhender de telles relations, c'est exercer sa pensée et cela constitue l'un de ses modes les plus exigeants. La différence entre les tableaux de peintres divers provient autant des différents degrés de compétence pour conduire ce type d'activité mentale que des différences de sensibilité à la couleur et de dextérité d'exécution. En ce qui concerne la qualité fondamentale des tableaux, la différence dépend, en fait, davantage de la qualité de l'intelligence qui se concentre sur la perception des relations que de tout autre facteur, bien que l'intelligence ne puisse naturellement pas être séparée de la sensibilité directe et soit reliée, quoique de façon plus indirecte, au savoir-faire.

Toute conception qui ne tient pas compte du rôle nécessaire de l'intelligence dans la production des œuvres d'art est fondée sur l'assimilation de la pensée à l'utilisation d'un type unique de matériau, à savoir les signes verbaux et les mots. Penser de façon efficace en termes de mise en relation de qualités est aussi astreignant pour l'esprit que de penser en termes de symboles, qu'ils soient verbaux ou mathématiques. En effet, dans la mesure où les mots se laissent aisément manipuler de façon mécanique, la production d'une œuvre d'art authentique nécessite probablement plus d'intelligence que la prétendue pensée qui a cours parmi ceux qui s'enorgueillissent d'être des « intellectuels ».

J'ai tenté de montrer dans ces chapitres que l'esthétique ne s'ajoute pas à l'expérience, de l'extérieur, que ce soit sous forme de luxe oisif ou d'idéalité transcendante, et qu'elle consiste donc en un développement clair et appuyé de traits qui appartiennent à toute expérience normalement complète. Je considère ce fait comme la seule base sûre sur laquelle la théorie esthétique peut se fonder. Il reste maintenant à évoquer quelques implications de ce fait sous-jacent.

Nous ne possédons pas de mot en anglais qui comprenne sans équivoque ce qui est signifié par les deux mots « artistique » et « esthétique ». Comme le terme « artistique » fait principalement référence à l'acte de production et que l'adjectif « esthétique » se rapporte à l'acte de perception et de plaisir, l'absence d'un terme qui désigne simultanément les deux processus est malencontreuse. Cela a parfois pour effet de les dissocier et de présenter l'art comme un élément superposé au matériau esthétique, ou bien, à l'opposé, cela conduit à supposer que, puisque l'art est un processus de création, la perception d'une œuvre d'art et le plaisir qu'elle procure n'ont rien en commun avec l'acte de création. Quoi qu'il en soit, il y a une certaine faiblesse lexicale, dans la mesure où nous sommes parfois contraints d'utiliser le terme « esthétique » pour couvrir l'ensemble du domaine de définition de l'art tandis que nous devons, dans d'autres cas, le limiter à sa dimension de réception et de perception. Ces observations évidentes tiennent lieu d'introduction à une analyse qui s'efforcera de montrer comment la conception de l'expérience consciente comme relation entre phase d'action et phase de réception nous permet de comprendre la relation réciproque qu'entretient l'art en tant que production avec la perception et l'évaluation en tant que facteurs de plaisir.

L'art renvoie à un processus d'action ou de fabrication, Ceci vaut aussi bien pour les beaux-arts que pour les arts technologiques. L'art consiste aussi bien à modeler l'argile qu'à tailler le marbre, mouler le bronze, étaler des pigments, ériger des bâtiments, chanter, jouer d'un instrument, tenir des rôles sur scène ou exécuter des mouvements de danse en rythme. Tout art fonctionne à partir d'un matériau physique, que ce soit le corps ou quelque chose d'extérieur au corps, avec ou sans l'intermédiaire d'outils, en vue de fabriquer quelque chose de visible, d'audible ou de tangible. La phase active ou « d'action » qu'implique l'art est si manifeste que les dictionnaires la définissent généralement en termes de savoir-faire ou d'exécution compétente. Le dictionnaire *Oxford Dictionary* illustre la définition de l'art avec une citation de John Stuart Mill : « L'art s'efforce d'atteindre la perfection d'exécution » tandis que Matthew Arnold assimile l'art à « une pure et impeccable maîtrise ».

Le mot « esthétique » recouvre, comme nous l'avons déjà noté, l'expérience en tant qu'évaluation, perception et plaisir. Il dénote le point de vue du consommateur plutôt que du producteur. C'est le « *gusto* », ou le goût ; et, comme dans le domaine culinaire, la compétence manifeste est le fait du cuisinier qui œuvre, tandis que la dégustation est le fait du consommateur, tout comme pour le jardinage il y a une distinction entre le jardinier qui plante et retourne la terre et le propriétaire de la maison qui jouit du produit fini.

Ces illustrations mêmes, toutefois, ainsi que la relation qui existe entre phase d'action et phase de réception lors d'une

expérience, suggèrent que la distinction entre champ esthétique et champ artistique ne peut être accentuée au point de
devenir une véritable coupure. La perfection de l'exécution ne
peut être mesurée ou définie en termes d'exécution; elle
implique ceux qui perçoivent et apprécient le produit qui est
exécuté. Le cuisinier prépare ses plats pour le consommateur
qui est seul juge de la qualité de ce qui est préparé. Si l'on juge
la perfection de l'exécution en soi, selon des critères qui lui
sont propres, il apparaîtra certainement qu'il est plus facile
pour une machine que pour un artiste d'atteindre cette perfection. En soi, la perfection n'est tout au plus que de la technique,
et certains grands artistes ne sont pas des techniciens de
premier ordre (Cézanne par exemple); de la même façon, il y a
de grands interprètes au piano qui n'ont pas de génie
esthétique, tout comme Sargent n'est pas un grand peintre.

Pour acquérir une dimension proprement artistique, le
savoir-faire doit se conjuguer à de «l'amour»; le talent doit
s'accompagner d'une profonde affection pour le sujet sur
lequel il s'exerce. On pense au sculpteur dont les bustes sont
d'une exactitude merveilleuse. Il pourrait même être difficile
de dire, en présence d'une photographie de l'un de ces bustes et
d'une photographie de l'original, lequel des deux bustes a été
réalisé à partir d'un modèle. En termes de virtuosité, ils sont
remarquables. Mais on doute que l'auteur de ces bustes ait
connu une expérience qu'il souhaitait faire partager à ceux qui
regardent ses produits. Pour être véritablement artistique, une
œuvre doit aussi être esthétique, c'est-à-dire, conçue en vue du
plaisir qu'elle procurera lors de sa réception. Cela n'empêche
pas que l'artiste, lorsqu'il produit, doive s'appuyer sur une
observation constante. Mais si sa perception n'est pas aussi
de nature esthétique, elle n'est qu'une reconnaissance fade
et froide de ce qui a été fait, reconnaissance qui sert de

stimulus à l'étape suivante, à l'intérieur d'un processus qui est essentiellement mécanique.

En bref, l'art, dans sa forme, unit pareillement phase d'action et phase de réception, flux et reflux de l'énergie, unité qui fait qu'une expérience est une expérience. C'est grâce à l'élimination de tout ce qui ne contribue pas à l'organisation et à l'agencement mutuels des facteurs liés à l'action et à la réception, et parce que, seuls, sont retenus les aspects et les traits qui contribuent à leur interpénétration, que le produit est une œuvre d'art esthétique. L'homme taille le bois, sculpte, chante, danse, utilise une certaine gestuelle, coule du métal dans des moules, dessine et peint. L'action ou la fabrication est artistique lorsque la nature du résultat démontre que ses quali-tés, *en tant que qualités perçues*, ont guidé la question de la production. L'acte de production qui est motivé par l'intention de produire quelque chose qui soit apprécié dans l'expérience immédiate de perception a des qualités que ne possède pas une activité spontanée ou non contrôlée. L'artiste lui-même joue le rôle de la personne qui perçoit alors même qu'il œuvre.

Supposons, pour les besoins de l'illustration, qu'on ait cru qu'un objet finement ouvragé, dont la texture et les proportions procurent un vif plaisir lorsqu'elles sont perçues, a été façonné par quelque peuple primitif. Puis on découvre la preuve qu'il s'agit d'un produit naturel purement accidentel. En tant qu'objet concret, il est alors exactement ce qu'il était avant notre découverte. Toutefois, il cesse immédiatement d'être une œuvre d'art et devient une « curiosité » naturelle. Sa place est désormais dans un musée d'histoire naturelle, et non plus dans un musée d'art. Et ce qui est extraordinaire, c'est que la diffé-rence ainsi faite n'est pas d'ordre exclusivement intellectuel. On fait une différence sur le plan de la perception et de l'appré-ciation de l'objet et ce, de façon directe. On constate ainsi que l'expérience esthétique, au sens restreint, est liée de façon inhérente à l'expérience vécue qui accompagne la fabrication.

La gratification sensorielle liée à la vue ou à l'ouïe n'est pas esthétique en soi, mais dépend de l'activité dont elle est la conséquence. Même les plaisirs du palais sont différents en qualité pour un épicurien ou pour une personne qui apprécie simplement sa nourriture alors qu'il la consomme. La différence n'est pas simplement une différence d'intensité. La conscience de l'épicurien va plus loin que le goût de la nourriture. Ou plutôt, il entre dans le goût, dont on a directement fait l'expérience, des qualités qui dépendent de la référence à son origine et à la manière dont il a été élaboré selon des critères d'excellence. Tout comme la production doit assimiler des qualités du produit tel qu'il est perçu et se laisser guider par ces qualités, de la même façon et réciproquement, le fait de voir, d'entendre, de goûter devient esthétique quand la relation à une forme particulière d'activité modifie ce qui est perçu.

Il y a une part de passion dans toute perception esthétique. Toutefois quand nous sommes submergés par la passion ou sous l'emprise de la colère, de la peur ou de la jalousie, l'expérience n'est en rien esthétique. On ne perçoit pas de relation avec les caractéristiques de l'activité dont la passion est issue. Par conséquent, le matériau de l'expérience manque d'équilibre et d'harmonie qui ne peuvent être atteints qu'à la condition, comme dans toute conduite qui possède grâce et dignité, que l'acte soit régi par un sens aigu des relations qu'il entretient avec la situation, autrement dit, par son adaptation à cette occasion.

Le processus de l'art sur le plan de la production a un lien organique avec l'esthétique sur le plan de la perception, ce qui n'est pas sans rappeler que le Seigneur, lors de la création, examinait son œuvre et la trouvait à sa convenance. L'artiste façonne et reprend ce qu'il a façonné jusqu'à être satisfait de ce qu'il fait sur le plan de la perception. Le processus de fabrication prend fin quand le résultat est vécu comme satisfaisant et l'expérience de cette satisfaction n'est pas due à un simple jugement intellectuel et extérieur mais à la perception directe. Un artiste se distingue d'autres artistes lorsqu'il a non seulement des dons particuliers dans le domaine de l'exécution, mais également lorsqu'il s'avère doué d'une sensibilité exceptionnelle aux qualités des choses. Cette sensibilité guide aussi ses actions et ses productions.

Quand nous manipulons, nous touchons et caressons; quand nous regardons, nous voyons; quand nous écoutons, nous entendons. La main se déplace avec la pointe à graver ou avec le pinceau. L'œil est témoin et enregistre le résultat. À cause de ce lien intime (entre action et perception), l'enchaînement des actions est cumulatif et ne dépend pas d'un simple caprice, ni de la routine. Dans une expérience artistique-esthétique forte, la relation est si étroite qu'elle contrôle simultanément à la fois l'action et la perception. Un rapprochement aussi vital ne peut exister si seuls la main et l'œil sont impliqués. Ceux-ci doivent fonctionner comme deux organes reliés à l'être dans tout son entier, sans quoi il ne peut y avoir qu'une séquence mécanique de sensation et de mouvement comme dans la marche qui est automatique. La main et l'œil, quand l'expérience est esthétique, ne sont que des instruments par l'intermédiaire desquels l'être vivant dans son entier, constamment récepteur et acteur, opère. C'est ainsi que l'expression est émotionnelle et qu'elle est guidée par un but.

À cause de la relation entre ce qui est fait et ce qui est éprouvé, il y a, sur le plan de la perception, un sentiment immédiat d'harmonie ou de discordance des éléments entre eux; un sentiment de renforcement mutuel ou au contraire d'intrusion.

Les conséquences de l'acte de fabrication, telles qu'elles sont ressenties, signalent si l'objet fabriqué fait progresser le projet en voie d'exécution ou bien s'il marque un tournant et une rupture par rapport à ce dernier. Dans la mesure où le développement d'une expérience est contrôlé par la référence constante à ces relations d'ordre et d'accomplissement immédiatement perçues, cette expérience devient essentiellement esthétique. Le désir qui pousse à l'action se transforme en un désir d'un type d'action particulier qui débouche sur un objet satisfaisant sur le plan de la perception directe. Le potier façonne l'argile pour en faire un bol destiné à contenir du grain ; mais il le fait d'une façon tellement contrôlée par la série de perceptions qui s'attachent aux étapes successives de la fabrication, que ce bol acquiert une grâce et un charme durables. Il en est de même, de façon générale, lorsqu'il s'agit de peindre un tableau ou de sculpter un buste. De plus, à chaque étape, il y a anticipation de ce qui suit. Cette anticipation est le lien entre l'étape suivante et son impact sur la perception. Il y a ainsi continuellement une contribution cumulative et réciproque entre ce qui est fait et ce qui est éprouvé.

L'action peut être énergique, et la réaction qu'elle provoque, aiguë et intense. Mais, à moins que ces deux facettes de l'expérience ne soient reliées l'une à l'autre pour former un tout dans la perception, la chose faite n'est pas totalement esthétique. La fabrication peut par exemple consister en un déploiement de virtuosité technique, et la réaction provoquée, prendre la forme d'un bouillonnement de sentiments ou d'une rêverie. Si l'artiste ne véhicule pas une vision nouvelle lors du processus de création, il agit de façon mécanique et reproduit quelque modèle ancien gravé tel un schéma directeur dans son esprit. La dimension créative d'une œuvre d'art est fonction d'une énorme part d'observation et de la forme particulière d'intelligence que nécessite la perception de relations qualitatives. Celles-ci doivent être appréhendées non seulement l'une par rapport à l'autre, par paires, mais aussi en relation avec l'ensemble en voie d'élaboration; elles sont éprouvées sur le plan de l'imagination tout autant que sur celui de l'observation. Il peut se trouver des fantaisies qui ne sont qu'autant de distractions, des digressions qui se présentent comme des enrichissements. Il y a des circonstances où l'emprise de l'idée directrice se relâche, et l'artiste est alors inconsciemment amené à broder jusqu'à ce que son dessein s'affirme à nouveau avec force. La véritable tâche d'un artiste consiste à construire une expérience cohérente sur le plan de la perception tout en intégrant constamment le changement au fur et à mesure de son évolution.

Quand un auteur jette sur le papier des idées qui sont déjà clairement conçues et ordonnées de façon cohérente, le véritable travail a déjà été fait. Ou bien, pour orienter l'élaboration de son œuvre, il peut compter sur l'accroissement de sa faculté de perception, accroissement induit par l'activité elle-même, et sur ses appréciations sensées. L'acte de transcription, en tant que tel. n'a pas de signification sur le plan esthétique, à moins qu'il n'entre intégralement dans la constitution d'une expérience en voie d'accomplissement. Même l'œuvre conçue mentalement et qui, par conséquent, reste privée matériellement parlant, est publique dans son contenu signifiant, puisqu'elle est conçue en relation à un matériau qui est perceptible et donc qui appartient au monde courant. Sinon elle ne serait qu'une aberration ou un rêve éphémère. Le désir d'exprimer par la peinture les qualités que l'on perçoit dans un paysage entraîne la nécessité d'un crayon et d'un pinceau. Sans concrétisation externe, une expérience demeure incomplète; physiologiquement et fonctionnellement, les organes des sens sont des organes moteurs et sont reliés avec d'autres organes moteurs, non pas simplement sur le plan anatomique, mais par le biais de la transmission des énergies à l'intérieur du corps humain. Ce n'est pas un hasard linguistique si « édification », « construction » et « travail » désignent à la fois un processus et le produit fini auquel ce dernier aboutit. Sans la signification du verbe, celle du nom reste vide.

L'écrivain, le compositeur, le sculpteur ou le peintre peuvent, lors de la production, revenir sur ce qu'ils ont fait antérieurement. Quand le résultat obtenu ne s'avère pas satisfaisant lors de cette phase de l'expérience qui consiste à éprouver ou percevoir, ils peuvent, dans une certaine mesure, recommencer. Ce retour en arrière n'est pas aisé dans le cas de l'architecture, ce qui est peut-être une des raisons pour lesquelles il y a tant de bâtiments laids. Les architectes sont contraints de mener leur idée à terme avant que sa transformation en un objet complet, que l'on peut percevoir, n'ait lieu. L'incapacité d'élaborer simultanément l'idée et sa concrétisation matérielle constitue un handicap. Il n'en reste pas moins que les architectes, eux aussi, sont contraints d'élaborer leurs projets en fonction du matériau qui va permettre leur réalisation et de l'objet qui va s'offrir à la perception ultime à moins qu'ils ne travaillent de façon mécanique, en appliquant un schéma connu par cœur. La qualité esthétique des cathédrales médiévales est probablement due, dans une certaine mesure, au fait que la construction de ces bâtiments n'était pas, autant que maintenant, régie par des plans et des clauses établis à l'avance. Les plans évoluaient au fur et à mesure de la construction du bâtiment. Mais même un produit conçu d'entrée, comme la déesse Minerve, s'il est artistique, présuppose une période préalable de gestation lors de laquelle les phases d'action et de perception projetées dans l'imagination agissent l'une sur l'autre et se modifient mutuellement. Toute œuvre d'art se conforme au plan et au déroulement d'une expérience complète, de telle sorte qu'elle est ressentie de façon plus intense et plus condensée.

Pour celui qui reçoit et apprécie, comprendre le lien intime entre agir et éprouver n'est pas aussi simple que pour l'artiste. Nous sommes enclins à supposer que le premier se contente d'intégrer le produit qui se trouve sous ses yeux sous sa forme définitive en omettant le fait que cette intégration suppose des activités qui sont comparables à celles du créateur. Mais la réceptivité n'est pas synonyme de passivité. Elle peut aussi être assimilée à un processus consistant en une série de réactions qui s'additionnent jusqu'à la réalisation objective. Sinon, il s'agit non pas de perception mais de reconnaissance. La différence entre les deux est immense. La reconnaissance est une perception interrompue avant qu'elle ait eu une chance de se développer librement. Dans l'acte de reconnaissance il y a l'embryon d'un acte de perception. Mais on ne laisse pas à cet embryon la possibilité de se développer en une perception complète de la chose reconnue. Ce début de perception est interrompu au moment où il va remplir une autre fonction, de la même façon que nous reconnaissons un homme dans la rue pour le saluer ou l'éviter, et non pas pour en faire un simple objet d'étude.

Lorsqu'il s'agit de reconnaissance, nous avons recours, comme pour un stéréotype, à un quelconque schéma préétabli. Un détail ou un assemblage de détails sert de déclencheur à la simple identification. Pour la reconnaissance, il suffit d'appliquer cette esquisse sommaire comme un stencil à l'objet concerné. Parfois, en présence d'un individu, nous sommes frappés par des traits, qui se limitent peut-être à des caractéristiques physiques, desquels nous n'étions pas conscients au préalable. Nous prenons conscience que nous ne connaissions pas la personne auparavant; nous ne l'avions pas vue au sens fort du terme. Nous commençons alors à étudier et à enregistrer. La perception remplace la simple reconnaissance. Il y a acte de reconstruction et la conscience est alors vive et animée. Dans ce cas, l'acte de voir implique la coopération d'éléments moteurs, même s'ils restent implicites et ne se sont pas exprimés; il implique aussi la coopération de toutes les idées déjà présentes qui peuvent servir à compléter la nouvelle image qui se forme. La reconnaissance est un acte trop simple pour susciter un état de conscience aiguë. Il n'y a pas assez de résistance entre les éléments nouveaux et anciens pour permettre que se développe la conscience de l'expérience qui est vécue. Même un chien qui aboie et remue la queue joyeusement au retour de son maître est plus animé à cette occasion qu'un être humain qui se contente d'une simple reconnaissance.

L'acte de simple reconnaissance se résume à apposer une étiquette convenable; par « convenable », nous entendons qu'elle a une fonction autre que celle de reconnaissance, comme un vendeur identifie ses marchandises à partir d'un échantillon. Ce type de reconnaissance n'entraîne aucun tressaillement de l'organisme, ni aucun émoi interne. À l'inverse, un acte de perception procède par vagues qui se propagent en série dans tout l'organisme. Par conséquent, la perception n'équivaut en aucun cas à voir ou entendre, avec *en sus* l'émotion. L'objet ou la scène perçus sont empreints d'émotion de bout en bout. Quand une émotion a été éveillée et qu'elle n'imprègne pas le matériau qui fait l'objet de la perception ou de la pensée, elle est soit préliminaire ou bien pathologique.

La phase esthétique, ou phase où l'on éprouve, est réceptive. Elle implique que l'on s'abandonne. Mais laisser aller son moi de façon adéquate n'est possible qu'au moyen d'une activité contrôlée, dont il est fort probable qu'elle sera intense. Dans une grande partie de nos relations avec notre environnement, nous nous mettons en retrait ; parfois par peur, ne serait-ce que de dépenser indûment notre réserve d'énergie ; parfois parce que nous avons d'autres préoccupations, comme dans le cas de la reconnaissance. La perception est un acte de libération d'énergie, qui rend apte à recevoir, et non de rétention d'énergie. Pour nous imprégner d'un sujet, nous devons en premier lieu nous y immerger. Quand nous assistons à une scène de façon passive, elle nous submerge, et, faute de réaction, nous ne percevons pas ce qui pèse sur nous. Nous devons rassembler de l'énergie et la mettre au service de notre faculté de réaction, pour être en mesure d'*assimiler*.

Chacun sait qu'il faut de l'entraînement pour voir dans un microscope ou dans un télescope et pour voir un paysage comme le voit le géologue. L'idée que la perception esthétique est réservée à de rares instants est une des raisons qui explique le retard des arts chez nous. L'œil et l'appareil visuel peuvent être intacts ; l'objet peut physiquement être présent, qu'il s'agisse de la cathédrale de Notre-Dame ou du portrait de Hendrickje Stoffels de Rembrandt ; ces œuvres peuvent être « vues », au sens littéral du terme ; on peut les regarder, éventuellement les reconnaître, et les identifier correctement. Il n'en reste pas moins que, par manque d'interaction continue entre l'organisme dans son entier et ces œuvres, celles-ci ne sont pas perçues ou, en tout cas, elles ne le sont pas sur un plan esthétique. On ne peut pas dire d'un groupe de visiteurs qu'un guide promène dans une galerie de peintures, en attirant leur attention ici et là sur quelque tableau marquant, qu'ils perçoivent ; c'est seulement par hasard qu'ils ressentent ne serait-ce que de l'intérêt pour un tableau pour la force de son exécution.

En effet, pour percevoir, un spectateur doit créer sa propre expérience qui, une fois créée, doit inclure des relations comparables à celles qui ont été éprouvées par l'auteur de l'œuvre. Celles-ci ne sont pas littéralement semblables. Mais avec la personne qui perçoit, comme avec l'artiste, il doit y avoir un agencement des éléments de l'ensemble qui est, dans sa forme générale mais pas dans le détail, identique au processus d'organisation expérimenté de manière consciente par le créateur de l'œuvre. L'artiste a sélectionné, simplifié, clarifié, abrégé et condensé en fonction de son intérêt. Le spectateur doit passer par toutes ces étapes en fonction de son point de vue et de son intérêt propre. Chez l'un et l'autre, il se produit un acte d'abstraction, c'est-à-dire d'extraction de la signification. Chez l'un et l'autre, il y a compréhension au sens littéral, c'est-à-dire regroupement de détails éparpillés physiquement visant à former un tout qui est vécu comme une expérience. La personne qui perçoit accomplit un certain travail tout comme l'artiste. Si elle est trop fainéante, indolente ou engluée dans les conventions pour faire ce travail, elle ne verra pas et n'entendra pas. Son « appréciation » de l'œuvre sera un mélange de bribes de savoir et de réactions conformes à des normes d'admiration conventionnelle, additionné d'une excitation émotionnelle confuse même si elle est authentique.

Les considérations qui précèdent sous-entendent à la fois les similitudes et les divergences, selon l'accent que l'on met entre *une* expérience, son sens plein, et l'expérience esthétique. La première a une dimension esthétique, sans quoi ses composantes ne formeraient pas une expérience unique et cohérente. Il n'est pas possible de faire la part, dans une expérience vitale, de la pratique, de l'émotion et de l'intellect et de faire ressortir les propriétés d'une de ces composantes aux dépens des caractéristiques des autres. La phase émotionnelle relie les différentes parties et en fait un tout ; le terme « intellect » signifie simplement que l'expérience a un sens ; le terme « pratique » indique que l'organisme dialogue avec des événements et des objets qui l'entourent. L'investigation philosophique ou scientifique la plus élaborée de même que l'entreprise industrielle ou politique la plus ambitieuse possèdent une dimension esthétique quand leurs différents ingrédients constituent une expérience complète. Dans ces deux cas, les diverses parties sont liées les unes aux autres et ne se contentent pas de se suivre. Et, grâce à ce lien qui est éprouvé, les parties progressent alors vers l'achèvement et la clôture et non vers une fin seulement temporelle. Ce sentiment d'achèvement, de plus, n'attend pas pour se manifester que l'entreprise soit entièrement terminée. Il est anticipé tout du long et savouré à maintes reprises avec une intensité particulière.

Néanmoins, les expériences en question sont essentiellement intellectuelles ou pratiques, plutôt que *proprement* esthétiques, de par l'intérêt et le but qui en sont à l'origine et qui les guident. Dans une expérience intellectuelle, la conclusion a une valeur en soi. Elle peut être extraite sous forme de formule ou de « vérité », et peut être utilisée, du fait de son entière indépendance, comme facteur et guide dans d'autres investigations. Dans une œuvre d'art, il n'y a pas de reliquat autonome de ce genre. La fin, ou terminus, est significative, non par elle-même mais parce qu'elle représente l'intégration de ces parties. Elle n'a pas d'autre forme d'existence. Une pièce de théâtre ou un roman ne se limitent pas à la dernière phrase même si, pour congédier les personnages, on les montre vivant heureux pour toujours. Dans une expérience proprement esthétique, les caractéristiques qui sont peu apparentes dans d'autres expériences sont dominantes ; celles, par contre, qui sont subalternes deviennent prépondérantes, à savoir, les caractéristiques en vertu desquelles l'expérience est, en elle-même, une expérience complète et intégrée.

Dans toute expérience complète il y a forme parce qu'il y a organisation dynamique. Je qualifie l'organisation de dynamique parce qu'il faut du temps pour la mener à bien, car elle est croissance c'est-à-dire commencement, développement et accomplissement. Du matériau est ingéré et digéré, de par l'interaction avec l'organisation vitale des résultats de l'expérience antérieure qui anime l'esprit du créateur. L'incubation se poursuit jusqu'à ce que ce qui est conçu soit mis en avant et rendu perceptible en prenant place dans le monde commun. Une expérience esthétique peut être comprimée en un instant unique, seulement dans le sens où il peut y avoir culmination de longs processus antérieurs qui perdurent, sous la forme d'un mouvement remarquable qui incorpore tout le reste au point de tout effacer. Ce qui donne à une expérience son caractère esthétique, c'est la transformation de la résistance et des tensions, ainsi que des excitations qui sont en soi une incitation à la distraction, en un mouvement vers un terme inclusif et profondément satisfaisant.

L'expérience, comme la respiration, est une série d'inspirations et d'expirations ; elles sont régulièrement ponctuées et se muent en rythme grâce à l'existence d'intervalles, périodes pendant lesquelles une phase cesse et la suivante, inchoative, est en préparation. William James a pertinemment comparé le déroulement d'une expérience consciente aux phases de vol et de pauses qui caractérisent le déplacement d'un oiseau. Les vols et les pauses sont intimement reliés les uns aux autres ; il n'y a pas un certain nombre d'atterrissages sans lien entre eux suivis d'un certain nombre d'envols également sans lien entre eux. Chaque lieu de repos au sein de l'expérience correspond à une phase où sont éprouvées, absorbées et assimilées les conséquences de l'action antérieure et, à moins que l'action ne soit que pur caprice ou simple routine, chaque action porte en soi du sens qui en est extrait et qui est conservé. Tout comme pour une armée en marche, tous les gains provenant de ce qui a déjà été réalisé sont périodiquement consolidés, et cela, toujours dans l'optique de l'étape qui va suivre. Si nous nous déplaçons trop rapidement, nous nous éloignons du camp d'approvisionnement – du sens qui s'est construit – et l'expérience est alors perturbée, appauvrie et confuse. Si nous tardons trop après avoir dégagé un certain bénéfice, l'expérience se meurt d'inanition.

La *forme* du tout est par conséquent présente dans chacune des parties. Réaliser et achever sont des fonctions continues, et non pas de simples fins, localisées à un seul endroit. Un artiste, graveur, peintre ou écrivain, est engagé dans un processus d'achèvement à chaque phase de son œuvre. Il doit à chaque avancée retenir et résumer l'ensemble réalisé auparavant et garder à l'esprit l'ensemble à venir. Sinon il n'y a ni cohérence ni sûreté dans ses actes suivants. La série des actions, qui constitue le rythme de l'expérience, apporte variété et dynamisme ; elle épargne à l'œuvre monotonie et répétitions inutiles. Les phases d'assimilation sont les éléments correspondants dans le rythme et elles confèrent une unité au tout ; elles préviennent l'œuvre de l'absence de ligne directrice causée par une simple succession d'excitations. Un objet est particulièrement et essentiellement esthétique et procure le plaisir caractéristique de ce type de perception quand les facteurs qui déterminent tout ce qui peut être appelé *expérience* sont placés bien au-dessus du seuil de la perception et sont rendus visibles pour eux-mêmes.

LES RÊVERIES DU PROMENEUR SOLITAIRE[*]

Cinquième promenade

De toutes les habitations où j'ai demeuré (et j'en ai eu de charmantes) aucune ne m'a rendu si véritablement heureux et ne m'a laissé de si tendres regrets que l'île de St. Pierre au milieu du Lac de Bienne. Cette petite île qu'on appelle à Neufchâtel l'île de la Motte, est bien peu connue, même en Suisse. Aucun voyageur, que je sache, n'en fait mention. Cependant elle est très agréable et singulièrement située pour le bonheur d'un homme qui aime à se circonscrire ; car quoique je sois peut-être le seul au monde à qui sa destinée en ait fait une loi, je ne puis croire être le seul qui ait un goût si naturel, quoique je ne l'aye trouvé jusqu'ici chez nul autre.

Les rives du Lac de Bienne sont plus sauvages et romantiques que celles du Lac de Genève, parce que les rochers et les bois y bordent l'eau de plus près ; mais elles ne sont pas moins riantes. S'il y a moins de culture de champs

---

[*] Jean-Jacques Rousseau, *Les Rêveries du promeneur solitaire* (1776-1778), *Cinquième promenade*.

et de vignes, moins de villes et de maisons; il y aussi plus de verdure naturelle, plus de prairies, d'asiles ombragés de bocages, des contrastes plus fréquents et des accidents plus rapprochés. Comme il n'y a pas sur ces heureux bords de grandes routes commodes pour les voitures, le pays est peu fréquenté par les voyageurs; mais il est intéressant pour des contemplatifs solitaires qui aiment à s'enivrer à loisir des charmes de la nature, et à se recueillir dans un silence que ne trouble aucun autre bruit que le cri des aigles, le ramage entre-coupé de quelques oiseaux, et le roulement des torrents qui tombent de la montagne! Ce beau bassin d'une forme presque ronde enferme dans son milieu deux petites îles, l'une habitée et cultivée, d'environ une demi lieue de tour, l'autre plus petite, déserte et en friche, et qui sera détruite à la fin par les transports de terre qu'on en ôte sans cesse pour réparer les dégâts que les vagues et les orages font à la grande. C'est ainsi que la substance du faible est toujours employée au profit du puissant.

Il n'y a dans l'île qu'une seule maison, mais grande, agréable et commode, qui appartient à l'hôpital de Berne ainsi que l'île, et où loge un receveur avec sa famille et ses domesti-ques. Il y entretient une nombreuse basse-cour, une volière et des réservoirs pour le poisson. L'île dans sa petitesse est telle-ment variée dans ses terrains et ses aspects qu'elle offre toutes sortes de sites et souffre toutes sortes de cultures. On y trouve des champs, des vignes, des bois, des vergers, de gras pâtu-rages ombragés de bosquets et bordés d'arbrisseaux de toute espèce dont le bord des eaux entretient la fraîcheur; une haute terrasse plantée de deux rangs d'arbres borde l'île dans sa longueur, et dans le milieu de cette terrasse on a bâti un joli salon où les habitants des rives voisines se rassemblent et viennent danser les dimanches durant les vendanges.

C'est dans cette île que je me réfugiai après la lapidation de Motiers. J'en trouvai le séjour si charmant, j'y menais une vie si convenable à mon humeur que résolu d'y finir mes jours, je n'avais d'autre inquiétude sinon qu'on ne me laissât pas exécuter ce projet qui ne s'accordait pas avec celui de m'entraîner en Angleterre, dont je sentais déjà les premiers effets. Dans les pressentiments qui m'inquiétaient j'aurais voulu qu'on m'eût fait de cet asile une prison perpétuelle, qu'on m'y eût confiné pour toute ma vie, et qu'en m'ôtant toute puissance et tout espoir d'en sortir on m'eût interdit toute espèce de communication avec la terre ferme de sorte qu'ignorant tout ce qui se faisait dans le monde j'en eusse oublié l'existence et qu'on y eût oublié la mienne aussi.

On ne m'a laissé passer guère que deux mois dans cette île, mais j'y aurais passé deux ans, deux siècles et toute l'éternité sans m'y ennuyer un moment, quoique je n'y eusse, avec ma compagne, d'autre société que celle du receveur, de sa femme et de ses domestiques, qui tous étaient à la vérité de très bonnes gens et rien de plus, mais c'était précisément ce qu'il me fallait. Je compte ces deux mois pour le tems le plus heureux de ma vie et tellement heureux qu'il m'eût suffi durant toute mon existence sans laisser naître un seul instant dans mon âme le désir d'un autre état.

Quel était donc ce bonheur et en quoi consistait sa jouissance? Je le donnerais à deviner à tous les hommes de ce siècle sur la description de la vie que j'y menais. Le précieux farniente fut la première et la principale de ces jouissances que je voulus savourer dans toute sa douceur, et tout ce que je fis durant mon séjour ne fut en effet que l'occupation délicieuse et nécessaire d'un homme qui s'est dévoué à l'oisiveté.

L'espoir qu'on ne demanderait pas mieux que de me laisser dans ce séjour isolé où je m'étais enlacé de moi-même, dont il m'était impossible de sortir sans assistance et sans être bien aperçu, et où je ne pouvais avoir ni communication ni correspondance que par le concours des gens qui m'entouraient, cet espoir, dis-je, me donnait celui d'y finir mes jours plus tranquillement que Je ne les avais passes, et l'idée que j'avais le temps de m'y arranger tout à loisir fit que je commençai par n'y faire aucun arrangement. Transporté là brusquement seul et nu, j'y fis venir successivement ma gouvernante, mes livres et mon petit équipage, dont j'eus le plaisir de ne rien déballer, laissant mes caisses et mes malles comme elles étaient arrivées et vivant dans l'habitation où je comptais achever mes jours comme dans une auberge dont j'aurais dû partir le lendemain. Toutes choses telles qu'elles étaient, allaient si bien que vouloir les mieux ranger était y gâter quelque chose. Un de mes plus grands délices était surtout de laisser toujours mes livres bien encaissés et de n'avoir point d'écritoire. Quand de malheureuses lettres me forçaient de prendre la plume pour y répondre, j'empruntais en murmurant l'écritoire du receveur, et je me hâtais de la rendre dans la vaine espérance de n'avoir plus besoin de la remprunter. Au lieu de ces tristes paperasses et de toute cette bouquinerie, j'emplissais ma chambre de fleurs et de foin, car j'étais alors dans ma première ferveur de botanique, pour laquelle le docteur d'Ivernois m'avait inspiré un goût qui bientôt devint passion. Ne voulant plus d'œuvre de travail il m'en fallait une d'amusement qui me plût et qui ne me donnât de peine que celle qu'aime à prendre un paresseux. J'entrepris de faire la *Flora petrinsularis* et de décrire toutes les plantes de l'Île sans en omettre une seule, avec un détail suffisant pour m'occuper le reste de mes jours. On dit qu'un Allemand a fait un livre sur un zeste de citron, j'en aurais fait un sur chaque gramen des prés, sur chaque mousse des bois, sur chaque lichen qui tapisse les rochers, enfin je ne voulais pas laisser un poil d'herbe, pas un atome végétal qui ne fût amplement décrit. En conséquence de ce beau projet, tous les matins après le déjeuner, que nous faisions tous ensemble, j'allais une loupe à la main et mon *Systema naturae* sous le bras, visiter un canton de l'île que j'avais pour cet effet divisée en petits carrés dans l'intention de les parcourir l'un après l'autre en chaque saison. Rien n'est plus singulier que les ravissements, les extases que j'éprouvais à chaque observation que je faisais sur la structure et l'organisation végétale et sur le jeu des parties sexuelles dans la fructification, dont le système était alors tout à fait nouveau pour moi. La distinction des caractères génériques, dont je n'avais pas auparavant la moindre idée, m'enchantait en les vérifiant sur les espèces communes en attendant qu'il s'en offrît à moi de plus rares. La fourchure des deux longues étamines de la brunelle, le ressort de celles de l'ortie et de la pariétaire, l'explosion du fruit de la balsamine et de la capsule du buis, mille petits jeux de la fructification que j'observais pour la première fois me comblaient de joie, et j'allais demandant si l'on avait vu les cornes de la brunelle comme La Fontaine demandait si l'on avait lu Habacucs. Au bout de deux ou trois heures je m'en revenais chargé d'une ample moisson provision d'amusement pour l'après-dînée au logis en cas de pluie. J'employais le reste de la matinée à aller avec le receveur, sa femme et Thérèse visiter leurs ouvriers et leur récolte, mettant le plus souvent la main à l'œuvre avec eux, et souvent des Bernois qui me venaient voir m'ont trouvé juché sur de grands arbres, ceint d'un sac que je remplissais de fruits, et que je dévalais ensuite à terre avec une corde. L'exercice que j'avais fait dans la matinée et la bonne humeur nui en est inséparable me rendaient le repos du dîner très agréable; mais quand il se prolongeait trop et que ce beau tems m'invitait, je ne pouvais

longtemps attendre, et pendant qu'on était encore à table
je m'esquivais et j'allais me jeter seul dans un bateau que
je conduisais au milieu du lac quand l'eau était calme, et là,
m'étendant tout de non long dans le bateau les yeux tournés
vers le ciel, je me laissais aller et dériver lentement au gré de
l'eau, quelquefois pendant plusieurs heures, plongé dans mille
rêveries confuses mais délicieuses, et qui sans avoir aucun
objet bien déterminé ni constant ne laissaient pas d'être à mon
gré cent fois préférables à tout ce que j'avais trouvé de plus
doux dans ce qu'on appelle les plaisirs de la vie. Souvent averti
par le baisser du soleil de l'heure de la retraite je me trouvais si
loin de l'île que j'étais forcé de travailler de toute ma force pour
arriver avant la nuit close. D'autres fois, au lieu de m'égarer en
pleine eau je me plaisais à côtoyer les verdoyantes rives de l'île
dont les limpides eaux et les ombrages frais m'ont souvent
engagé à m'y baigner. Mais une de mes navigations les plus
fréquentes était d'aller de la grande à la petite île, d'y
débarquer et d'y passer l'après-dînée, tantôt à des promenades
très circonscrites au milieu des marceaux, des bourdaines, des
persicaires, des arbrisseaux de toute espèce, et tantôt m'établissant au sommet d'un tertre sablonneux couvert de gazon,
de serpolet, de fleurs même d'esparcette et de trèfles qu'on y
avait vraisemblablement semés autrefois, et très propre à loger
des lapins qui louvoient là multiplier en paix sans rien craindre
et sans nuire à rien. Je donnai cette idée au receveur qui fit venir
de Neuchâtel des lapins mâles et femelles, et nous allâmes en
grande pompe, sa femme, une de ses sœurs, Thérèse et moi, les
établir dans la petite île, où ils commençaient à peupler avant
mon départ et où ils auront prospéré sans doute s'ils ont pu
soutenir la rigueur des hivers. La fondation de cette petite
colonie fut une fête. Le pilote des Argonautes n'était pas plus
fier que moi menant en triomphe la compagnie et les lapins de

la grande île à la petite, et je notais avec orgueil que la rece-
veuse, qui redoutait l'eau à l'excès et s'y trouvait toujours mal,
s'embarqua sous ma conduite avec confiance et ne montra
nulle peur durant la traversée.

Quand le lac agité ne me permettait pas la navigation, je
passais mon après-midi à parcourir l'île en herborisant à droite
et à gauche m'asseyant tantôt dans les réduits les plus riants
et les plus solitaires pour y rêver à mon aise, tantôt sur les
terrasses et les tertres, pour parcourir des yeux le superbe et
ravissant coup d'œil du lac et de ses rivages couronnés d'un
côté par des montagnes prochaines et de l'autre élargis en
riches et fertiles plaines, dans lesquelles la vue s'étendait
jusqu'aux montagnes bleuâtres plus éloignées qui la bornaient.

Quand le soir approchait je descendais des cimes de l'île et
j'allais volontiers m'asseoir au bord du lac sur la grève dans
quelque asile caché ; là le bruit des vagues et l'agitation de
l'eau fixant mes sens et chassant de mon âme toute autre
agitation la plongeaient dans une rêverie délicieuse où la nuit
me surprenait souvent sans que je m'en fusse aperçu. Le flux et
reflux de cette eau, son bruit continu mais renflé par intervalles
frappant sans relâche mon oreille et mes yeux, suppléaient aux
mouvements internes que la rêverie éteignait en moi et suffi-
saient pour me faire sentir avec plaisir mon existence sans
prendre la peine de penser. De temps à autre naissait quelque
faible et courte réflexion sur l'instabilité des choses de ce
monde dont la surface des eaux m'offrait l'image : mais bientôt
ces impressions légères s'effaçaient dans l'uniformité du
mouvement continu qui me berçait, et qui sans aucun concours
actif de mon âme ne laissait pas de m'attacher au point
qu'appelé par l'heure et par le signal convenu je ne pouvais
m'arracher de là sans effort.

Après le souper, quand la soirée était belle, nous allions encore tous ensemble faire quelque tour de promenade sur la terrasse pour y respirer l'air du lac et la fraîcheur. On se reposait dans le pavillon, on riait, on causait on chantait quelque vieille chanson qui valait bien le tortillage moderne, et enfin l'on s'allait coucher content de sa journée et n'en désirant qu'une semblable pour le lendemain.

Telle est, laissant à part les visites imprévues et importunes, la manière dont j'ai passé mon tems dans cette île durant le séjour que j'y ai fait. Qu'on me dise à présent ce qu'il y a là d'assez attrayant pour exciter dans mon cœur des regrets si vifs, si tendres et si durables qu'au bout de quinze ans il m'est impossible de songer à cette habitation chérie sans m'y sentir à chaque fois transporté encore par les élans du désir.

J'ai remarqué dans les vicissitudes d'une longue vie que les époques des plus douces jouissances et des plaisirs les plus vifs ne sont pourtant pas celles dont le souvenir m'attire et me touche le plus. Ces courts moments de délire et de passion, quelque vifs qu'ils puissent être, ne sont cependant, et par leur vivacité même, que des points bien clairsemés dans la ligne de la vie. Ils sont trop rares et trop rapides pour constituer un état, et le bonheur que mon cœur regrette n'est point composé d'instants fugitifs mais un état simple et permanent, qui n'a rien de vif en lui-même, mais dont la durée accroît le charme au point d'y trouver enfin la suprême félicité.

Tout est dans un flux continuel sur la terre : rien n'y garde une forme constante et arrêtée, et nos affections qui s'attachent aux choses extérieures passent et changent nécessairement comme elles. Toujours en avant ou en arrière de nous, elles rappellent le passé qui n'est plus ou préviennent l'avenir qui souvent ne doit point être : il n'y a rien là de solide à quoi le cœur se puisse attacher. Aussi n'a-t-on guère ici-bas que du plaisir qui passe ; pour le bonheur qui dure je doute qu'il y soit connu. À peine est-il dans nos plus vives jouissances un instant où le cœur puisse véritablement nous dire : *je voudrais que cet instant durât toujours.* Et comment peut-on appeler bonheur un état fugitif qui nous laisse encore le cœur inquiet et vide, qui nous fait regretter quelque chose avant, ou désirer encore quelque chose après ?

Mais s'il est un état où l'âme trouve une assiette assez solide pour s'y reposer tout entière et rassembler là tout son être, sans avoir besoin de rappeler le passé ni d'enjamber sur l'avenir ; où le temps ne soit rien pour elle, où le présent dure toujours sans néanmoins marquer sa durée et sans aucune trace de succession, sans aucun autre sentiment de privation ni de jouissance, de plaisir ni de peine, de désir ni de crainte que celui seul de notre existence, et que ce sentiment seul puisse la remplir tout entière ; tant que cet état dure celui qui s'y trouve peut s'appeler heureux, non d'un bonheur imparfait, pauvre et relatif tel que celui qu'on trouve dans les plaisirs de la vie, mais d'un bonheur suffisant, parfait et plein, qui ne laisse dans l'âme aucun vide qu'elle sente le besoin de remplir. Tel est l'état où je me suis trouvé souvent à l'île de Saint-Pierre dans mes rêveries solitaires, soit couché dans mon bateau que je laissais dériver au gré de l'eau, soit assis sur les rives du lac agité, soit ailleurs au bord d'une belle rivière ou d'un ruisseau murmurant sur le gravier.

De quoi jouit-on dans une pareille situation ? De rien d'extérieur à soi, de rien sinon de soi-même et de sa propre existence, tant que cet état dure on se suffit à soi-même comme Dieu. Le sentiment de l'existence dépouillé de toute autre affection est par lui-même un sentiment précieux de contentement et de paix, qui suffirait seul pour rendre cette existence chère et douce à qui saurait écarter de soi toutes les impressions sensuelles et terrestres qui viennent sans cesse nous en distraire et en troubler ici-bas la douceur. Mais la plupart des hommes, agités de passions continuelles, connaissent peu cet état, et ne l'ayant goûté qu'imparfaitement durant peu d'instants n'en conservent qu'une idée obscure et confuse qui ne leur en fait pas sentir le charme. Il ne serait pas même bon, dans la présente constitution des choses, qu'avides de ces douces extases ils s'y dégoûtassent de la vie active dont leurs besoins toujours renaissants leur prescrivent le devoir. Mais un infortuné qu'on a retranché de la société humaine et qui ne peut plus rien faire ici-bas d'utile et de bon pour autrui ni pour soi, peut trouver dans cet état à toutes les félicités humaines des dédommagements que la fortune et les hommes ne lui sauraient ôter.

Il est vrai que ces dédommagements ne peuvent être sentis par toutes les âmes ni dans toutes les situations. Il faut que le cœur soit en paix et qu'aucune passion n'en vienne troubler le calme. Il y faut des dispositions de la part de celui qui les éprouve, il en faut dans le concours des objets environnants. Il n'y faut ni un repos absolu ni trop d'agitation, mais un mouvement uniforme et modéré qui n'ait ni secousses ni intervalles. Sans mouvement la vie n'est qu'une léthargie. Si le mouvement est inégal ou trop fort, il réveille ; en nous rappelant aux objets environnants, il détruit le charme de la rêverie, et nous arrache d'au-dedans de nous pour nous remettre à l'instant sous le joug de la fortune et des hommes et nous rendre au sentiment de nos malheurs. Un silence absolu porte à la tristesse. Il offre une image de la mort. Alors le secours d'une imagination riante est nécessaire et se présente assez naturellement à ceux que le ciel en a gratifiés. Le mouvement qui ne vient pas du dehors se fait alors au-dedans de nous. Le repos est moindre, il est vrai, mais il est aussi plus agréable avant de légères et douces idées sans agiter le fond de l'âme, ne font pour ainsi dire qu'en effleurer la surface. Il n'en faut qu'assez pour se souvenir de soi-même en oubliant tous ses maux. Cette espèce de rêverie peut se goûter partout où l'on peut être tranquille, et j'ai souvent pensé qu'à la Bastille, et même dans un cachot où nul objet n'eût frappé ma vue, j'aurais encore pu rêver agréablement.

Mais il faut avouer que cela se faisait bien mieux et plus agréablement dans une île fertile et solitaire, naturellement circonscrite et séparée du reste du monde, où rien ne m'offrait que des images riantes, où rien ne me rappelait des souvenirs attristants où la société du petit nombre d'habitants était liante et douce sans être intéressante au point de m'occuper incessamment, où je pouvais enfin me livrer tout le jour sans obstacle et sans soins aux occupations de mon goût ou à la plus molle oisiveté. L'occasion sans doute était belle pour un rêveur qui, sachant se nourrir d'agréables chimères au milieu des objets les plus déplaisants, pouvait s'en rassasier à son aise en y faisant concourir tout ce qui frappait réellement ses sens. En sortant d'une longue et douce rêverie, en me voyant entouré de verdure, de fleurs, d'oiseaux et laissant errer mes yeux au loin sur les romanesques rivages qui bordaient une vaste étendue d'eau claire et cristalline, j'assimilais à mes fictions tous ces aimables objets, et me trouvant enfin ramené par degrés à moi-même et à ce qui m'entourait, je ne pouvais marquer le point de séparation des fictions aux réalités, tant tout concourait également à me rendre chère la vie recueillie et solitaire que je menais dans ce beau séjour. Que ne peut-elle renaître encore ! Que ne puis-je aller finir mes jours dans cette île chérie sans en ressortir jamais, ni jamais y revoir aucun habitant du continent qui me rappelât le souvenir des calamités de toute espèce qu'ils se plaisent à rassembler sur moi depuis tant d'années ! Ils seraient bientôt oubliés pour jamais : sans doute ils ne m'oublieraient pas de même, mais que m'importerait, pourvu qu'ils n'eussent aucun accès pour y venir troubler mon repos? Délivré de toutes les passions terrestres qu'engendre le tumulte de la vie sociale, mon âme s'élancerait fréquemment au-dessus de cette atmosphère, et commercerait d'avance avec les intelligences célestes dont elle espère aller augmenter le nombre dans peu de temps. Les hommes se garderont, je le sais, de me rendre un si doux asile où ils n'ont pas voulu me laisser. Mais ils ne m'empêcheront pas du moins de m'y transporter chaque jour sur les ailes de l'imagination, et d'y goûter durant quelques heures le même plaisir que si je l'habitais encore. Ce que j'y ferais de plus doux serait d'y rêver à mon aise. En rêvant que j'y suis ne fais-je pas la même chose? Je fais même plus; à l'attrait d'une rêverie abstraite et monotone je joins des images charmantes qui la vivifient. Leurs objets échappaient souvent à mes sens dans mes extases et maintenant plus ma rêverie est profonde plus elle me les peint vivement.

Qu'on en est le plus offusqué! Je suis souvent plus au milieu d'eux, et plus agréablement encore, que quand j'y étais réellement. Le malheur est qu'à mesure que l'imagination s'attiédit, cela vient avec plus de peine et ne dure pas si longtemps. Hélas! C'est quand on commence à quitter sa dépouille qu'on en est le plus offusqué!

BIBLIOGRAPHIE

Les auteurs et les textes référés dans cette bibliographie renvoient, sans prétendre l'exhaustivité, aux perspectives adoptées dans ce volume. Seules les éditions françaises récentes sont prises en compte.

ADDISON Joseph (1672-1719), *Essais de critique et d'esthétique*, introd., commentaire et notes par Alain Bony, Pau, Publications de l'Université de Pau, 2004.

ADORNO Theodor Wiesengrund (1903-1969), *Théorie esthétique, Paralipomena, Théories sur l'origine de l'art, Introduction première* (1970), trad. de l'allemand par Marc Jimenez et Éliane Kaufholz, Paris, Klincksieck, 1989.

ARISTOTE (384-322 av. J.-C.), *Éthique à Nicomaque*, trad. avec introd., notes et index par Jules Tricot, Paris, Vrin, 1994.

ARISTOTE (384-322 av. J.-C.), *Poétique*, texte établi et trad. par Michel Magnien, Paris, LGF, 1990.

ARISTOTE (384-322 av. J.-C.), *Métaphysique*, traduction et notes par J. Tricot, Paris, Vrin, 1991.

ARNHEIM Rudolf (1904-2007), *La pensée visuelle* (1969), trad. par Claude Noël et Marc Le Cannu, Paris, Flammarion, 1997.

AUSTIN John Langshaw (1911-1960), *Quand dire c'est faire* (1962), trad. par Gilles Lane, Paris, Seuil, 1970.

BAEUMLER Alfred (1887-1968), *Le problème de l'irrationalité dans l'esthétique et la logique du XVIIIe siècle, jusqu'à la « Critique de la faculté de juger »* (1923, 1967), trad. par Olivier Cossé, Strasbourg, Presses Universitaires de Strasbourg, 1999.

BARTHES Roland (1915-1980), *Critique et Vérité* (1967), Paris, Seuil, 1966.

BAUDELAIRE Charles (1821-1867), *Salons* (1845, 1846, 1859), dans *Œuvres complètes*, édition de Claude Pichois, t. II, « Bibliothèque de la Pléiade », Paris, Gallimard, 1975.

– *Le peintre de la vie moderne* (1863), dans *Œuvres complètes*, édition de Claude Pichois, t. II, « Bibliothèque de la Pléiade », Paris, Gallimard, 1975.

BAUMGARTEN Alexander Gottlieb (1714-1762), *Esthétique, précédée des Méditations philosophiques sur quelques sujets se rapportant à l'essence du poème et de la Métaphysique*, trad., présentation et notes par Jean-Yves Pranchère, Paris, L'Herne, 1988.

BAYER Raymond (1898-1959), *Histoire de l'esthétique*, Paris, Armand Colin, 1961.

BECQ Annie, *Genèse de l'esthétique française moderne : de la raison classique à l'imagination créatrice : 1680-1814*, Paris, Albin Michel, 1994.

BELTING Hans (1935), *L'histoire de l'art est-elle finie ?* (1983), trad. par Jean-François Poirier et Yves Michaud, Paris, Gallimard, 2007.

BENJAMIN Walter (1892-1940), *Le concept de critique esthétique dans le romantisme allemand* (1920), trad. par Philippe Lacoue-Labarthe et Anne-Marie Lang, Paris, Flammarion, 2008.

BERGSON Henri (1859-1941), *Essais sur les données immédiates de la conscience* (1889), éd. critique dirigée par Frédéric Worms, Paris, Presses universitaires de France, 2007.

– *Matière et mémoire* (1896), éd. critique dirigée par Frédéric Worms, Paris, Presses universitaires de France, 2008.

BERKELEY George (1685-1753), *Principes de la connaissance humaine* (1710), trad., présentation et notes par Dominique Berlioz, Paris, Flammarion, 1991.

BLUMENBERG Hans (1920-1996), *L'imitation de la nature et autres essais esthétiques*, préface de Marc de Launay, trad. par Isabelle Kalinowski et Marc de Launay, Paris, Hermann, 2010.

– *Naufrage avec spectateur : paradigme d'une métaphore de l'existence* (1979), trad. par. L. Cassagnau, Paris, L'Arche, 1994.

BURKE Edmund (1729-1797), *Recherche philosophique sur l'origine de nos idées du sublime et du beau* (1757), présentation, traduction et notes par Baldine Saint Girons, Paris, Vrin, 2009.

CASSIRER Ernst (1874-1945), *La Philosophie des formes symboliques*, 3 tomes, vol. 1 *Le langage* (1923), trad. par Ole Hansen-Løve et Jean Lacoste, vol. 2 *La pensée mythique* (1925), trad. et index par Jean Lacoste, vol. 3 *La Phénoménologie de la connaissance* (1929), trad. et index de Claude Fronty Paris, Minuit, 1972.

– *Écrits sur l'art*, éd. et postf. par Fabien Capeillères, présentation par John M. Krois, textes trad. par Christian Berner, Fabien Cappeillères, Jean Carro, *in* Ernst Cassirer, *Œuvres*, vol. 12, Paris, Cerf, 1995.

– *Essai sur l'homme* (1944), trad. par Norbert Massa, Paris, Minuit, 1991.

– *La Philosophie des Lumières* (1932), trad. et présentée par Pierre Quillet, Paris, Fayard, 1966.

– *Substance et Fonction. Éléments pour une théorie du concept* (1910), trad. par Pierre Caussat. Paris, Minuit, 1977.

CAVELL Stanley (1926), *Dire et vouloir dire : livre d'essais* (1969), trad. par Sandra Laugier et Christian Fournier, Paris, Cerf, 2009.

COHN Danièle (éd.), *L'empathie*, direction de traduction, édition et présentation de textes de Lipps, Vischer, Volkelt et Geiger, Paris, Paris, Éditions Rue d'Ulm, (Aesthetica), 2011.

CROCE Benedetto (1866-1952), *Thèses fondamentales pour une esthétique comme science de l'expression et linguistique générale* (1902), trad. par Pascal Gabellone, Nîmes, Champ social, 2006.

DANTO Arthur (1924), *La Transfiguration du banal : une philosophie de l'art* (1981), trad. par Claude Hary-Schaeffer, préf. de Jean-Marie Schaeffer, Paris, Seuil, 1989.

DELEUZE Gilles (1925-1995), *Différence et répétition*, Paris, P.U.F., 1968.

DESCARTES René (1596-1650), *Discours de la méthode* (1637), Édition classique avec introduction et notes par Ét. Gilson. Paris, Vrin, 2005.

DEWEY John (1859-1952), *L'art comme expérience* (1934), présentation par Richard Shusterman, postface par Stewart Buettner, trad. par Jean-Pierre Cometti, Christophe Domino, Fabienne Gaspari, Paris, Gallimard, 2010.

DIDEROT Denis (1713-1784), *Traité du beau* (1752, 1772), in Œuvres de Diderot, édition établie par Laurent Versini, Paris, Robert Laffont, 1994-1997, t. IV, p. 77-112.

– *Lettre sur les aveugles* (1749), *Lettre sur les sourds et muets* (1751), présentation par Marian Hobson et Simon Harvey, Paris, Flammarion, 2000.

– *Essais sur la peinture, Salons de 1759, 1761, 1763*, Paris, Hermann, 2007.

DILTHEY Wilhelm (1833-1911), *Ecrits d'Esthétique*, trad. par Danièle Cohn et Evelyne Lafon, présenté par Danièle Cohn, Paris, Cerf, 1995.

DUBOS Jean-Baptiste (1670-1742), *Réflexions critiques sur la poésie et sur la peinture* (1719), préf. de Dominique Désirat, Paris, Ecole nationale supérieure des beaux-arts, 1993.

FIEDLER Konrad (1841-1895), *Sur l'origine de l'activité artistique* (1887), postface de Danièle Cohn, traduction sous la direction de Danièle Cohn, nouvelle éd. revue et corrigée, Paris, ENS rue d'Ulm, 2008.

FOCILLON Henri (1881-1943), *Vie des formes* suivi de *Éloge de la main* (1934), Paris, P.U.F., 2010.

FOUCAULT Michel (1926-1984), Les Mots et les choses : une archéologie des sciences humaines, Paris, Gallimard, 1966.

GADAMER Hans-Georg (1900-2002), *Vérité et méthode : les grandes lignes d'une herméneutique philosophique* (1960), éd. intégrale rev. et complétée par Pierre Fruchon, Jean Grondin et Gilbert Merlio, Paris, Seuil, 1996.

GEHLEN Arnold (1904-1976), *Essais d'anthropologie philosophique*, préface de Jean-Claude Monod, introduction des textes et postface de Wolfgang Essbach, trad. par Olivier Mannoni, Paris, Maison des sciences de l'homme, 2009.

GIBSON James Jerome (1904-1979), *L'approche écologique de la perception visuelle* (1979), trad. par Olivier Putois, Paris, Éditions MF, 2009.

GOETHE Johann Wolfgang von (1749-1832), *Écrits sur l'art*, textes choisis, trad. et annotés par Jean-Marie Schaeffer, introd. par Tzvetan Todorov, Paris, Flammarion, 1996.

– *Traité des couleurs, accompagné de trois essais théoriques*, textes choisis et présentés par Paul-Henri Bideau, trad. de Henriette Bideau, Paris, Triades, 2000.

GOODMAN Nelson (1906-1998), *Langages de l'art* (1968), présenté et trad. par Jacques Morizot, Paris, Hachette littératures, 2005.

– *Manières de faire des mondes* (1978), trad. par Marie-Dominique Popelard, Paris, Gallimard, 2006.

HEGEL Georg Wilhelm Friedrich (1770-1831), *Cours d'esthétique*, trad. par Jean-Pierre Lefevre et Veronika von Schenck, Paris, Aubier, 1995.

HEIDEGGER Martin (1889-1976), "L'origine de l'œuvre d'art" (1935-1936) dans *Chemins qui ne mènent nulle part*, trad. par Wolfgang Brokmeier, Paris, Gallimard, 1992.

HILDEBRAND Adolf von (1847-1921), *Le problème de la forme dans les arts plastiques* (1893), trad. par Éliane Beaufils, Paris, Budapest, Torino, L'Harmattan, 2002.

HUME David (1711-1776), *Essais esthétiques*, présentation, trad., chronologie, bibliogr. et notes par Renée Bouveresse, Paris, Flammarion, 2000 ; *Essais sur l'art et le goût*, éd. bilingue, trad. par M. Malherbe, Paris, Vrin, 2010.

HUSSERL Edmund (1859-1938), *La Crise des sciences européennes et la phénoménologie transcendantale* (1936), trad. et préf. par Gérard Granel, Paris, Gallimard, 1983.

– *Leçons sur la théorie de la signification* (1908), introd. par Ursula Panzer, trad. par Jacques English, Paris, Vrin, 1995.

– *Phantasia, conscience d'image, souvenir : de la phénoménologie des présentifications intuitives : textes posthumes* (1898-1925), trad. par Raymond Kassis et Jean-François Pestureau, révision de Jean-François Pestureau et Marc Richir, Grenoble, J. Millon, 2002.

HUTCHESON Francis (1694-1746), *Recherches sur l'origine de nos idées, de la beauté et de la vertu* (1725), trad. par par Anne-Dominique Balmès, Paris, Vrin, 1991.

JAUSS Hans Robert (1921-1997), *Pour une esthétique de la réception*, trad. par Claude Maillard, préf. de Jean Starobinski, Paris, Gallimard 1990.

KANT Immanuel (1724-1804), *Critique de la faculté de juger* (1790), trad. par Alexis Philonenko, Paris, Vrin, 1974.

– *Première introduction à la Critique de la faculté de juger* (1789), traduit par L. Guillermit, Paris, J. Vrin, 1975.

– *Critique de la raison pure* (1781, 1787), in *Œuvres philosophiques*, édition publiée sous la direction de Ferdinand Alquié, t. I, Paris, Gallimard, 1980.

KLEIN Robert (1918-1967), *La forme et l'intelligible. Écrits sur la Renaissance et l'Art moderne*, Paris, Gallimard, 1970.

KRISTELLER Paul Oskar (1905-1999), *Le système moderne des arts : étude d'histoire de l'esthétique* (1951), trad. par Béatrice Han, Nîmes, J. Chambon, 1999.

LESSING Gotthold Ephraim (1729-1781), *Du Laocoon ou des frontières de la peinture et de la poésie* (1766), trad. de Courtin rev. et corrige, Paris, Hermann, 1990.

LOCKE John (1632-1704), *Essai philosophique concernant l'entendement humain* (1690), trad. par Pierre Coste, établissement du texte, présentation, dossier et notes par Philippe Hamou, Paris, Librairie générale française, 2009.

LUCRÈCE (98-54 av. J.-C.), *De la nature*, trad., notes et bibliographie par José Kany-Turpin, Paris, Flammarion, 2008.

MERLEAU-PONTY (1908-1961), L'œil et l'esprit (1961), Paris, Gallimard, 1964.

MORITZ Karl Philipp (1756-1793), *Sur l'ornement* (1793), trad. de Clara Pacquet, postface de Danièle Cohn, Paris, Éditions Rue d'Ulm, (Aesthetica), 2008.

NIETZSCHE Friedrich (1844-1900), *La Naissance de la tragédie* (1872), trad. par par Michel Haar, Philippe Lacoue-Labarthe et Jean-Luc Nancy, Paris, Gallimard, 1977.

PANOFSKY Erwin (1892-1968), *Idea : contribution à l'histoire du concept de l'ancienne théorie de l'art* (1924), trad. par Henri Joly, préf. de Jean Molino, Paris, Gallimard, 1989.

– *La perspective comme forme symbolique et autres essais*, trad. sous la direction de Guy Ballangé, Paris, Minuit, 1991.

PAREYSON Luigi (1918-1991), *Esthétique : théorie de la formativité* (1954), introduction, traduction et notes de Gilles A. Tiberghien, Paris, Éditions Rue d'Ulm, 2007.

PLATON (428/427-347/346), *La République*, trad., notes et bibliographie par Georges Leroux, Paris, Flammarion, 2008.

– *Le banquet, Phèdre, Apologie de Socrate*, trad. notes et bibliographies par Luc Brisson, présentation par Roger-Pol Droit, Paris, Flammarion, 2008.

REID Thomas, *Essais sur les pouvoirs actifs de l'homme* (1788), trad. par Gaël Kervoas et Eléonore Le Jallé, Paris, Vrin, 2009.

RIEGL Aloïs (1858-1905), *Questions de style : fondements d'une histoire de l'ornementation* (1893), trad. par Henri-Alexis Baatsch et Françoise Rolland, Paris, Hazan, 2002 (1893).

ROUSSEAU Jean-Jacques (1712-1778), *Les confessions* (1765-1770), texte établi par Bernard Gagnebin et Marcel Raymond, préface de J.-B. Pontalis, notes de Catherine Koenig, Paris, Gallimard, 2009.

SARTRE Jean-Paul (1905-1980), *L'Imaginaire : psychologie-phénoménologique de l'imagination*, Paris, Gallimard, 1940.

SCHELLING Friedrich Wilhelm Joseph von (1775-1854), *Textes esthétiques*, trad. l'allemand par Alain Pernet, présentation par Xavier Tilliette, Paris, Klincksieck, 2005.

SCHILLER Friedrich von (1759-1805), *Lettres sur l'éducation esthétique de l'homme* (1795), trad. par Robert Leroux, Paris, Aubier, 1992.

SCHLEGEL Friedrich (1772-1829), *Fragments*, trad. et présenté par Charles Le Blanc, Paris, Corti, 1996.

SCHOPENHAUER Arthur (1788-1860), *Le monde comme volonté et comme représentation* (1818-1819, 1844), trad. par A. Burdeau, Paris, P.U.F., 1992.

SEARLE John (1932-), *Sens et expression : études de théorie des actes de langage* (1982), trad. et préface par Joëlle Proust, Paris, Minuit, 1989.

SHAFTESBURY Anthony Ashley Cooper (1671-1713), *Lettre sur l'enthousiasme* (1708), trad., présentation, dossier et notes par Claire Crignon-De Oliveira, Paris, Librairie générale française, 2002.

STAROBINSKI Jean (1920), *La Relation critique*, Paris, Gallimard, 1970.

STRAUS Erwin (1891-1975), *Du sens des sens, contribution à l'étude des fondements de la psychologie* (1935), trad. par G. Thines et J.-P. Legrand, Grenoble, Millon, 2000.

VALÉRY Paul (1871-1945), *Introduction à la méthode de Léonard de Vinci* (1894), Paris, Gallimard, 1992.

WARBURG Aby (1866-1929), *Essais florentins*, trad. par Sibylle Muller, présentation par Eveline Pinto, Paris, Klincksieck, 2003.

WINCKELMANN Johann Joachim (1717-1768), *Pensées sur l'imitation des œuvres grecques en peinture et en sculpture* (1755), trad. par Laure Cahen-Maurel, Paris, Allia, 2005.

WIND Edgar (1900-1971), *Art et anarchie* (1963), trad. par Pierre-Emmanuel Dauzat, introd. par John Bailey, Paris, Gallimard, 1988.

WITTGENSTEIN Ludwig (1889-1951), *Recherches philosophiques* (1953), trad. par Françoise Dastur, Maurice Élie, Jean-Luc Gautero, Paris, Gallimard, 2005.

– *Leçons et conversations* (1979), traduit par J. Fauve, Paris, Gallimard, 1992.

WÖLFFLIN Heinrich (1864-1945), *Principes fondamentaux de l'histoire de l'art* (1915), trad. par Claire et Marcel Raymond, Saint-Pierre de Salerne, Gérard Monfort, 1992.

WORRINGER Wilhelm (1881-1965), *Abstraction et Einfuhlung : contribution à la psychologie du style* (1908), traduit par Emmanuel Martineau, Paris, Klincksieck, 2003.

ZOLA Émile, *Écrits sur l'art*, Paris, Gallimard, 1991.

INDEX NOMINUM

ADORNO T. W., 9, 11, 12
ARISTOTE, 27, 143, 161, 171, 173, 174, 218, 332
ARNOLD M., 341
AUGUSTIN (Saint), 318

BAEUMLER A., 37
BATTEUX Ch., 150, 151, 152, 155, 159
BAUMGARTEN A. G., 12, 13, 14, 15, 20, 33, 35, 38, 39, 40, 41, 51, 150, 225
BEARDSLEY M., 11
BERKELEY G., 283
BEUYS J., 19
BILFINGER G. B., 54
BOILEAU N., 162
BREITINGER J. J., 54
BRUNER J., 283
BUFFON G.-L. Leclerc de, 90

CARDAN J., 93
CASSIRER E., 9, 20, 21, 22, 24, 25, 37, 38, 145, 148, 283, 285, 287, 288, 289, 290, 297
CAVELL S., 28
CÉZANNE P., 342
CICÉRON, 54, 179
COHEN H., 116
COHN D., 9, 11, 23, 45, 46, 49, 101, 150, 155, 217
CORNEILLE P., 176, 180
CROCE B., 11
CUSHING F. H., 312

DANTO A., 9, 19
DEHIO G., 258
DESCARTES R., 33, 78
DESSOIR M., 33
DEWEY J., 28, 291, 292, 323
DIAMOND C., 28
DIDEROT D., 13, 20, 27, 28, 44, 45, 81, 82, 83, 86, 87, 97, 152
DILTHEY W., 9, 21, 22, 23, 24, 150, 284, 296

DORNER A., 236, 254, 259
DUCHET M., 44
DÜRER A., 227
DVORAK M., 274

ECKERMANN J.-P., 285
EURIPIDE, 17

FICHTE J. G., 153
FIEDLER K., 11, 19, 21, 22, 24, 25, 26, 154, 155, 156, 157, 217
FOUCAULT M., 20, 41, 61

GARVE Ch., 206
GIOTTO, 247
GOETHE J. W. von, 17, 18, 21, 24, 27, 45, 46, 47, 77, 101, 154, 221, 284, 285, 308, 319
GOMBRICH, 283
GOODMAN N., 145, 283, 284

HEGEL, G. W. F., 7, 12, 14, 15, 16, 17, 18, 19, 155
HELVÉTIUS, 87
HEMSTERHUIS, 82, 83, 84
HERDER, J. G., 316, 317
HÉSIODE, 175
HILDEBRAND A. von, 299, 300
HINTON Ch. H., 337
HOMÈRE, 161, 177, 178
HORACE, 54, 55, 162, 172
HUME D., 36, 327

HUSSERL E., 47, 48, 115, 128, 138, 236, 317

JAMES W., 354

KANT E., 7, 9, 10, 12, 13, 14, 15, 20, 21, 22, 35, 41, 42, 43, 44, 61, 144, 147, 154, 157, 219, 220, 221, 229, 275, 283, 286, 287, 293, 302, 303, 312
KLEIN R., 143
KROIS J. M., 9, 289, 290

LA FONTAINE J. de, 178, 180, 361
LA METTRIE J. O. de, 90, 93
LACOSTE J., 46, 288
LAUGIER, S., 28
LE BRUN Ch., 176
LE CAMUS A., 99
LECOQ A.-M., 17
LEIBNIZ G. W., 42, 70, 99, 288, 290, 303, 304, 310
LÉONARD, 227, 277
LESSING G. E., 20, 21, 316, 317
LOCKE J., 63, 327

MANNHEIM K., 274
MANTEGNA A., 247
MAYER H., 221
MERLEAU-PONTY M., 15
MICHEL-ANGE, 228
MILTON J., 177

MOLIÈRE, 174, 180
MORIZÉ A., 286

NEWTON I., 302
NIETZSCHE F., 17
NUSSBAUM M., 28

PANOFSKY E., 23, 148, 149, 150, 235, 238, 251
PAREYSON L., 11
PARMÉNIDE, 301, 306
PASCAL B., 93, 98
PLATON, 27, 34, 171, 175, 225, 229, 307, 308
PLOTIN, 229, 305
PLUTARQUE, 179, 317
PROUST M., 238
PYTHAGORE, 256

RACINE J., 176
RAPHAËL, 228
REMBRANDT H. van Rijn, 227, 351
RIEGL A., 23, 148, 235, 236, 274
ROLLIN Ch., 161
RONSARD P. de, 177
ROUSSEAU J.-J., 9, 180, 286, 293, 294, 295, 296, 357
RÜCKERT F., 321, 322

RUMOHR K. F. von, 275

SCHELLING F., 228, 229
SCHILLER F. von, 17, 18, 28, 46, 152, 153, 154, 155, 187, 220, 234, 314
SCHLOSSER J. von, 8
SCHNAASE K., 274
SHAKESPEARE W., 319
SOCRATE, 17, 69
STAROBINSKI J., 286
STUART MILL J., 341

VASARI G., 8, 269
VIRGILE, 170, 178
VOLTAIRE, 286

WARBURG A., 23, 148
WARHOL A., 19
WHITEHEAD A. N., 304
WINCKELMANN J. J., 20, 275
WIND E., 148, 149, 238, 242, 253
WITTGENSTEIN L., 25, 28
WOLFF Ch., 13, 15, 42, 70
WÖLFFLIN H., 23, 148, 250, 286

ZEUXIS, 174, 178
ZIMMERMANN R. von, 232

TABLE DES MATIÈRES

INTRODUCTION GÉNÉRALE par Danièle COHN   7

CONNAISSANCE

INTRODUCTION par Danièle COHN et Giuseppe DI LIBERTI .   33

Alexander Gottlieb BAUMGARTEN
Esthétique § 1-27...   51

Emmanuel KANT
Anthropologie du point de vue pragmatique § 1, 5, 6, 7,
    28, 31...   61

Denis DIDEROT
Éléments de physiologie, troisième partie *Phénomènes du
    cerveau (Entendement, Mémoire, Imagination)*   81

Johann Wolfgang von GOETHE
*L'expérimentation comme médiation entre l'objet et le
    sujet (1792-1823)*   101

Edmund HUSSERL
Chose et espace. Leçons de 1907, § 1-7   115

ART

INTRODUCTION par Danièle COHN et Giuseppe DI LIBERTI . 141

Charles BATTEUX
Les beaux-arts réduits à un même principe, Introduction
et première partie... 159

Friedrich von SCHILLER
Sur les limites nécessaires dans l'usage des belles formes 187

Konrad FIEDLER
Aphorismes, première section : *Théorie de l'art et
esthétique* 217

Erwin PANOFSKY
*Sur la relation entre l'histoire de l'art et la théorie de
l'art. Contribution au débat sur la possibilité de
« concepts fondamentaux de la science de l'art*.......... 235

EXPÉRIENCE

INTRODUCTION par Danièle COHN et Giuseppe DI LIBERTI . 281

Ernst CASSIRER
Espace mythique, espace esthétique et espace théorique . 297

John DEWEY
*L'art comme expérience. Chapitre III : Vivre une
expérience* 323

Jean-Jacques ROUSSEAU
*Les Rêveries du promeneur solitaire. Cinquième
promenade* 357

BIBLIOGRAPHIE... 369
IINDEX... 377
TABLE DES MATIÈRES... 381

ACHEVÉ D'IMPRIMER
EN AOÛT 2012
PAR L'IMPRIMERIE
DE LA MANUTENTION
A MAYENNE
FRANCE
N° 928828G

Dépôt légal : 3ᵉ trimestre 2012